用户视角下图书馆创客空间服务优化研究

涂瑞德　明均仁｜著

華中科技大學出版社
http://press.hust.edu.cn
中国·武汉

图书在版编目(CIP)数据

用户视角下图书馆创客空间服务优化研究/涂瑞德,明均仁著.—武汉:华中科技大学出版社,2023.12

ISBN 978-7-5772-0305-8

Ⅰ.①用… Ⅱ.①涂… ②明… Ⅲ.①图书馆服务-研究 Ⅳ.①G252

中国国家版本馆 CIP 数据核字(2024)第 053885 号

用户视角下图书馆创客空间服务优化研究

Yonghu Shijiaoxia Tushuguan Chuangke Kongjian Fuwu Youhua Yanjiu

涂瑞德 明均仁 著

策划编辑:曾 光

责任编辑:白 慧

封面设计:孢 子

责任监印:朱 玢

出版发行:华中科技大学出版社(中国·武汉) 电话:(027)81321913

武汉市东湖新技术开发区华工科技园 邮编:430223

录 排:武汉创易图文工作室

印 刷:武汉市洪林印务有限公司

开 本:710 mm×1000 mm 1/16

印 张:16

字 数:262 千字

版 次:2023 年 12 月第 1 版第 1 次印刷

定 价:69.00 元

前言

Preface

PREFACE

当前，创客空间已成为图书馆改革与发展的新路径。图书馆正借用创客空间理念、技术和管理，实现服务众创的目标。在图书馆创客空间中，用户不同的思想、意识、创意、经验、技术等相互碰撞与作用，构建出了一个综合性的全新知识体系。

图书馆创客空间旨在鼓励人们相互协作、发明和创造新事物，将创意转变为现实。图书馆创客空间服务活动实质上是用户的知识交流与创新创意活动，用户通过创客空间分享资源、交流各种知识（如创意、经验）。因此，作为关键主体的创客空间用户在创客空间发展过程中发挥着重要的作用。当前，国内外创客空间发展如何？用户是否接受创客空间？用户是否愿意使用创客空间？创客空间是否能够满足用户获取和利用知识的需求？这些成为推进图书馆创客空间服务不可回避的重要问题。

因此，有必要深入探究图书馆创客空间的建设现状、用户参与及持续使用创客空间的意愿。本书在大量调研的基础上，厘清图书馆创客空间相关概念，对国内外图书馆创客空间建设现状进行系统调查，归纳图书馆创客空间构建的原则、模式、步骤及服务推进中的核心要素等。在此基础上，从用户接受的视角构建访谈提纲进行深度访谈，利用扎根理论识别图书馆创客空间用户参与意愿的影响因素，并进行实证研究，确定图书馆创客空间用户参与意愿的影响因素。用户参与创客空间是创客空间成功的第一步，用户的持续使用关系到创客空间的可持续发展，因而有必要进一步探究用户是否愿意持续使用图书馆创客空间，在期望确认模型和已有研究的基础上，构建图书馆创客空间持续使用意愿影响因素模型，通过实证获取用户持续使用意愿的影响因素。创客空间的服务质量如何，是否满足用户需求，直接影响到用户的使用体验，因而有必要对创客空间服务质量进行评价，在SERVPERF服务质量模型的基础上构建图书馆创客空间服务质量评价指标体系，邀请业内相关专家学者对图书馆创客空间服务质量评价指标的重要性进行赋分，基于层次分析法确定指标体系各指标权重，通过模糊综合评价方法对图书馆创客空间服务质量进行评价。最终从普及创新知识教育，加强创新文化培育；面向用户体验，精准对接需求；促进资源整合，助力创客空间发展升级三个方面提出具体优化建议，以系统提升图书馆创客空间服务质量及用户体验。

本书具体研究内容如下：

(1)回顾创客空间的兴起背景及发展历程，深入分析创客空间的价值及图书馆创客空间服务的意义，对国内外图书馆创客空间研究现状进行简要阐述，并根据相关研究与应用现状阐述指出研究问题。

(2)图书馆创客空间相关概念梳理。主要明确创客、创客空间、图书馆创客空间的定义，阐明它们的特征、分类及价值，从而了解它们的内涵、功能与意义，并进一步归纳图书馆创客空间的构成原则及构成要素。

(3)国内外创客空间建设现状及特征分析。作为一种新兴服务模式，创客空间受到国内外图书馆与高校的青睐，其建设越来越成熟。本书通过实地考察、网站浏览、电话咨询、邮件咨询、文献查询等方式，分别调研了国内外具有代表性的163所高校创客空间，阐明国内外创客空间的建设现状，重点分析其服务宗旨、服务对象、服务内容、支持力度及开放时间，分析国内外典型案例，并从学习教育体验、创新实践体验、趣味性体验三个方面总结图书馆创客空间建设经验。

(4)图书馆创客空间构建研究。基于对国内外图书馆创客空间研究的文献调研与建设现状调研，明确图书馆创客空间构建的原则、模式、步骤、设计以及服务推进中的核心要素、构建与运营过程中的注意事项。

(5)图书馆创客空间用户参与意愿影响因素识别。以用户视角展开图书馆创客空间研究，充分识别作为创客空间主体的用户对图书馆创客空间的认识程度和参与意愿。以用户为研究起点，设置半结构化的访谈提纲进行深度访谈，获取来自用户的原始资料，运用扎根理论方法对访谈资料进行开放式编码、主轴编码和选择式编码，提取用户参与意愿的可能影响因素，并构建图书馆创客空间用户参与意愿模型。

(6)图书馆创客空间用户参与意愿影响因素分析。用户是图书馆创客空间的最主要参与者，用户参与图书馆创客空间服务的意愿关系到图书馆创客空间构建能否成功。基于构建的图书馆创客空间用户参与意愿模型，面向用户发放纸质问卷与网络问卷，获取样本数据，进行假设和模型验证，发现图书馆创客空间用户的参与意愿受基础知识、创新精神、心理诉求、资源设施、保护机制、发展前景和思想碰撞等因素的影响。

(7)图书馆创客空间用户持续使用意愿影响因素分析。吸引用户参与是创客空间成功的第一步，而用户的持续使用关系到创客空间能否可持续发展。因而有必要探究影响图书馆创客空间用户持续使用意愿的因素。基于期望确认模型构建图书馆创客空间用户持续使用意愿影响因素模型，面向高校图书馆创客空间用户发放调查问卷，获取样本数据，进行模型验证，发现感知愉悦性和自我效能显著正向影响感知有用性和期望确认，感知有用性、期望确认、保护机制、系统帮助显著正向影响满意度，感知有用性、满意度、思想碰撞对用户持续使用意愿产生显著的正向影响。

(8)图书馆创客空间服务质量评价研究。构建图书馆创客空间服务质量评价体系有助于深入了解创客空间使用者的使用体验，从而更好地优化基于用户的图书馆创客空间服务。借鉴 SERVPERF 方法，构建图书馆创客空间服务质量评价指标体系，邀请 10 位图书馆学领域的专家、教授以及高校创业方向的指导老师等专业人士对各项指标进行打分，基于层次分析法，确定评价指标体系各指标权重，面向高校图书馆创客空间用户发放问卷，基于模糊综合评价实证方法对高校图书馆创客空间服务质量进行评价，以改进创客空间服务质量。

(9)优化图书馆创客空间服务的建议。结合对国内外创客空间建设现状的系统调查与核心要素归纳以及图书馆创客空间用户参与意愿影响因素、持续使用意愿影响因素，分析图书馆创客空间服务质量评价，从普及创新知识教育，加强创新文化培育；面向用户体验，精准对接需求；促进资源整合，助力创客空间发展升级三个方面提出图书馆创客空间服务优化策略，以期更好地完善创客空间服务，加强图书馆创客空间的服务能力，为图书馆创客空间用户提供更好的服务。

Contents

目 录

Contents

1 绪　论

1.1 研究背景与意义

1.1.1 研究背景

“创客”一词源于英文单词“hacker”或“maker”，指不以赢利为目标，努力把创意转变为现实的人①。他们坚持分享和传播知识，希望能够为全人类创造美好生活②。创客们的主要特质是坚守创新，不断实践，乐于分享，追求美好。

随着创客思潮迅速扩散，在全世界范围内兴起了“创客热”。创客运动于2009年进入我国，受“创客运动”的影响，各行各业兴起了“创客热”，国家层面开始关注“创客运动”，并制定了各种政策以鼓励大众创新。国务院办公厅在2015年发布的《关于发展众创空间推进大众创新创业的指导意见》中指出，要加快构建一批低成本、便利化、全要素、开放式的众创空间，发挥政策集成和协同效应，实现创新与创业相结合、线上与线下相结合、孵化与投资相结合，为广大创新创业者提供良好的工作空间、网络空间、社交空间和资源共享空间③。2016年，科技部印发《专业化众创空间建设工作指引》，指出应发挥科技创新的引领和驱动作用，充分发挥创新主体的积极性和创造性，推动众创空间向专业化发展④。

创客要在一个空间里完成其产品，因此创客空间应运而生。创客空间（makerspace，又称 creative space、hackerspace、makerlab、hacklab 等）是一个开放、自由的创造性空间。美国《Make》杂志最先提出创客空间的概念，将其定义为：“一个真实存在的物理场所，一个具有加工车间、工作室功能的开

① 陶蕾. 图书馆创客空间建设研究[J]. 图书情报工作，2013，57(14):72-76,113.

② 张亚君，唐鹏，李建强，等. 美国高校图书馆创客空间实践研究[J]. 图书馆工作与研究，2015(4)：88-91.

③ 中国政府网. 国务院办公厅印发《关于发展众创空间推进大众创新创业的指导意见》. [EB/OL]. [2023-08-26]. https://www.gov.cn/xinwen/2015-03/11/content_2832461.htm

④ 中华人民共和国科学技术部. 科技部关于印发《专业化众创空间建设工作指引》及公布首批国家专业化众创空间示范名单的通知. [EB/OL]. [2023-08-26]. https://www.most.gov.cn/xxgk/xinxifenlei/fdzdgknr/fgzc/gfxwj/gfxwj2016/201608/t20160802_126953.html.

放交流的实验室、工作室、机械加工室。”[①]创客空间已在教育界、政府等领域实现广泛的实践应用。创客们凭着对科学、艺术、数码等领域的共同志趣而聚集到一起，虽立足于不同的经验或背景，但在同一创客空间里实现资源及知识的共享，开展头脑风暴，将自己的创意转变为现实。

各行各业纷纷加入创客运动浪潮，图书馆也不例外。作为公共教育、科研发展的强大驱动力量，图书馆不断开拓创新，实现传统模式的转型已然是大势所趋。图书馆也希望借助“创客”热潮对图书馆空间进行再设计，以实现图书馆服务的转型[②]。图书馆创客空间突出使用者在知识创造中的基础作用，并向使用者展示传统的手工方法、3D 打印机等数字制造工具，以期引导使用者相互交流与协作，创造出属于自身的创新创意作品[③]。图书馆创客空间发展的萌芽最初可追溯至 1900 年，戈万达图书馆开始免费向社会大众传授工艺与制作的艺术，发展至今已有一百二十多年历史[④]。

美国图书馆作为“图书馆＋创客空间”模式开发建设的先驱，其不断拓展创客空间课题的研究深度和宽度，为发展创新注入新鲜血液。美国图书馆不断探索实践，为学生打造交流共享、创新创造的平台。而政府相关部门以及图书馆协会对创客空间的资金、空间与硬件等的支持，也是助力美国图书馆创客空间蓬勃发展的重要因素[⑤]。创客运动席卷而来，得到了美国总统的大力支持，2012 年，奥巴马政府签订《促进创业企业融资法》和《就业法案》，吸引了许多大融资平台，为图书馆创客们的创新与创意的实现提供资金支持[⑥]，并表示，在未来四年内将在全国一千所高校引进创客空间，这极大地推动了美国图书馆创客空间的蓬勃发展。在此之后，美国博物馆与图书馆服务协会（IMLS）等组织持续增加资金投入，致力于支持

① 张亚君，唐鹏，李建强，等．美国高校图书馆创客空间实践研究[J]．图书馆工作与研究，2015(4)：88-91.

② 陈婧，谭丰隆，刘洋阳．高校图书馆创客空间建设路径研究[J]．图书馆，2021(7)：77-81.

③ 张志萍．新技术时代图书馆空间重组与创新服务[J]．农业网络信息，2017(1)：62-69.

④ 谢守美．基于图书馆创客空间服务的协同信息行为研究[J]．情报杂志，2017，36(9)：197-201.

⑤ 徐渭，张俊，明均仁．面向美国图书馆创客空间的调查与分析[J]．图书馆学研究，2017(13)：59-67.

⑥ 明均仁，张俊，张玄玄．中美图书馆创客空间构建对比研究[J]．图书馆学研究，2017(10)：62-70.

图书馆创客空间，并扶持创客相关项目建设，积极推进全国创客项目规划工作[①]。

教育部在2015年发布的《关于“十三五”期间全面深入推进教育信息化工作的指导意见（征求意见稿）》中首次提出，要积极探索新技术手段在教学过程中的日常应用，有效利用信息技术推进“众创空间”建设，探索STEAM教育、创客教育等新教育模式[②]。2017年，国务院印发《新一代人工智能发展规划》，第一次明确“人工智能＋教育”的创新模式[③]。我国政府持续关注和支持创新型技术教育发展，给创客教育事业带来了更大的发展空间。图书馆需进一步落实“大众创业、万众创新”理念精神，积极创新服务，将创客空间打造成为“创意项目的创新工场”[④]。

创客空间已引起图书馆业界和高等院校的广泛关注，不少图书馆和高等院校均借鉴创客空间的发展模式、方法和设备，以达到开拓创新者思路和积极参与众创的发展宗旨。2013年，上海图书馆对阅览室进行了再造，开设“创・新空间”，即中国国内第一家公共图书馆创客空间，吸引了众多创意工作者及爱好者积极参与，并受到了社会各界的广泛重视[⑤]。目前，国内高等院校图书馆、科研院所图书馆也开始投入到创客空间的建设设计中，如中国科学院文献情报中心、上海交通大学图书馆、武汉大学图书馆、天津大学图书馆等。国内图书馆创客空间建设与服务虽尚处于起步阶段，存在进一步提升的空间，但已初见成效，数量也初具规模。

快速发展的图书馆创客空间强化了图书馆的创新服务。图书馆一直扮演着信息资源中心的角色，然而在信息时代，人们获取信息的方式已经发生了巨大变化，图书馆这一传统角色正面临越来越多的挑战。创客空间的出

---

① Capitol hill maker faire[EB/OL]. [2023-07-13]. http://www.imls.gov/news /maker_faire.aspx.

② 教育部办公厅关于征求对《关于“十三五”期间全面深入推进教育信息化工作的指导意见（征求意见稿）》意见的通知[EB/OL]. [2023-07-16]. http://www.moe.edu.cn/srcsite/A16/s3342/201509/t20150907_206045.html.

③ 国务院.《国务院关于印发新一代人工智能发展规划的通知》[EB/OL]. [2023-08-26]. https://www.gov.cn/zhengce/content/2017-07/20/content_5211996.htm.

④ 彭飞. 未来图书馆：无限可能——第79届国际图联大会纪要[J]. 新世纪图书馆，2013(12)：7-10.

⑤ 程晓岚，宁书斐. 创新驱动的图书馆创客空间服务新业态[J]. 情报科学，2018，36(11)：35-41.

现有助于实现图书馆价值的最大化,打破图书馆传统服务的壁垒[①],并进一步促进传统理论教育方式的革新,强调理论与实践的紧密结合,有利于输出研究成果以及提高就业率等,为图书馆的转型创造了良好机会。

创客空间是一个拥有高度开放性与自由度的空间,不同教育背景的用户聚集在一起,交流共享、传递知识、相互协作、发明和创造新事物,将创意转变为现实。基于此,国内图书馆创客空间的建设正如火如荼地开展,取得了很大进步和一定成果,但受限于建设时长,还存在实践上的不足。创客空间所提供的服务是决定其能否可持续发展的重点内容,同时用户体验是图书馆创客空间服务的核心,其对满足用户需求、优化服务质量、提高运营水平具有重要作用,有必要深入探究图书馆创客空间服务推进的核心要素。此外,用户参与是图书馆创客空间成功的第一步,因而有必要对图书馆创客空间用户参与意愿进行深入探析,明确影响图书馆创客空间用户参与意愿的关键因素,全面把握这些因素对用户参与意愿的影响。用户的持续使用意愿和满意度关系创客空间的可持续发展,因此有必要对影响图书馆创客空间用户持续使用意愿的因素进行探究,并对图书馆创客空间用户满意度进行评估,以期为图书馆创客空间服务优化提供参考。

1.1.2 研究意义

当前,创客空间已成为图书馆改革与发展的新路径,应促进图书馆的空间再造,以迎合用户对知识共享、发明创造、跨学科交流等的现实需求。创客空间秉承开放、自由、共享、创新、创业的服务新理念,以启发用户的创新思维,提高用户知识与实践融合能力,提高用户参与度与实践能力,将用户的思维创意转变为具体现实。

① 有利于创新图书馆服务,扩大图书馆的影响力。图书馆创客空间的存在,有助于图书馆服务的转型升级,同时更容易吸引不同知识背景的创新主体。通过发展图书馆创客空间,可充分利用图书馆的资源与服务,提高图书馆的创新能力,从而塑造图书馆的良好形象,进一步提高用户的参与度和满意度,扩大图书馆的影响力。

② 有利于丰富图书馆创客空间相关理论研究体系。本书强调基于用户视

---

① 柯平,胡娟,袁珍珍. 面向社会化挑战的图书馆专业化学理依据与实践探索[J]. 中国图书馆学报,2023,49(2):15-28.

角，以用户需求为导向，识别并确定图书馆创客空间用户参与意愿的影响因素和用户持续使用意愿的影响因素，评估创客空间服务用户满意度。研究的理论价值不仅体现在图书馆创客空间资源组织和服务方式的优化，而且在于面向用户的图书馆创客空间服务的创新和增值。本书通过梳理创客空间等相关研究，对创客空间及服务有了进一步的理解和把握；通过对国内外图书馆创客空间服务内容与特征的深入探究，总结归纳创客空间构建原则、构建模式、构建步骤、服务推进的核心要素以及构建与运营中的注意事项，完善图书馆创客空间服务理论，强调图书馆在创新创业教育上的重要作用，与图书馆服务模式的转型步调相一致，符合创客空间发展的总体趋势，为我国图书馆创客空间的服务优化与建设提供理论参考，具有一定的理论意义。

③ 有利于推动图书馆创客空间的发展。互联网信息时代下，创客空间在创客运动、创客文化的推动下逐渐发展起来。随着国家越来越重视、提倡创新创业，国内关于众创空间和创客空间的实践与研究逐渐丰富起来。高校图书馆从个体层面了解用户对创客空间的接受度与满意度，在移动互联网高速发展以及智能终端高度普及的今天，实现教育与前沿科技的深度融合，为用户提供更优质的服务。本书基于用户体验与使用图书馆创客空间中的现实问题，为图书馆创客空间未来深度推进相关服务提出优化建议，并提供实践借鉴。

1.2 国内外研究现状

1.2.1 国外图书馆创客空间研究现状

以(((TS=("hackerspace")) OR TS=("makerspace")) OR TS=("creative space")) AND TS=(library)为检索式在中国知网(CNKI)外文数据库进行检索，检索 2022 年 12 月 31 日前发表的有关图书馆创客空间的期刊论文，检索时间为 2023 年 2 月 1 日，获得相关期刊论文共计 439 篇。对在 CNKI 检索到的外文文献进行年度发文量统计，分析结果如图 1-1 所示。可以看出，发文量从 2012 年开始上升，2015 年达到第一次峰值，之后有短暂下降，2017 年后每年发文量增速明显，2020 年达到第二次峰值后下降。

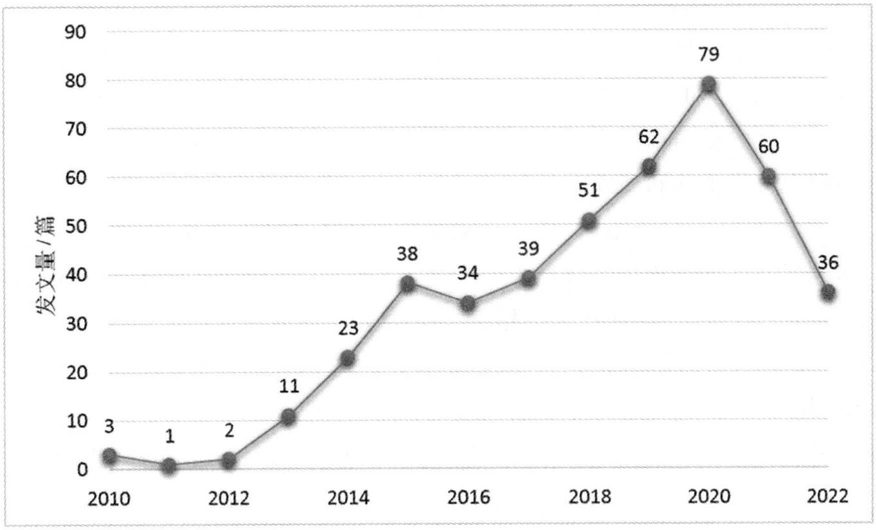

图 1-1 中国知网图书馆创客空间外文文献年度发文量

1.2.1.1 创客空间构建

① 创客空间的价值内涵思考。Meyer 和 Fourie 在对图情领域创客空间的相关文献进行分析后，发现现有的研究多侧重于探讨图书馆创客空间的物理空间设置、规划、维护等，提出创客空间不应仅为用户提供 DIY 活动和工具，更重要的是提供信息交流和信息资源共享的平台，因此应充分发掘创客空间和图书馆之间的信息联系，如信息素养培训、引导式探究及缩小数字鸿沟[①]。Okpala 认为创客空间具有促进社区之间相互协作、共同创造的作用，可以为图书馆吸引更多的用户，促进不同知识背景、年龄的主体相互交流学习，促进创客文化、终身学习文化多元发展，增强图书馆和社区的优势，为图书馆提供更多的机会，增强其适应社会的能力[②]。Aab 和 Audunson 则从图书馆用户主体的视角分析图书馆创客空间的价值，指出图书馆用户是由不同年龄、知识背景、政治背景的人组成的，用户的多元性有助于不同创

① Meyer A, Fourie I. What to make of makerspaces: tools and DIY only or is there an interconnected information resources space? [J]. Library Hi Tech, 2015, 33(4): 519-525.

② Okpala H N. Making a makerspace case for academic libraries in Nigeria[J]. New Library World, 2016,117(9/10):568-586.

意想法的产生，促进创客之间的交流合作[①]。Driedger 对图书馆创客空间的发展现状提出了批判性理论、反思和实践[②]。Bieraugel 和 Neill 比较了 5 个支持创造和创新的学术图书馆创客空间，发现学生们认为创客空间鼓励几乎所有类型的创新和探索行为，而不是反思，他们建议有必要鼓励学生在创客空间中进行提问和反思[③]。

② 创客空间实践调研。Britton 对美国费耶特维尔公共图书馆的 Fab Lab 空间进行了调查研究[④]。Davis 对新英格兰地区的大学和研究图书馆的创客空间项目进行调查，发现这些图书馆创客空间大多致力于促进新技术、文学和 STEM 相关知识的开放获取[⑤]。Purpur 等以内华达大学 DeLaMare 科学与工程图书馆的创客空间为调查对象，对其服务进行了分析[⑥]。Michele 选取中小学图书馆、公共图书馆和高校图书馆这 3 种类型图书馆的 6 个创客空间案例，对这些创客空间的建设状况以及创客空间内硬件设备的设置情况进行调研，结果发现 3D 设备和创客空间在图书馆领域得到发展，但新技术的实施仍然面临一系列的问题和挑战，图书馆员应保持学习精神，不断探索，以促进创客空间发展，完善图书馆服务[⑦]。Keshinro 和 Oyewole 对尼日利亚伊巴丹大学的图书馆创客空间进行了调研，指出学校图书馆员和学科教师应利用一切机会鼓励学生使用创客空间，以增强他们的专业技能[⑧]。

③ 创客空间构建研究。Okpala 对尼日利亚高校图书馆创客空间进行了分析，指出构建创客空间的挑战主要有培训用户难度大、空间财产安全风

① Aab S, Audunson R. Use of library space and the library as place[J]. Library & Information Science Research, 2012, 34(2): 138-149.

② Driedger E. Re-making the library Makerspace: critical theories, reflections, and practices [J]. Public Services Quarterly, 2021, 17(3): 186-187.

③ Bieraugel M, Neill S. Ascending bloom's pyramid: fostering student creativity and innovation in academic library spaces[J]. College and Research Libraries, 2017, 78(1): 35-52.

④ Britton L. A fabulous laboratory: the makerspace at Fayetteville free library[J]. Public Libraries, 2012, 51(4):30-33.

⑤ Davis A M L. Current trends and goals in the development of makerspaces at New England College and research libraries[J]. Information Technology and Libraries, 2018, 37(2):94-117.

⑥ Purpur E, Radniecki T, Colegrove P T, et al. Refocusing mobile makerspace outreach efforts internally as professional development[J]. Library Hi Tech, 2016, 34(1): 130-142.

⑦ Michele M-L H. Makers in the library: case studies of 3D printers and maker spaces in library settings[J]. Library Hi Tech, 2014, 32(4):583-593.

⑧ Keshinro D, Oyewole O. Predictors of use of school library makerspace by secondary school students in Ibadan, Nigeria[J]. Library Philosophy and Practice (e-journal), 2021: 1-22.

险、资金不足、图书馆物理空间不足、电力供应不稳定、高龄馆员对科学技术的恐惧以及软硬件设备、网络维护成本高，并提出尼日利亚高校图书馆创客空间的构建策略：鼓励和支持图书馆员参加培训课程，引进图书馆专业人才，共同促进用户培训；建立合作组织，不断引进新方法新技术，树立图书馆良好形象；向政府、高校等组织寻求资金支持，与企事业单位展开合作；同时，完善用户协议和空间政策[①]。Slatter 和 Howard 通过对 3 名信息专业人员进行定性访谈，揭示了澳大利亚公共图书馆创客空间所带来的益处和面临的挑战，益处包括增加社区用户参与度，促进图书馆形象转变；面临的挑战包括资金预算制约、组织内部意见冲突等问题[②]。Michele 聚焦于图书馆创客空间用户协议，采用扎根访谈法，利用 Nvivo 软件对 24 家图书馆以及创客空间的用户协议进行分析，结果发现这些用户协议中均有责任判定、未成年人相关权限、安全以及成本预算方面的内容[③]。

1.2.1.2 移动创客空间服务项目分析

移动创客空间是创客空间的服务延伸，具有便捷、高效、低成本以及占地空间少等特点，近年来在美国得到了快速发展。

关于移动创客空间的理论研究多体现为项目实施介绍、应用特征及状况与实现方式。Gierdowski 和 Reis 通过讨论如何选择设备以及如何改造移动货车，分析一个东南部私立自由艺术学院移动创客空间的设计、尝试与应用，结果发现移动创客空间的应用会增加学生对图书馆的访问频次[④]。Craddock 对弗吉利亚一个公立高中的移动创客空间项目进行了介绍，讨论其移动创造的成长、移动性的优劣势、项目实施计划，提出发展移动创客空间的建议[⑤]。Purpur 等介绍了内华达大学 DeLaMare 科学与工程图书馆为

---

① Okpala H N. Making a makerspace case for academic libraries in Nigeria[J]. New Library World, 2016,117(9/10):568-586.

② Slatter D, Howard Z. A place to make, hack, and learn: makerspaces in Australian public libraries[J]. Australian Library Journal, 2013,62(4): 272-284.

③ Michele M-L H. User agreements and makerspaces: a content analysis[J]. New Library World, 2015(116): 358-368.

④ Gierdowski D, Reis D. The mobilemaker: an experiment with a mobile makerspace[J]. Library Hi Tech, 2015, 33(4):480-496.

⑤ Craddock I M L. Makers on the move: a mobile makerspace at a comprehensive public high school[J]. Library Hi Tech, 2015, 33(4):497-504.

增强用户及馆员对新技术的意识与理解，开设移动创客空间，并阐述了移动创客空间的3D打印、数字设计能力以及可借技术①。Lotts通过介绍罗格斯大学艺术图书馆移动创客空间，讨论了拓展、创新、创造对学术图书馆将来的重要性，并认为通过移动创客空间进行低成本的创客活动能提升高校师生创造性解决问题的技巧，是辅助高校师生创新的一个方式②。Compton等通过对创客运动及创客巴士项目的分析，讨论了移动创客空间怎样在数字考古与数字遗产实践上进行问题解决、知识生产、信息分享③。Herron和Kaneshiro描述了学术健康科学图书馆3D打印创客空间的规划和开发，强调了图书馆以外不同部门和单位进行协作和合作的重要性④。Michele通过对6个移动创客空间案例的分析，指出开发移动创客空间时需要考虑物流、运输方式、接受资金、安全运输及提供技术和材料的方法等因素⑤。

在应用实践上，移动创客空间最早应用于美国麻省理工学院比特与原子中心的拓展项目，之后世界各地的高校、中小学、图书馆、企业等各种组织与机构开始重视并构建移动创客空间。2012年，美国加利福尼亚州斯坦福大学通过租借一辆卡车并在里面配置3D打印机、激光切割机、乙烯切割机和iPad等工具与设备，构建了一个名为SparkTruck的移动创客空间⑥。2013年，美国弗吉尼亚州夏洛茨维尔蒙蒂塞洛高中为改变创客活动缺乏的现状，发起了一个移动创客项目，将3D打印等设备引入并推广到其他高中，为整个地区的学校提供计算机编程技术、3D打印技术、剖析技术和各种艺术

① Purpur E, Radniecki T, Colegrove P T, et al. Refocusing mobile makerspace outreach efforts internally as professional development[J]. Library Hi Tech, 2016, 34(1):130-142.

② Lotts M. On the road, playing with Legos, and learning about the library: the Rutgers University art library Lego playing station, part two[J]. Journal of Library Administration, 2016, 56(5):499-525.

③ Compton M E, Martin K, Hunt R. Where do we go from here? innovative technologies and heritage engagement with the MakerBus [J]. Digital Applications in Archaeology & Cultural Heritage, 2017:49-53.

④ Herron J, Kaneshiro K. A university-wide collaborative effort to designing a makerspace at an academic health sciences library[J]. Medical Reference Services Quarterly, 2017, 36(1): 1-8.

⑤ Michele M-L H. When makerspaces go mobile: case studies of transportable maker locations[J]. Library Hi Tech, 2015, 33(4):462-471.

⑥ Mobile Fab Lab hits the road[EB/OL]. [2023-07-18]. http://web. mit. edu/spotlight/mobile-fablab/.

活动，取得了巨大成功[①]。2014年，美国技术工坊和日本富士通将24英尺(1英尺=0.3048米)的拖车改装成创客空间，并配备富士通最流行的工具与设备，为学生提供亲自动手与访问这些技术的机会[②]；同年，为满足全校学生的创作需求，给学生营造访问创客工具与技术的场地，美国北卡罗来纳州依隆大学构建了一个“弹出式”移动创客空间(MobileMaker)[③]。2016年，美国马里兰州巴尔的摩的公立学校将一辆校车改装成了移动创客空间，并命名为 Mobile Innovation Lab[④]。

1.2.1.3 创客空间服务效果评估

Lille 使用问卷调查法和访谈法对纳尔瓦公共图书馆 MakerLab 的用户进行了细致调查，发现用户普遍认为参与 MakerLab 项目可以增强自己的自信心、能够学到新的技能，更重要的是可以提高自己的团队协作能力，此外，许多用户利用该创客空间进行原型开发和新项目创作[⑤]。Rhima 评估了尼日利亚南部地区高校图书馆馆员对创客空间的认识，归纳出经费、空间设施、馆员素质对创客空间服务效果会产生重要的影响[⑥]。Teasdale 提出了图书馆创客空间成功的七个标准：提供数字制造技术、学会使用技术、培养创业精神、培养创造力、加强社区和家庭关系、支持内在奖励、省钱[⑦]。

1.2.1.4 创客空间的服务优化

Brady 与 Salas 等研究制定适合残疾人，特别是有认知和视觉障碍的人

---

① Craddock I M L. Makers on the move: a mobile makerspace at a comprehensive public high school[J]. Library Hi Tech, 2015, 33(4):497-504.

② TechShop & Fujitsu launch TechShop Inside! [EB/OL]. [2023-07-18]. http://www.3ders.org/articles/20141208-techshop-fujitsu-launch-techshop-inside-a-mobile-makerspace.html.

③ Gierdowski D, Reis D. The MobileMaker: an experiment with a mobile makerspace[J]. Library Hi Tech, 2015, 33(4):480-496.

④ Mobile Innovation Lab[EB/OL]. [2023-07-01]. http://www.bcps.org/digitallearning/MobileInnovationLab.

⑤ Lille M. Evaluating the success of markerspace in a public library: the case of Narva city library MakerLab in Estonia[J]. New Library World, 2016, 117(9/10): 587-595.

⑥ Rhima T. Awareness of the concept of makerspace: the scenario of university libraries in Nigeria[J]. Library Philosophy and Practice, 2021:1-17.

⑦ Teasdale R M. Defining success for a public library makerspace: implications of participant-defined, individualized evaluative criteria[J]. Library and Information Science Research, 2020, 42(4):101053.

士的图书馆创客空间活动，他们以当地公共图书馆为研究对象，介绍了当地公共图书馆开展的创客空间项目设计，针对创客空间为认知和视觉障碍用户提供的专门服务提出了一些修改意见[①]。Moeller 与 Bastiansen 等通过调查大量创客空间，发现创客空间的大多服务产品没有无障碍设计，这阻碍了残障人士进行发明和创造，在一定程度上阻碍了更多创新创意想法的产生，之后他们进一步探讨了如何优化创客空间的服务，使之适应包括残障人士在内的广大创客[②]。Timony 以美国哥伦比亚公共图书馆为研究案例，探讨了创客空间在图书馆的残疾人服务中扮演的重要角色，当前创客运动已成为一种创造性的文化趋势，能够为图书馆更好地开展残疾人服务提供创造性的解决方案[③]。

1.2.1.5 创客空间的可持续发展

Einarsson 和 Hertzum 通过访谈法对图书馆从业人员进行了细致调查，指出创客空间要想实现可持续发展，必须平衡社区对空间的要求与对新来者的开放之间的问题[④]。通过对丹麦 13 家图书馆创客空间从业者的访谈，Einarsson 分析了维护、扩展、复制和发展图书馆创客空间的实践，并为图书馆创客空间的可持续发展提供了参考建议，如扩大和延长用户的参与范围和参与时间，通过记录、重复和共享来提高专业知识，与当地社区合作伙伴合作，将创客空间实践嵌入到现有的图书馆实践、资源和价值观中[⑤]。Smith 通过对文献、研究项目、访问、咨询工作、研究活动和从业者活动的梳理，指

① Brady T, Salas C, Nuriddin A, et al. Makeability: creating accessible makerspace events in a public library[J]. Public Library Quarterly, 2014, 33(4): 330-347.

② Moeller R, Bastiansen C, Gates L, et al. Universally accessible makerspace recommendation to the district of Columbia public library [J]. Accessibility for Persons with Disabilities and the Inclusive Future of Libraries (Advances in Librarianship), 2015,40:33-50.

③ Timony P. Accessibility and the maker movement: a case study of the adaptive technology program at district of Columbia public library[J]. Accessibility for Persons with Disabilities and The Inclusive Future of Libraries (Advances in Librarianship), 2015,40: 51-58.

④ Einarsson A M, Hertzum M. How is learning scaffolded in library makerspaces? [J]. International Journal of Child-Computer Interaction, 2020, 26: 100199.

⑤ Einarsson A M. Sustaining library makerspaces: perspectives on participation, expertise, and embeddedness[J]. The Library Quarterly, 2021,91(2):172-189.

出创客空间仅通过创新活动实现转型具有局限性[①]。Bouwma-Gearhart 等基于能力理论框架，对美国 6 所大学教职员工和学生对创客空间的看法进行分析与归纳，提出创客空间应与学校课程结合起来，实现可持续创新[②]。

1.2.2 国内图书馆创客空间研究现状

为全面了解国内图书馆创客空间研究现状，采用文献调研法，以 CNKI 为数据来源，以“图书馆”为主题检索词，“众创空间”或“创客空间”作为篇关摘进行检索，检索式为(TKA='创客空间' OR TKA='众创空间') AND SU ='图书馆'，检索 2022 年 12 月 31 日前发表的期刊文章，检索时间为 2023 年 2 月 1 日，共检索得到文献 946 篇。

(1)年度发文量统计

对相关文献进行年度发文量统计，分析结果如图 1-2 所示。由图 1-2 可知，国内有关图书馆创客空间的研究始于 2013 年，当时业界学者对该领域研究的重视程度尚显不足，相关文献仅有 5 篇。2014 年至 2015 年国内开始关注图书馆创客空间，逐步开展探索性研究，对该领域关注度不断提升，图书馆创客空间领域文献呈现飞跃式增长。2018 年发文量超过 200 篇，达到峰值。

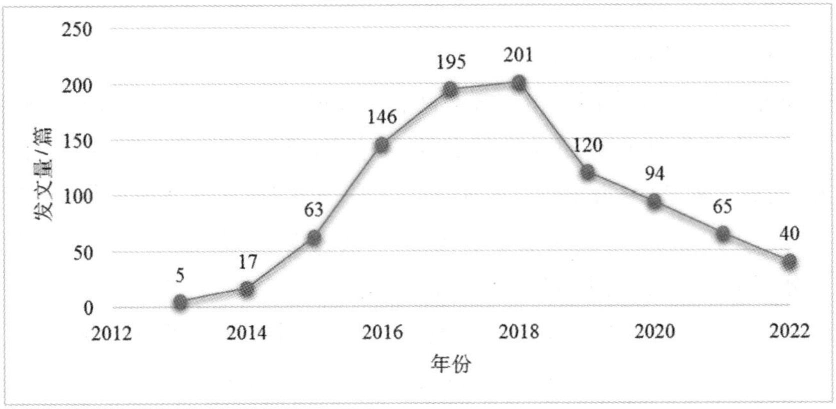

图 1-2 “图书馆创客空间”文献年度发文量变化趋势

---

① Smith A. Social innovation, democracy and makerspaces[J]. SPRU Working Paper Series, 2017.

② Bouwma-Gearhart J, Choi Y H, Lenhart C A, et al. Undergraduate students becoming engineers: the affordances of university-based makerspaces[J]. Sustainability, 2021, 13(4): 1670.

(2)文献作者分析

对图书馆创客空间相关研究文献的作者进行统计(仅统计第一作者),结果如图 1-3 所示(仅展示发文量在 4 篇及以上的作者)。图书馆创客空间相关研究发文最多的学者是王宁,发文量为 10 篇;其次是明均仁、吴卫华,发文量均为 7 篇,之后是刘敏榕、张俊、曹国凤、刘小芳等。

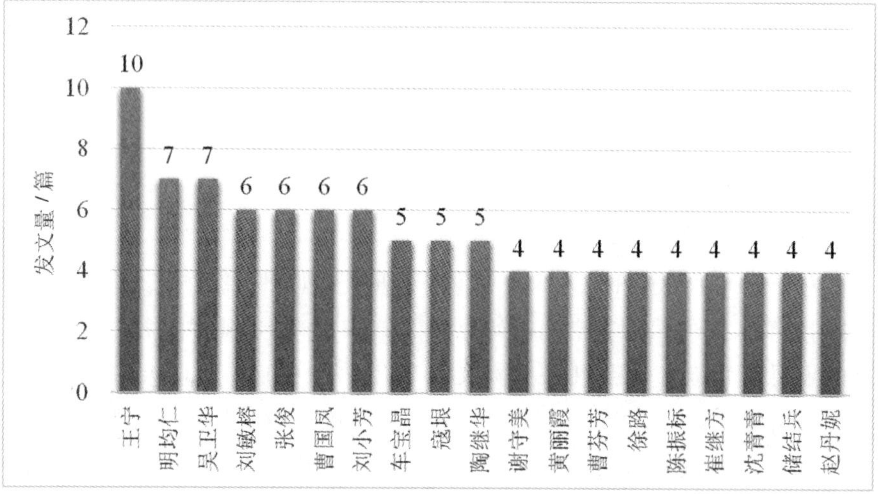

图 1-3 "图书馆创客空间"文献作者统计(发文量≥4)

(3)文献来源期刊分析

经统计发现,国内图书馆创客空间相关文献中有 85.12%属于图书情报与数字图书馆学科领域,载文量排名前 10 的期刊分布如下:《图书馆工作与研究》刊载文献最多,为 43 篇(占比 20.8%);其次是《图书情报工作》刊载文献 35 篇(占比 16.9%),《图书馆学研究》刊载文献 34 篇(占比 16.4%);余下期刊分别是《图书馆建设》(29 篇,占比 14%)、《图书馆》(17 篇,占比 8.2%)、《图书馆理论与实践》(13 篇,占比 6.3%)、《图书与情报》(10 篇,占比 4.8%)、《现代情报》(10 篇,占比 4.8%)、《图书馆论坛》(9 篇,占比 4.3%)、《大学图书馆学报》(7 篇,占比 3.5%)。其中有 7 个为 CSSCI 来源期刊,分别是《图书情报工作》《图书馆学研究》《图书馆建设》《图书与情报》《现代情报》《图书馆论坛》《大学图书馆学报》,来源于这 7 个期刊的文献占比达到了 64.7%。由此可见,国内图书馆创客空间研究相关文献的整体质量较高。

(4)文献关键词分析

对文献中关键词的分析可直接揭示关键词之间的交叉联系,从而能够更清晰、准确地识别出重点研究领域。图书馆创客空间研究文献的关键词如图1-4所示。由图可知,图书馆创客空间研究文献的高频关键词主要有"创客空间""高校图书馆""图书馆""众创空间""构建研究""高校图书馆服务""策略研究"等。

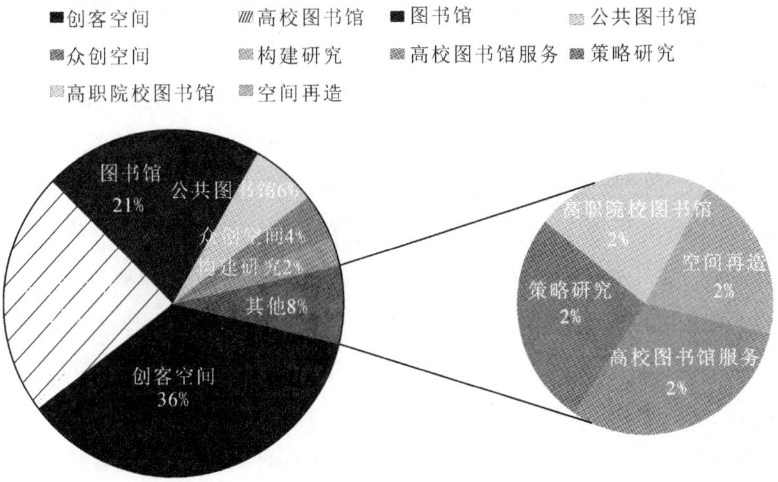

图1-4 "图书馆创客空间"文献关键词分布

1.2.2.1 图书馆创客空间建设

(1)图书馆创客空间建设的价值与意义

大多研究者认为目前图书馆正面临一系列的挑战与机遇,而创客空间的出现为图书馆开展服务内容的创新提供了条件和契机,并且从不同角度阐述了图书馆创客空间建设的价值与意义。龚秀琦认为图书馆特有的公益性质和文化氛围有助于创客空间的发展,而创客空间也可以推动图书馆服务的创新转型,同时图书馆创客空间为全民提供了一个创新创业基地[①]。陈艺则从学生教育发展的角度阐述了高校图书馆引进和建设创客空间的价值与意义:首先,让学生亲自动手实践,培养了学生创新创造的意识与能力;其

① 龚秀琦. 图书馆创客空间实践案例和意义分析[J]. 科技资讯, 2017, 15(36): 255-256.

次，满足了学校开展教学改革的实际需要；再次，提供创意交流及孵化环境，为学生创造出一系列的创业机会；最后，培养、增强了高校学生的积极奉献意识与团队合作精神[①]。

(2)图书馆创客空间建设的理念与原则

王宇和车宝晶指出图书馆创客空间在建设过程中应该遵循适切性原则，即根据国家所提倡的创新创业教育来确定建设目标，结合高校自身实际情况和教育特色，因馆制宜构建符合实际的创客空间，培养带有自身特色的、符合时代和国家需求的创新型人才[②]。陆和建和李昊远认为国内公共图书馆在建设创客空间的过程中需要遵循因地制宜、以用户为中心、循序渐进和多方合作的原则[③]。何惠静指出我国高校图书馆在构建创客空间时应遵循以人为本、可持续发展、布局合理以及制度化管理原则[④]。曹芬芳认为在“互联网＋”时代背景下，我国高校图书馆在构建创客空间的过程中应坚持需求导向性、实用性、开源共享性、安全性以及可持续发展原则[⑤]。

(3)图书馆创客空间建设的实践调研

在创客运动兴起的背景下，国内学者不仅关注国内图书馆创客空间建设现状，还关注国外图书馆创客空间建设状况，以便从中吸取经验，推动国内图书馆创客空间建设与完善。唐晓阳以中美两国图书馆创客空间服务为研究对象，介绍了两国创客空间的实践状况与服务水平，并从政策扶持、创客文化、服务类型和服务技术等方面比较两国图书馆创客空间服务的差异，指出我国图书馆创客空间建设中要加强多方合作，构建在线交流平台，重塑人力资源，注重体验式设计，构建多元化、多层次的图书馆创客空间服务体系[⑥]。周雅琦等对国防科技大学图书馆创客空间进行调研，提出构建融合式

---

① 陈艺. 高校图书馆创客空间的构建[J]. 高校图书馆工作，2015，35(2)：56-58.

② 王宇，车宝晶. 图书馆创客空间构建及其适切性探索[J]. 大学图书馆学报，2018，36(4)：24-28.

③ 陆和建，李昊远. 我国公共图书馆创客空间建设有关问题的思考[J]. 图书馆学研究，2017(12)：10-14.

④ 何惠静. 我国高校图书馆创客空间的构建研究[D]. 福州：福建师范大学，2017.

⑤ 曹芬芳. “互联网＋”时代我国高校图书馆创客空间构建研究[D]. 武汉：华中师范大学，2017.

⑥ 唐晓阳. 中美图书馆创客空间建设比较研究[J]. 图书情报工作，2015，59(24)：72-77.

发展的创客服务模式，为图书馆创客空间建设提供参考[①]。陶继华和龙耀华采用文献调研、案例分析相结合的方法对长沙图书馆“新三角创客空间”进行了全面调查，提出我国图书馆创客空间建设应从巩固核心定位、强化服务特色，开展广泛合作、完善服务体系，弘扬创客文化、树立服务品牌三个方面进行[②]。蒋明对上海图书馆3D打印服务进行调研，构建了全周期、系统性的基于3D打印的创客空间服务保障方案[③]。章洁和伍玉伟以广州图书馆创客空间为例，通过文献搜集、实地调研、网络及微信公众号调研方式对公共图书馆的创客空间服务模式进行探索[④]。曹芬芳等运用问卷调查法对国内高校图书馆创客空间现状进行调查，发现国内高校图书馆创客空间发展潜力大，但使用率较低，预算内支出和预算外专款支出是高校图书馆创客空间的主要资金来源；数字类技术应用比例较高，制作类技术应用比例较低；高校图书馆较少为馆员提供创客空间培训等[⑤]。

俞德凤对美国弗吉尼亚理工大学图书馆创客空间的建设目标、资金来源、空间类型、构建要素等进行分析，指出其具有创新性、典型性、完整性和影响力[⑥]。梁炜等通过文献调研与网络调研等方法，从内容框架、要素构成、功能定位三个方面对美国卡耐基梅隆大学IDeATe创客空间的虚拟空间进行深度剖析，发现国外高校图书馆创客空间的虚拟空间构建较为成熟[⑦]。石剑兰和廖璠对美国30所公共图书馆创客空间进行调研，并对典型案例进行分析，发现美国公共图书馆少儿创客空间服务具有重视创客空间的构建及少儿创客的培养、开展少儿STEAM教育及创造活动、注重培养女孩的科技

---

① 周雅琦，牛宇，贺彦平．高校图书馆创客空间服务探索与实践——以国防科技大学图书馆创客空间为例[J]．新世纪图书馆，2020(12)：56-61.

② 陶继华，龙耀华．图书馆创客空间特色服务的构建与分析——以长沙图书馆“新三角创客空间”为例[J]．国家图书馆学刊，2020，29(3)：31-40.

③ 蒋明．基于3D打印的公共图书馆创客空间服务实践研究——以上海图书馆为例[J]．出版广角，2020(1)：61-63.

④ 章洁，伍玉伟．公共图书馆创客空间服务实践与探索——以广州图书馆创客空间为例[J]．图书馆学研究，2019(12)：17-25，90.

⑤ 曹芬芳，杨海娟，黄勇凯，等．我国高校图书馆创客空间现状调查与分析[J]．大学图书馆学报，2019，37(3)：50-56.

⑥ 俞德凤．美国弗吉尼亚理工大学图书馆创客空间实践及启示[J]．数字图书馆论坛，2021(5)：57-63.

⑦ 梁炜，卢章平，刘桂锋，等．高校图书馆创客空间的虚拟空间构建研究——以美国卡耐基梅隆大学IDeATe创客空间的虚拟空间为例[J]．图书馆杂志，2019，38(11)：66-71.

兴趣与技能、鼓励少儿自主学习与创造、提供丰富多样的创客空间服务项目及先进设备、积极寻求合作伙伴的同时重视人才队伍建设六个特色[①]。王静等对英国12所高校创客空间建设现状进行系统调查与分析，发现其成功建设要素体现在政策与制度的支持、服务内容的丰富性与合作方式的多样性等方面[②]。

(4)图书馆创客空间的建设模式

自2012年起，国内外高校图书馆开始将创客空间引入到图书馆服务中，利用资源和技术建设图书馆创客空间，为用户提供服务，图书馆创客空间建设模式的研究逐渐引起研究者的兴趣。史雅莉从信息生态理论视角出发，构建了高校图书馆创客空间信息生态模型，提出国内高校图书馆创客空间建设应注重以人为本、注重各项资源的合理配置、加强物理环境的交互设计、健全创客空间的管理规范[③]。黎晓基于网络和文献调研分析目前我国高校图书馆创客空间构建模式，将其归纳为头脑风暴型、活动实践型、创业创新型三种类型，总结存在的问题，并提出相应的发展对策[④]。王晴基于对美国图书馆界实践案例的考察，认为创客空间创建伊始即受到图书馆专业协会的关注和积极推动，公共图书馆和学术图书馆依据自身特点，采用不同运行模式建设创客空间，主要包括协同工作型、集中开发型和自主创业型三种[⑤]。曹芬芳和刘坤锋将图书馆创客空间构建模式分为高校图书馆独立构建创客空间、图书馆和校内相关部门合作构建创客空间以及校企合作共同构建创客空间[⑥]。明均仁等通过实地考察、网站浏览、电话咨询、邮件咨询、文献查询等方式将图书馆创客空间建设模式分为合作创新型、青少年教育

① 石剑兰，廖璠．美国公共图书馆少儿创客空间服务调研与分析[J]．图书情报工作，2019，63(14)：121-130.

② 王静，冯利娜，明均仁，等．创客运动背景下英国高校创客空间建设现状及启示[J]．图书馆学研究，2019(9)：82-88.

③ 史雅莉．信息生态理论视角下高校图书馆创客空间构建研究[J]．现代情报，2017，37(7)：30-34.

④ 黎晓．我国高校图书馆创客空间构建模式研究[J]．图书情报工作，2016，60(7)：88-91，10.

⑤ 王晴．图书馆创客空间的运行模式及影响因素研究——基于美国图书馆界实践案例的考察[J]．国家图书馆学刊，2014，23(5)：66-73.

⑥ 曹芬芳，刘坤锋．高校图书馆创客空间构建研究[J]．图书馆建设，2017(6)：18-23，30.

型、项目开发型三类[①]。李小聪等应用扎根方法剖析影响馆员参与高校图书馆创客空间构建模式的深层次因素，发现馆员参与意识、参与平台、参与成本和参与参照氛围四个主范畴对馆员参与构建模式存在显著影响[②]。

1.2.2.2 创客空间服务

关于创客空间服务的研究主要集中在创客空间的服务内容、服务模式和服务质量等方面。郑秀秀指出创客空间不仅能够有效提升高校学生的创新意识和创造能力，还能通过提供创业机会、孵化创业项目，进一步提升大学生的创新创业能力[③]。刘芳将图书馆创客空间的服务内容归纳为入门培训、举办创客小组活动、创意展示交流和创业支持服务[④]。闫淑萍为创客空间服务系统构建提出了以下几点建议：把握核心内容和服务原则，建立完善的政策、制度保障机制，搭建完整的服务内容框架，在图书馆创客空间提供服务项目过程中要注重提升创客空间的服务质量水平[⑤]。曾韦蜻等将高校图书馆创客空间的服务定位为创意挖掘和创新培训，将服务内容划分为学习研究、创新创业和创新培训等[⑥]。陶继华和龙耀华通过研究长沙图书馆"新三角创客空间"的发展现状，提出以图书信息资源、多元互动平台、创客文化为依托为创客提供特色服务[⑦]。杨丽兵认为高校图书馆要准确定位服务目标，科学、理性地引入并开展特色创客空间服务，拓展服务功能[⑧]。单思远和王焕景结合美国图书馆开展移动创客空间服务的典型案例，总结出常采用的三类移动创客空间服务模式——"点对点"型、自助订制型和外联协同型，并分析了不同模式的特点及其差异，提出对推进我国图书馆开展移动

---

① 明均仁，张俊，张玄玄. 中美图书馆创客空间构建对比研究[J]. 图书馆学研究，2017(10)：62-70.

② 李小聪，赵敏，王惠. 馆员参与图书馆创客空间构建模式影响因素研究——基于扎根方法的探索性研究[J]. 图书馆工作与研究，2015(12)：39-42.

③ 郑秀秀. 高校图书馆创客空间服务研究[J]. 江苏科技信息，2017(15)：13-14.

④ 刘芳. 公共图书馆创客空间建设与服务对策研究[J]. 图书馆工作与研究，2017(A1)：22-26.

⑤ 闫淑萍. 高校图书馆创客空间服务研究[J]. 河南图书馆学刊，2018，38(3)：53-55.

⑥ 曾韦蜻，刘敏榕，陈振标. 基于扎根理论的大学生创客服务需求模型构建及验证[J]. 图书情报工作，2019，63(15)：68-76.

⑦ 陶继华，龙耀华. 图书馆创客空间特色服务的构建与分析——以长沙图书馆"新三角创客空间"为例[J]. 国家图书馆学刊，2020，29(3)：31-40.

⑧ 杨丽兵. 高校图书馆积极打造特色创客空间服务[J]. 图书情报工作，2017，61(A2)：77-80.

创客空间服务的思考，包括注重创客个性化需求、服务资源集成化配置、融入“互联网＋”时代的创新素养教育、打造虚实结合的空间体验以及开发移动应用服务平台等[①]。储结兵利用扎根理论方法，通过创客访谈，从创客感知的视角构建图书馆创客空间服务质量评价指标体系，并基于问卷调查数据运用探索性因子分析法对指标体系进行验证与完善[②]。曹芬芳认为应从制定科学的创客空间发展战略规划，找准定位、开展创客空间特色服务，提供无障碍创客服务，重视馆员继续教育培训四个方面优化图书馆创客空间服务模式[③]。Cao 等比较了中国公共、学术和学校图书馆创客空间的组织、服务、挑战和动机，发现高校图书馆的创客空间比其他两类图书馆的创客空间配备更好[④]。

1.2.2.3　创客空间用户行为意愿

明均仁和张俊认为高校师生的参与意愿是高校图书馆创客空间构建成功与否的重要影响因素，他们通过整合、修正已有研究中提出的四个理论模型，构建出一个新的研究模型并开展实证研究[⑤]。高雁和盛小平对公共图书馆创客空间用户使用意愿进行了探究，其选择国内三个发展较为成熟的创客空间的用户为研究对象，通过实证发现影响用户使用意愿的主要因素，并从多方面提出改进建议[⑥]。夏轶群和苏洪锐从创客创业生态系统视角，研究了图书馆创客空间用户参与意愿，结果表明创业意愿、合作模式、人际关系

---

① 单思远，王焕景．美国图书馆移动创客空间服务模式分析及启示[J]．图书馆工作与研究，2017(2)：96-102.

② 储结兵．创客感知视角下图书馆创客空间服务质量评价指标体系研究[J]．国家图书馆学刊，2020，29(3)：19-30.

③ 曹芬芳．美国公共图书馆创客空间服务内容研究与启示[J]．新世纪图书馆，2015(7)：77-81.

④ Cao F F，Wu S H，Stvilia B．Library makerspaces in China：a comparison of public，academic，and school libraries[J]．Journal of Librarianship and Information Science，2020，52(4)：1209-1223.

⑤ 明均仁，张俊．高校图书馆创客空间用户参与意愿影响因素研究[J]．数字图书馆论坛，2018(4)：21-27.

⑥ 高雁，盛小平．公共图书馆创客空间用户使用意愿影响因素实证研究[J]．图书情报工作，2018，62(9)：89-96.

网络和技术性创业支持等显著正向影响高校图书馆创客空间用户的参与意愿[①]。曹芬芳等以技术接受模型为理论基础，构建图书馆创客空间用户使用影响因素模型，实证发现感知有用性是影响图书馆用户使用创客空间意愿的关键因子，愉悦性、创新性、共享性、互动性是影响图书馆用户感知创客空间有用性的四个关键因素[②③]。张建民等基于自我决定理论，构建了一个众创空间用户持续使用意愿形成机理的理论研究框架，实证发现众创空间通过为创客提供创新创业服务影响创客的内部动机和外部动机，进而影响创客对众创空间的满意度和持续使用意愿[④]。

1.2.2.4 创客空间的可持续发展

现有文献主要关注创客空间的可持续发展问题及其制约因素。薛俊义和战炤磊以双循环新发展格局为背景，构建众创空间高质量可持续发展的治理机制，指出我国创客空间可持续发展存在的问题以及改进策略[⑤]。王宁和沈青青利用扎根理论与方法，通过实地调研获取数据，构建空间可持续发展的“意识-氛围-成本-场域”驱动因素模型，挖掘图书馆创客空间驱动要素，为减少发展阻力、提升服务效能提出建议[⑥]。张艳等对我国众创空间运转质量进行了定量分析，发现我国众创空间总体运转质量偏低，且存在明显的区域差异，提出只有更加注重众创空间质量的区域平衡才能保持众创空间的可持续发展[⑦]。吴崇明等认为，专业化众创空间可持续发展的关键制约因素在于盈利模式和价值创造模式的落后，应通过商业模式的创新，强化众创空

① 夏铁群，苏洪锐．图书馆创客空间用户参与意愿研究——基于创客创业生态系统视角[J]．图书馆，2019(8)：64-70.

② 曹芬芳，王涵，黄倩．图书馆创客空间用户使用影响因素实证研究[J]．图书馆建设，2017(10)：21-28.

③ 曹芬芳，郭佳，杨雪梅．基于 TAM 的图书馆创客空间使用意愿实证研究[J]．图书馆学研究，2018(1)：24-33.

④ 张建民，陈雅惠，李亚玲．众创空间用户持续使用意愿形成机理：基于自我决定理论的一个研究框架[J]．科技管理研究，2020，40(4)：232-238.

⑤ 薛俊义，战炤磊．双循环新发展格局下众创空间高质量可持续发展的动因与路径[J]．学术论坛，2021，44(2)：84-92.

⑥ 王宁，沈青青．图书馆创客空间可持续发展驱动因素识别及模型构建——基于扎根理论的实证分析[J]．图书馆工作与研究，2020(5)：5-15.

⑦ 张艳，王晓璐．我国众创空间运转质量与差异性研究[J]．价格理论与实践，2019(10)：161-164.

间的自我造血、科技转化、经济新引擎等功能，实现众创空间的可持续发展[①]。王晴基于对美国图书馆界实践案例的考察，认为创客空间的运行和发展受到多方面因素的共同影响，如设备与工具的采购及使用、安全与责任的教育及监督、成本与费用的预算及控制、工场与导师的引入及管理、外联与伙伴关系的建立及维护等[②]。黄晓军认为明确和统一的指导理念，行业组织的统一协调与战略规划，充足的经费保障和一流的资源配置，创新思维驱动的服务模式转换，科学的管理、监管与评估机制是图书馆创客空间成功设置的关键因素[③]。周玲玲利用文献调研和案例分析等方法，提出应从加强行业指导、完善顶层设计，深化协同合作、搭建互动平台，创新管理机制、优化服务模式三个方面实现创客空间的可持续发展[④]。黄耀东和高波论述了我国高校图书馆开展创客空间建设的必要性，并采用德尔菲法对阻碍我国高校图书馆开展创客空间的因素（如经费不足、缺少专业人才队伍以及设备投入不足等）进行了分析并提出了具体的解决措施[⑤]。王宁基于扎根理论，从发展环境、发展机会、发展过程三个维度论述了高校图书馆创客空间发展的制约因素，并提出相应建议对策[⑥]。

1.2.2.5 创客空间的运营策略

吴卫华等从人、财、物、平台、服务、教育六个方面提出了“双创”背景下高校图书馆创客空间的运营策略，分别是不断完善服务团队、拓展与节约并进、多渠道共享设备设施、构建线上创新平台、丰富服务项目、加强“双创”人才教育培养[⑦]。单思远和王焕景从实体空间、虚拟平台、资源配置等方面入

---

① 吴崇明，于源，孟宇，等．利于专业化众创空间可持续发展的商业模式探索[J]．科技管理研究，2019，39(14)：25-31.

② 王晴．图书馆创客空间的运行模式及影响因素研究——基于美国图书馆界实践案例的考察[J]．国家图书馆学刊，2014，23(5)：66-73.

③ 黄晓军．图书馆创客空间成功构建的关键因素分析[J]．图书与情报，2016(2)：62-65.

④ 周玲玲．美国图书馆创客空间建设成功因素分析及启示[J]．图书馆学研究，2016(7)：97-101.

⑤ 黄耀东，高波．我国高校图书馆创客空间建设研究——基于德尔菲法的调查[J]．图书馆理论与实践，2018(6)：89-93.

⑥ 王宁．高校图书馆创客空间发展阻力及制约因素识别及分析——基于 Nvivo 的扎根理论分析[J]．新世纪图书馆，2020(10)：34-41.

⑦ 吴卫华，孙会清，崔继方，等．“双创”背景下高校图书馆创客空间建设模式及运营策略研究[J]．图书馆工作与研究，2020(3)：43-48，67.

手，遵循起步与试营、调整与发展、运转与创新三个发展阶段进行运营①。蒋逸颖分析了我国高校图书馆创客空间建设现状，并借鉴美国经验，提出了加强文化宣传、增强对外开放、完善管理制度、拓宽资金来源、强化专业团队和优化服务内容的运营策略②。黄耀东和高波基于德尔菲法开展调查，从内部建设、多方合作、用户黏性和规章制度四个方面进行运营策略研究③。李燕波从全面评估影响因素，精准定位发展模式；核算运营成本，评估未来价值收益；建立在线交流平台，开办互动培训课程三个方面论述图书馆创客空间的运营策略④。馆员的参与意愿在图书馆创客空间的运营中也是不可忽视的部分，部分研究者对其进行了探究。罗巧燕和朱军利用扎根理论对调研所获得的资料进行整理与分析，指出影响高校图书馆馆员参与构建创客空间意愿的因素主要有参与态度、参与规范和参与知觉行为，它们分别是高校图书馆馆员参与创客空间构建意愿的内驱动力、外驱动力和情景动力⑤。李小聪和王惠以高校图书馆馆员为研究对象，通过扎根理论质化研究方法对其参与创客空间构建意愿的影响因素进行了研究，构建了图书馆员参与创客空间构建意愿影响因素模型，包括参与态度、参与规范、参与知觉行为三个维度的十二个因素⑥。储结兵运用扎根方法，从馆员需求的视角构建出馆员参与创客空间转型服务激励机制，运用因子分析法对激励机制的有效性进行了验证与完善，发现馆员正向激励包括工作条件与环境、服务能力建设、参与动机强化、馆员获得感知四个维度⑦。

---

① 单思远，王焕景．高校图书馆创客空间建设与运营策略初探[J]．新世纪图书馆，2016(5)：38-41.

② 蒋逸颖．高校图书馆创客空间建设现状及发展策略研究[J]．图书馆工作与研究，2019(11)：121-128.

③ 黄耀东，高波．我国高校图书馆创客空间建设研究——基于德尔菲法的调查[J]．图书馆理论与实践，2018(6)：89-93.

④ 李燕波．论图书馆创客空间的经营模式及发展策略[J]．图书馆建设，2015(2)：69-72，76.

⑤ 罗巧燕，朱军．高校图书馆馆员参与创客空间构建意愿影响因素模型分析[J]．图书情报工作，2015，59(22)：45-49.

⑥ 李小聪，王惠．高校图书馆创客空间构建馆员参与意愿影响因素研究[J]．图书馆论坛，2015，35(12)：39-44.

⑦ 储结兵．图书馆员参与创客空间转型服务激励机制研究[J]．新世纪图书馆，2020(3)：57-63.

1.2.3 研究述评

创客空间蕴含的创新创意思想与特性引起了国内外学者的广泛兴趣，为鼓励民众创新，同时实现新时代下的图书馆服务转型，国内外学者对“图书馆＋创客空间”的模式进行了深度研究。国外学者多采用案例分析法，研究典型图书馆创客空间案例，进行服务项目分析、服务效果评估和服务优化，并结合图书馆创客空间相关文献，从不同的角度思考创客空间的价值。国内学者以理论分析为主，辅以具体创客空间案例，对图书馆创客空间建设的价值、意义、理念与原则进行高度凝练，形成一系列的理论体系；国内学者还通过分析图书馆创客空间的服务现状，总结归纳创客空间的服务内容、服务模式和服务质量；在创客空间用户行为意愿研究方面，国内学者从多视角实证分析影响用户行为意愿的因素。

创新力代表着国际竞争力，一直以来是各国的战略部署之一，而创客空间在国民创新能力的培养上发挥着重要作用。从国内外现有研究方向和内容来看，当前有关图书馆创客空间已经形成了一批重要的研究成果，但近几年相关的研究文献数量却在减少。一方面，全球突发公共卫生事件给图书馆创客空间的建设带来了严峻的挑战，后疫情时代对图书馆创客空间的服务策略和战略规划提出了新的要求；另一方面，互联网新技术的发展使用户服务步入新阶段，用户意愿和满意度在用户服务中的地位不断攀升，原有的图书馆创客空间服务理念已不能满足用户当下的需求。目前图书馆创客空间相关研究在理论和方法上缺少创新与突破，研究的不足主要表现在以下几个方面：

① 缺乏对图书馆创客空间服务核心要素的归纳。当前研究大多集中在对创客空间整体建设的核心要素进行归纳，为总体战略布局提供参考。用户服务作为其中的一部分拥有特殊的职能，针对总体的核心要素难以适应更精细化的服务需求，推进用户服务优化的核心要素的缺失不利于图书馆创客空间的可持续发展。此外，在核心要素归纳方法上，当前研究主要通过创客空间案例分析和文献研究相结合的方法进行提取，学者自身经验和认知的局限会对最终的结果产生影响，相关核心要素的归纳需要更专业、数量更多的学者参与，进行层层递进的系统分析。

② 缺乏用户视角下的图书馆创客空间研究。无论是图书馆创客空间的

建设还是用户服务的优化，目前都缺少从用户视角开展的研究。在图书馆创客空间构建的研究方面，学者一般会综合考虑有关创客空间建设的宏观政策及经济、技术和文化背景，从馆员的角度制定构建策略，却很少考虑用户的实际需求，最终导致图书馆创客空间利用率不高。在图书馆创客空间服务优化研究方面，学者最常用的研究策略是"通过案例分析用户服务的不足—提出改进意见"，在这种研究模式中，学者不属于图书馆创客空间中的任何主体，用户角色在研究过程中缺失，这种研究是一种从第三方的视角进行的研究，缺乏针对性，提出的服务优化建议也缺少说服力。

③ 缺乏图书馆创客空间用户意愿和满意度的实证分析。当前国内外图书馆创客空间相关研究的研究方法主要有案例分析法、文献调研法和归纳总结法等，都具备一定的主观性，缺少客观的实证分析方法。而在图书馆创客空间相关实证研究上，一方面，学者很少考虑到分析用户行为和心理与图书馆创客空间服务优化的关系，缺少从用户视角开展用户参与意愿、持续使用意愿和满意度的研究，并提出服务优化建议；另一方面，现有研究大多基于已有模型或影响因素进行分析，很少以用户为数据源，从识别影响因素出发进行系统研究。

图书馆创客空间肩负着激发民众创新力的职责，归纳总结图书馆创客空间服务的核心要素，从用户视角实证分析用户参与意愿、持续使用意愿和满意度，不仅能提升图书馆服务质量，丰富图书馆创客空间服务优化研究理论体系，还能促进图书馆从创新教育、用户体验、资源整合三个方面进行创客空间服务优化与完善，推动图书馆创客空间的可持续发展。

1.3 研究方法与思路

1.3.1 研究方法

(1)文献调研法

通过文献调研对国内外创客空间发展情况进行梳理与总结，搜集有关国内外创客空间的发展现状与构建和用户参与意愿等内容的文献，并进行整理、归纳和分析，在此基础上，为我国创客空间的建设和发展提供借鉴与参考。

(2)案例分析法

通过对国内外具体的创客空间案例进行详细分析,分别介绍国内和国外图书馆创客空间建设和服务的现状,探究和总结国内外图书馆创客空间开展的经验和特征,为我国图书馆创客空间的建设提供借鉴。

(3)扎根理论法

扎根理论的主要宗旨是在经验资料的基础上建立理论。选取体验过图书馆创客空间服务的用户为访谈对象,了解其在参与图书馆创客空间过程中的真实感受,以初步分析影响图书馆创客空间用户参与意愿的主要因素。

(4)问卷调查法

采取问卷调查的方法,全面了解图书馆创客空间用户参与意愿、持续使用意愿及满意度,获取有关用户参与意愿、持续使用意愿的数据,以初步探究影响用户参与、持续使用创客空间的主要因素,及创客空间用户满意度水平。

(5)数理统计分析法

本书在定性分析的基础上构建模型、提出研究假设,通过问卷调查收集原始样本数据,采用 SPSS 22.0 与 SmartPLS 4.0,对有效问卷数据进行人口统计学信息分析,验证问卷的信度和效度,得到变量间的联结关系,并修正模型,通过结构方程模型验证研究假设是否成立,探究影响图书馆创客空间用户参与意愿及持续使用意愿的因素。

(6)模糊综合评价法

根据模糊数学的隶属度理论,将定性评价转变为定量评价,通过建立隶属度函数和模糊隶属度矩阵来对被测事件进行综合评价①。运用模糊综合评价法对图书馆创客空间服务满意度评价模型进行实证检验,对图书馆创客空间服务质量进行评估,找出高校图书馆创客空间服务存在的不足之处,并提出提高服务满意度的方法,由此检验出图书馆创客空间服务满意度评价模型的实用性和合理性。

---

① 张发. 基于 AHP 及模糊综合评价法的杭州某安置小区 EPC 项目风险评价研究[D]. 杭州:浙江大学,2022.

1.3.2 研究思路

本书从国内外研究现状出发，系统梳理图书馆创客空间的相关概念，然后通过网络与实地调研，分析国内外创客空间的建设现状，并结合国内外典型案例，概括创客空间的共性特征。在此基础上，归纳图书馆创客空间服务推进的核心要素。基于用户对图书馆创客空间的参与意愿，对用户进行深度访谈，再利用扎根理论方法识别用户参与意愿的影响因素，并构建用户参与图书馆创客空间意愿的影响因素模型。面向图书馆用户，基于用户视角对创客空间用户参与意愿进行实证研究；在期望确认模型的基础上，结合前期研究结果，构建图书馆创客空间用户持续使用意愿模型，通过实证分析，探析影响用户持续使用意愿的因素。构建高校图书馆创客空间服务质量评价体系，进行图书馆创客空间服务质量模糊综合评价。在此基础上，提出推进图书馆创客空间服务优化的建议。

1.4 研究内容与创新点

1.4.1. 研究内容

本书主要包括以下十个方面的内容：

第 1 章，绪论。通过介绍创客空间产生的背景，梳理国内外图书馆创客空间的研究现状，明确进行基于用户视角的图书馆创客空间服务优化研究的意义，梳理行文脉络，并介绍研究方法与思路(见图 1-5)。

第 2 章，相关概念。主要对创客空间及图书馆创客空间相关概念进行简述，明确相关的概念及价值，归纳图书馆创客空间的构成要素及价值。

第 3 章，国内外创客空间建设现状分析。通过实际调查，明确国内外创客空间知识服务的实际开展情况，并结合典型案例，总结国内外创客空间建设现状，把握创客空间的共性特征，以指导国内图书馆创客空间知识服务。

第 4 章，图书馆创客空间构建。主要阐明了图书馆创客空间的构建原则、构建模式、构建步骤、构建设计以及图书馆创客空间服务推进的核心要素、图书馆创客空间构建与运营中的注意事项。在梳理国内外图书馆创客

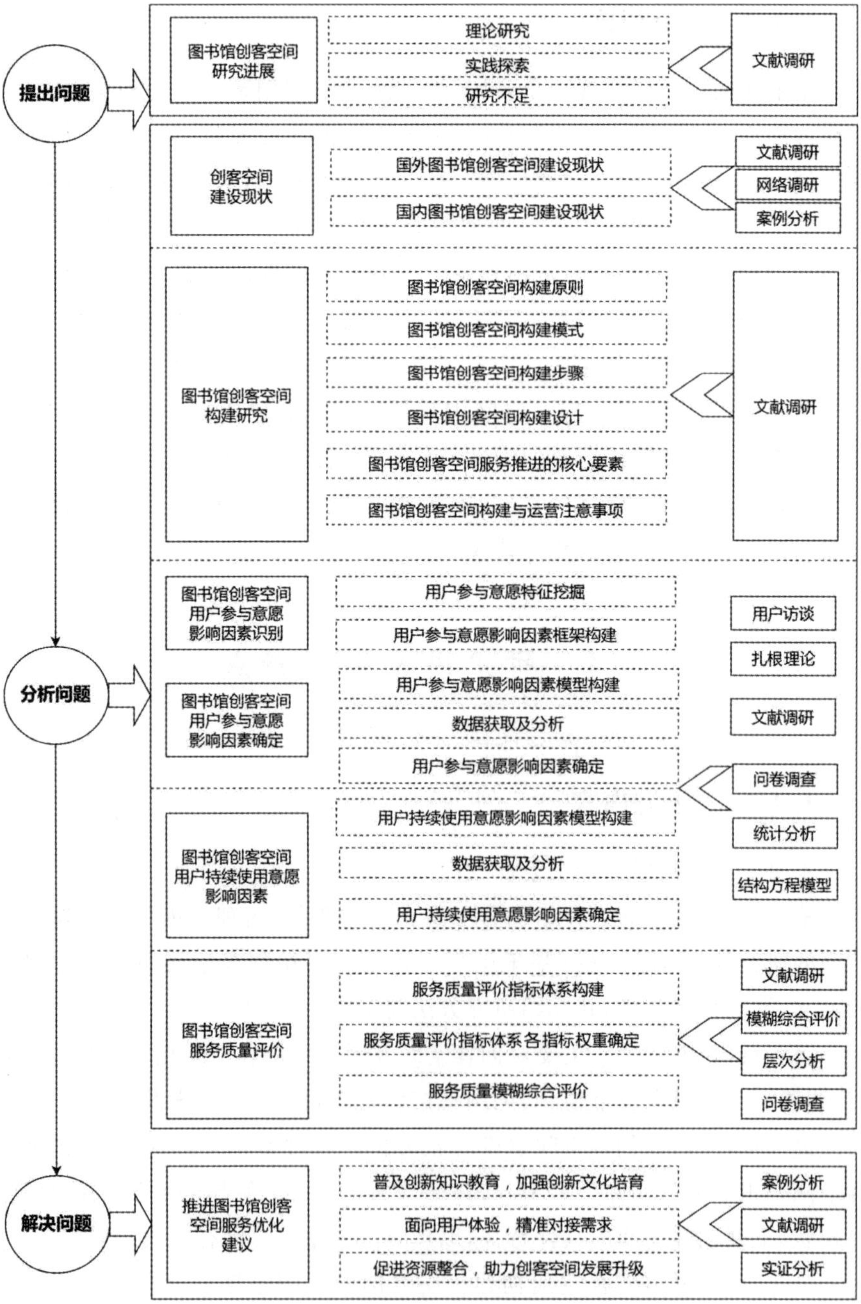
提出问题
图书馆创客空间研究进展
理论研究
实践探索
研究不足
文献调研
分析问题
创客空间建设现状
国外图书馆创客空间建设现状
国内图书馆创客空间建设现状
文献调研
网络调研
案例分析
图书馆创客空间构建研究
图书馆创客空间构建原则
图书馆创客空间构建模式
图书馆创客空间构建步骤
图书馆创客空间构建设计
图书馆创客空间服务推进的核心要素
图书馆创客空间构建与运营注意事项
文献调研
图书馆创客空间用户参与意愿影响因素识别
用户参与意愿特征挖掘
用户参与意愿影响因素框架构建
图书馆创客空间用户参与意愿影响因素确定
用户参与意愿影响因素模型构建
数据获取及分析
用户参与意愿影响因素确定
图书馆创客空间用户持续使用意愿影响因素
用户持续使用意愿影响因素模型构建
数据获取及分析
用户持续使用意愿影响因素确定
用户访谈
扎根理论
文献调研
问卷调查
统计分析
结构方程模型
图书馆创客空间服务质量评价
服务质量评价指标体系构建
服务质量评价指标体系各指标权重确定
服务质量模糊综合评价
文献调研
模糊综合评价
层次分析
问卷调查
解决问题
推进图书馆创客空间服务优化建议
普及创新知识教育，加强创新文化培育
面向用户体验，精准对接需求
促进资源整合，助力创客空间发展升级
案例分析
文献调研
实证分析

图 1-5 研究思路

空间研究的相关文献及前期对图书馆创客空间建设现状调研的基础上，明确图书馆创客空间的构建原则、步骤、设计与构建模式，并结合德尔菲法，确定包括资金、空间、设备、宣传推广、服务项目、创客教育、创客文化、大学生创客、馆员在内的 9 个促进图书馆创客空间可持续发展的核心要素，最后对构建与运营中的注意事项进行说明。

第 5 章，图书馆创客空间用户参与意愿影响因素识别。通过深度访谈获取原始资料，运用扎根理论方法萃取出参与规范、参与态度、参与知觉行为这 3 个影响图书馆创客空间用户参与意愿的核心范畴及其对应的次要范畴，其中参与态度是内部驱动因素，参与知觉行为是外部驱动因素，而参与规范是情景驱动因素。

第 6 章，图书馆创客空间用户参与意愿影响因素分析。在第 5 章的基础上构建图书馆创客空间用户参与意愿模型，探析应如何促进用户使用创客空间，提高创客空间利用率，充分发挥创客空间的价值。

第 7 章，图书馆创客空间用户持续使用意愿影响因素分析。在期望确认模型的基础上，构建图书馆创客空间用户持续使用意愿影响因素研究模型，探析应如何促进用户持续使用创客空间，助力图书馆创客空间的可持续发展。

第 8 章，图书馆创客空间服务质量评价。参考目前发展成熟的 SERVPERF 评价模型，构建图书馆创客空间服务质量评价指标体系，通过德尔菲法，基于层次分析法确定评价指标体系各指标权重，以高校图书馆创客空间用户为调研对象，基于模糊综合评价方法对创客空间服务用户满意度进行评价。

第 9 章，优化图书馆创客空间服务的建议。在对国内外文献进行梳理、实际调查以及实证分析的基础上，围绕创新教育、用户体验、资源整合三个方面，为国内图书馆创客空间服务的进一步发展提供建议。

第 10 章，总结与展望。对研究成果进行总结，指出研究中的不足并提出改进意见，为将来的进一步研究指明方向。

1.4.2 创新点

(1)内容创新

通过对国内外图书馆创客空间的平台调查和特征分析，归纳创客空间服务推进的核心要素；对用户进行深度访谈，识别影响图书馆创客空间用户参与意愿的主要因素和次要因素，并构建图书馆创客空间用户参与意愿影响因素模型；实证分析图书馆创客空间用户的参与意愿及持续使用意愿，针对用户满意度进行模糊综合评价，从而提出服务优化建议。

(2)方法创新

在实际情况调查与案例分析的基础上，分析国内外图书馆创客空间发展特征，总结创客空间核心要素；通过对图书馆创客空间用户的访谈，获取最原始的研究资料，从用户视角萃取出影响用户参与意愿的因素，并根据影响因素之间的主次关系和作用机制，构建影响因素模型；通过问卷调查探究模型有效性，并对用户问卷数据进行分析，明确影响用户参与创客空间意愿的因素；通过问卷调查构建并验证创客空间用户持续使用意愿影响因素模型，进行用户满意度模糊综合评价；针对前文的调查及实证研究，提出图书馆创客空间服务优化建议，促进创客空间的持续发展，提高用户黏性。

2 相关概念

2.1 创　　客

“创客”一词来源于英文单词“hacker”或“maker”，根据安德森在《创客：新工业革命》一书中的观点，创客是指那些能够利用互联网、3D 打印机、Arduino（开源电子原型平台）以及各种桌面设备与工具，将他们的创意转变为实际产品的人[①]。而 Abram 认为创客不仅代表着一群充满创新热情的个体，也代表着一种文化、一种精神、一种学习方式[②]。此外，百度百科将“创客”定义为那些出于兴趣与爱好，努力把各种创意转变为现实的人。总结来看，创客就是一类不以赢利为目标，努力将创意转变为现实的人。他们坚持分享和传播知识，希望可以为全人类创造美好生活。创客们的主要特点是坚守创新，不断实践，乐于分享，追求美好[③]。

《Make》杂志的创始人 Dale Dougherty 在 2014 年 4 月深圳 Maker Faire 的主题演讲上指出，创客是一种文化，我们不光是消费者，还是创造者。他将创客分为三类[④]：首先是那些从零开始的创客，他们不一定具备专业背景，多是零基础的创意追求者；其次是那些通过参与创客活动，意识到自身需要不断改进的创客，他们将自己的知识应用于需要改进的领域；最后是那些通过创客活动建立社区，不仅关注产品的创造，还注重社区知识的构建和高效组织，以促进协作精神的创客。这种文化和精神在创客运动中起着关键作用，不仅鼓励个体创新，还传递着协作和共享的理念。

本书基于创客群体的特征及演变现状，结合以往文献将创客分为学校创客与社会创客两类。学校创客是指在学校图书馆创客空间中进行创作的学生、教育工作者等群体，社会创客包括企业创客、行业创客、黑客等社会人士群体。

---

① 克里斯·安德森. 创客：新工业革命[M]. 萧潇，译. 北京：中信出版社，2012.

② Abram S. Makerspaces in libraries, education, and beyond[J]. Internet@Schools, 2013,20(2):18-20.

③ 陶蕾. 图书馆创客空间建设研究[J]. 图书情报工作，2013,57(14):72-76,113.

④ 曹芬芳. “互联网+”时代我国高校图书馆创客空间构建研究[D]. 武汉：华中师范大学，2017.

2.2 创客空间

2.2.1 创客空间的概念

随着时代的更迭，越来越多的创客需要在一个空间里完成其产品，于是创客空间应运而生。创客空间这个概念源自《Make》杂志，它是一个真实存在的物理场所，一个具有加工车间、工作室功能的开放交流的实验室、工作室、机械加工室。在这里，各类创意者，包括艺术家、设计师、软硬件专家以及一般社区成员，都可以利用里面的机器和材料把他们的想法变成现实。更重要的是，他们愿意分享成果，供他人进一步研究，并不断尝试将创新成果运用到现实生活中，真正改变人们的生活方式①。

不同学者和专家对创客空间有着各自的定义。其中，克里斯·安德森认为创客空间大多是由社区创立的，有些类似于健身房会员制的小工作室，即技术工坊，这些创客空间可以共享生产设备②。而 Britton 将创客空间定义为人们聚集在一起分享资源、知识和事物的地方③。马克·哈奇将创客空间描述为富有想法的创客集聚在一起制作物品的中心或工作间④。Smith 进一步界定了高校创客空间，认为它是一个人们汇聚在一起，分享资源和知识的场所，不仅支持技术试验、硬件开发，还促进思想建模，同时可提高学生的社交情感技能⑤。此外，2015 年我国政府工作报告从众创的角度出发，将创客空间解释为顺应网络时代创新创业特点和需求，通过市场化机制、专业化服务和资本化途径构建的低成本、便利化、全要素、开放式的新型创业服

① Abram S. Makerspaces in libraries, education, and beyond[J]. Internet@Schools, 2013, 20(2): 18-20.

② 克里斯·安德森. 创客：新工业革命[M]. 北京：中信出版社，2012.

③ Britton L. The makings of maker spaces[J]. Libraries Journal, 2012, 137(16): 27-29.

④ 马克·哈奇. 创客运动[M]. 杨宁，译. 北京：机械工业出版社，2015.

⑤ Smith C. More than making[EB/OL]. [2023-10-14]. https://americanlibrariesmagazine.org/blogs/the-scoop/more-than-making/.

务平台[①]。李肖婧提出，创客空间是以实验中心为主体，提供人才资源、场地设备、项目资源的综合化场所[②]。邹海燕基于 STEAM 理念，将创客空间定义为为学生提供技能培训和公共平台支撑，打破学院、学科、专业范畴的综合型空间[③]。创客空间是一个拥有高度开放性与自由度的空间，不同教育背景的用户聚集在一起，交流共享、传递知识、相互协作、发明和创造新事物，将创意转变为现实。这些不同的定义突出了创客空间作为一个多元的智慧环境，鼓励创新、创造，同时也具备教育和社交发展的功能，为各种类型的人提供了创意实践和知识共享的机会。

创客空间一般提供以下服务：① 提供各种工具和技术，包括各类设备、机器和软件，使个体能够实现他们的创意和项目。② 促进小组交流、知识共享和资源共享，创客空间鼓励人们一起协作，分享他们的知识和资源，以促进共同学习和创新。③ 提供个人项目空间，创客空间为个体提供了一个地方，让他们可以专注于自己的项目和创意，从而将其变为现实。④ 提供开放环境，这是一个鼓励创造和创新的开放空间，使人们能够自由表达他们的想法，并得到支持和反馈。⑤ 为公司提供原型制作工具，一些创客空间也为创业者和公司提供原型制作的设备和资源，帮助他们验证和发展他们的产品概念。

创客空间开放给所有人使用，不论他们的背景或技能水平如何。随着创客文化的持续盛行，创客空间的形式也日益多样化。全球范围内已建立了众多创客空间，它们通常可以划分为以下三种类型：① 独立的创客空间。这些创客空间是独立组织或社区设立的，旨在为创客提供支持和资源。② 以学校为基础的创客空间。一些学校设立了创客空间，为学生和教职员工提供机会，鼓励他们在学术环境中实践创新和创造。③ 以图书馆为基础的创客空间。图书馆也积极投入到创客运动中，提供创客空间，以帮助社区成员获取知识和资源，支持他们的创意项目。这些创客空间为不同人群提供了各种机会，鼓励创新和知识分享，推动了创客文化的不断发展。

---

① 央视网. 2015《政府工作报告》缩略词注释. [EB/OL]. [2023-08-26]. http://news.cntv.cn/2015/03/12/ARTI1426168809964316.shtml.

② 李肖婧. 工程体验教育模式研究[D]. 杭州：浙江大学，2019.

③ 邹海燕，张小远. 高校创客空间：基于 STEAM 理念的整合与建构[J]. 实验技术与管理，2020,37(11):273-276.

2.2.2 创客空间的特征

(1)便利性与全民性

创客空间的便利性依托于创客空间的地理位置、资源设备支持以及开放时间。创客空间的地点通常位于城市或社区中心,具有便利的地理位置。它们通常靠近公共交通站点,提供便捷的交通方式,方便人们前往。创客空间提供场地、工具、设备、基础数字技术和非数字化技术,举办各类活动,用户能够根据需要随时使用各类工具;同时,大多数创客空间提供免费或低成本的服务,用户可以免费使用创客空间的设备、工具和材料,或者只需支付很少的费用。这降低了创客空间的门槛,使更多人能够参与其中,无论是学生、教师、专业人士还是普通公众。创客空间的便利性与全民性还体现在其通常具有较长的开放时间,包括白天和晚上,工作日以及休息日。这使得人们可以根据自己的时间安排,选择适合的时间去访问创客空间,无论是在工作日还是休息日①。创客空间为广大用户提供了一个便利、开放和可负担的环境,促进了创新和创造力的发展。

(2)开放性与共享性

创客空间的开放性与共享性主要体现在开放参与、资源共享、知识交互和创新环境四个方面。创客空间通常对所有人开放,不论背景、年龄或技能水平,任何人都可以进入创客空间,并利用其中的资源和设备。这种开放性使得创客空间成为一个包容的社区空间,吸引了各种不同背景和兴趣的人。创客空间提供各种设备、工具和材料,如 3D 打印机、激光切割机、编程设备等②。这些资源通常是昂贵的,但在创客空间中,它们是共享的。用户可以共同使用这些设备和工具,以实现各自的创意和创新项目,而无须个人拥有它们。与此同时,创客空间鼓励用户之间的交流、合作和共享。人们可以在创客空间中互相学习和分享知识、经验和技能。这种知识的交流有助于拓宽视野,启发创新思维,并促进合作和协作。最后,创客空间提供了一个开

① Bao Z K, Hashim K F, Almagrabi A O, et al. Business intelligence impact on management accounting development given the role of mediation decision type and environment[J]. Information Processing and Management, 2023, 60(4):103380.

② 赵睿,杨海波,李雨霏,等. 新工科背景下创客空间实践体系的构建与实践[J]. 陕西教育(高教),2023(3):28-30.

放的创新环境，鼓励人们进行实践。人们可以在这个共享的空间中探索和解决问题，尝试新的想法和方法。这种开放的创新环境促进了创新思维和创造力的发展。

在“互联网+”时代，创客空间可以通过互联网获取免费的硬件设备和软件程序，从而有效地降低了创建成本。此外，创客们利用头脑风暴法和各种互联网平台积极共享知识和经验，开放创新思想、创意，以及各类创新项目，将各种信息资源融会贯通。

(3)全要素和合作性

创客空间的全要素和合作性体现在多学科融合、合作项目和团队建设、跨界合作和产业连接以及制定共同目标四个方面。

首先，在多学科融合方面，创客空间鼓励不同学科背景的人员进行交叉合作和融合。它吸引来自不同领域的人才，如工程师、设计师、艺术家、科学家等。通过多学科融合，可以将不同领域的知识和技能结合起来，创造出更有创意和创新性的解决方案。其次，创客空间鼓励用户之间建立合作项目和团队，共同实施创新项目。它提供合作的机会和平台，帮助用户找到合适的合作伙伴，共同解决问题、开展实验和创造性工作[①]。这种合作性体现在团队合作、项目协作和资源整合等方面，如凯斯西储大学的创客空间 Sears think[box]为学生开展创新创业活动提供了全面的支持，包括为期 10 周的夏季课程，该课程组合了不同学科和专业的学生，他们在克利夫兰基金会的支持下，积极参与各种地方和企业项目，致力于解决企业运营中的实际问题。此外，创客空间还鼓励创客社区与产业界合作，推动用户与企业、投资者、孵化器和创业生态系统等跨界合作，以促进技术转化和商业发展[②]。这种合作性有助于将创意转化为真正的商业机会，并推动产业创新和经济的发展。

不仅如此，创客空间可以帮助用户制定共同的目标，并共同努力实现这些目标，例如，组织团队项目、创意驱动的竞赛或共同解决社会问题等。通过制定共同的目标，用户可以集中精力、资源和才能，共同产出更大的成果。

---

① 付希金，郑燕林，万川．创客空间促进师范生创造力教育动机发展的实证研究[J]．现代教育技术，2022，32(10)：111-119.

② 张小远，王华，崔源．产教融合视域下高校创客空间的建设与运营[J]．实验技术与管理，2022,39(10):239-243.

这些因素使得创客空间成为一个多元化、合作性强的创新社区。它鼓励用户之间的合作与交流，提供资源和支持，促进创新和创业的发展[①]。同时，创客空间也为用户创造了一个共同学习、共同成长的环境，推动了整个创客社区的进步和繁荣。

(4)实践性与创造性

实践性与创造性是创客空间的核心特征。创客空间以实践为基点，提升用户创造力，鼓励用户动手制作，将奇思妙想通过手中的工具变成现实，在实践中收获知识，并创新知识。其实践性和创造性体现在活动与竞赛举办、创意与创新支持、协助空间与工具、创业支持网络以及开放创新平台五个方面。

创客空间组织各种创客活动和竞赛，鼓励用户参与并展示他们的创造力和创新能力。这些活动和竞赛旨在激发用户的创意和创新潜力，培养合作与竞争的精神，以及促进创客社区的交流和合作。与此同时，创客空间为用户提供创意和创新支持，帮助他们将想法转化为实际项目，包括提供创意激发活动、创意工具和方法的培训，以及创新项目的指导和支持。

此外，创客空间为用户提供协作空间和工具，方便用户之间的合作，包括共享工作台、会议室、合作软件和在线平台等。协作空间和工具的使用可以促进用户之间的交流、讨论和合作，帮助他们共同推动项目的进展。创客空间还可以为创业者提供创业支持网络，帮助其与其他创业者、投资者、行业专家和创业生态系统建立联系。这种合作性有助于创业者获得资源、指导和支持，提高创业成功的机会[②]。最后，创客空间可以作为开放创新平台，与其他创客空间、大学、研究机构和企业进行合作，通过共享资源、知识和经验，建立跨界合作和开放创新生态系统，推动更广泛的创新和技术转化。

(5)多样性与可持续性

创客空间的多样性与可持续性体现在参与者的多样性、项目和创意的多元化、知识和技能的多样性、跨界合作和创新以及倡导可持续发展的理念五个方面。

创客空间鼓励各种背景、年龄、性别、职业和不同兴趣的人参与其中。

---

① 萧凯茵. 公共图书馆创客大赛活动的现状、问题与改进策略[J]. 图书馆工作与研究，2022(1)：56-63.

② 张晗，郭晶. 基于 ALA 案例分析的北美地区图书馆新兴技术实践及启示[J]. 图书馆学研究，2021(22)：92-101.

参与者的多样性使得创客空间成为一个充满不同思维和创意的地方。不同背景和经验的人聚集在一起,可以带来更多元化的观点、创新思维和解决问题的方式。同时,创客空间容纳了各种项目和创意,涵盖了科技、艺术、设计、工程等领域。用户可以根据自己的兴趣和技能开展各种项目,从而创造出独特的作品和解决方案。这种多元化的项目和创意推动了行业的创新发展和社会的进步。此外,创客空间为用户提供了广泛的学习和培训机会,涵盖了各种知识和技能领域。用户可以学习和掌握各种技术、工艺和创意方法,从而提升自己的能力和创造力。这些多样性的知识和技能提升了用户的综合能力,使他们能够在不同领域进行创新和创造。创客空间还鼓励不同领域之间的跨界合作和创新,例如,工程师与艺术家、设计师与科学家之间的合作。这种跨界合作和创新打破了传统的学科和行业壁垒,促进了不同领域之间的知识交流和创新碰撞①。通过跨界合作,可以产生更具创意和独特性的解决方案。最后,创客空间倡导可持续发展的理念,鼓励用户在创新过程中考虑环境、社会和经济的可持续性。用户被鼓励利用可再生能源、可循环材料和低碳生产方式,以减少对环境的负面影响。同时,创客空间鼓励用户关注社会问题,并通过创新解决方案推动社会可持续发展。

2.2.3 创客空间的分类

根据不同的维度,创客空间的分类也不同。

① 按照是否独立,创客空间可以分为独立型创客空间以及集体型创客空间。1998 年,美国麻省理工学院的 Gershenfeld 教授开设了一门名叫“如何能够创造任何东西”的课程,之后根据课程精神创办了 Fab Lab,让没有技术经验的学生按照自己的想法和创意进行创造,在课堂里创造出很多令人印象深刻的产品。此后,越来越多的创客空间也开始为用户提供可以自己动手创造的个人空间,这种个人创新创造的创客空间被称为独立型创客空间。随着创客空间的不断发展,制造产品的复杂程度逐渐变高,对创新的要求也相应提高,因此需要集体共同操作来完成,这样的创客空间被称为集体型创客空间。独立型创客空间的优点在于能够满足个人兴趣爱好,提高个人创新创业能力;而集体型创客空间不仅可提高个人创新创业能力,还培养了集体的团队合作精

---

① 蒋金艳. 面向创客的图书馆学习空间建设研究[J]. 图书馆工作与研究, 2021(9): 98-103.

神，更重要的是为未来创业形成一份可行的行动方案[①]。

② 按照是否商业化，创客空间被分为兴趣型与创业型。兴趣型创客空间主要服务于个人兴趣爱好，类似于消费产业，创造了市场价值。而创业型创客空间致力于服务创新创业的个人或团队，类似于创新创业的中介组织，不仅创造了市场价值，也为创新创业人员提供了资源支持。

③ 按照专业领域是否多样化，创客空间被分为综合型与专业型。综合型创客空间往往涉及多个领域，内容覆盖面广，面向的用户群体较大。这一类型的创客空间一般由政府投资创办，是非营利性组织。而专业型创客空间一般针对某一专业领域，面向的用户群体也较为固定。这一类型的创客空间规模相对较小，有商业化倾向。

2.2.4 创客空间的价值

(1)理论价值

理论从实践中来，再到实践中去，创客空间的发展也丰富了创新理论的相关成果。

创客空间丰富了开放式创新理论。亨利・切萨布鲁夫(Henry Chesbrough)将创新分为封闭式创新和开放式创新，开放式创新是一种分布式创新过程，要求创新在创新主体间向内和向外同时转移，从而对创新的各个环节产生影响[②]。创客空间以开放共享作为原则，不仅共享资源设备，还共享创意想法，充分体现了开放式创新的精神实质。由于信息不对称，每个创客所掌握的信息都是不同的，每个创客为了掌握更多的有效信息总是希望他人分享想法，而不愿意贡献自己的观点，最终导致大家都不愿意共享。但是创客空间可以通过有效的机制促进创客之间分享创新思想，例如制定考核制度与明确规定，保证开放性原则的有效实现。

创客空间丰富了隐性知识理论。迈克尔・波兰尼(Michael Polanyi)根据知识能否清晰地表述和有效地转移，把知识分为显性知识(explicit knowledge)和隐性知识(tacit knowledge)[③]。隐性知识指未被表述的知识，

① 林祥，高山，刘晓玲. 创客空间的基本类型、商业模式与理论价值[J]. 科学学研究，2016,34(6):923-929.

② 全球百科. 开放式创新. [EB/OL]. [2023-08-26]. https://vibaike.com/117934/.

③ 汪长明. "钱学森之问":话语指向、机制纠偏及践履路径[J]. 高教探索，2022(4):5-14.

像我们在做某事的行动中所拥有的知识。信心、经验、灵感、敏感、综合是创新创业过程中主要的隐性知识。掌握隐性知识最好的方法就是到创客空间中学习、体会与实践，创客空间为学习隐性知识提供了平台，并有助于用户将隐性知识转化为显性知识，创客们到创客空间制造产品，获得创业灵感，分享创作经验，增强创业信心。

(2)教育价值

创客空间作为孵化创客创意的园地，其建设受到教育界重视，是推动教育改革、培养科技创新人才的重要平台。创客空间具有以下教育价值：具有开放性，为学生提供开放的环境和先进的设备，每个专业的学生都可以参与创新实践；具有实践性，以学生的实践能力为指导思想，解决实践中遇到的各种问题；具有跨素养性，跨素养性指的是跨越多学科进行沟通的能力，在创客空间中分享设计成果，开展合作，可推动各专业学生各个层面素养的融合发展。

创客空间为学习者提供适合创造的环境、资源和机会，在创造过程中培养学习者形成优秀的心理品质和积极的人生态度，一方面有助于学习者知识的积累，另一方面有助于学习者自我认知能力与责任感的培养。在创客空间中学习有助于学习者智力因素与非智力因素的全面结合与生成。

创客空间除了能够提供课程教学、课程实验、毕业实习与设计等常规的教学环境，还为举办讲座、研讨会、项目推广、科技竞赛等丰富多彩的创造活动提供平台。学习者通过不断的设计、反馈、思考、修正、创新等多种途径学习，提升运用技术解决问题的能力。创客空间可加强学习者对技术的理性认识，促进技术向人本的回归。

2.3 图书馆创客空间

2.3.1 图书馆提供创客空间服务的优势分析

(1)降低准入门槛

图书馆创客空间作为当今信息社会不可或缺的一部分，具备了多重核心优势，降低准入门槛则是其中之一。创客空间作为图书馆的一项重要服务，秉承了图书馆普惠性的特点，为广大社区居民提供了一个开放共享的创新平台，不论年龄、背景还是技能水平，任何人都可以充分利用这一资源，无须专业背景或高昂的费用支出，实现了知识和技能的平等获取，从而有效降低了知识门槛和技术门槛。

图书馆创客空间以丰富多样的设施和资源为依托，进一步降低了准入门槛。其配备了3D打印机、激光切割机、电子元件等先进工具和设备，为创客们提供了实现想法的可能性，而这些设备在传统环境中往往难以获得或获取成本较高。通过提供免费或低成本的设备使用机会，创客空间有效地降低了创新实践的经济门槛，使更多人可以尝试、学习并实践各种创意项目，从而推动了图书馆内的创新活动，增加了创业机会[①]。图书馆作为公共场所，具备广泛的社会影响力，其创客空间也因此得以进一步降低准入门槛。

图书馆创客空间的核心优势在于其出色的准入门槛降低策略。通过普惠性的服务理念，提供先进设备与资源，以及借助图书馆的社会影响力，图书馆创客空间使得创新与创造不再受限于个体的背景和经济状况，为更多人带来了实现梦想的机会，推动了社会的共同进步与发展。

(2)促进跨学科学习

图书馆创客空间作为当今教育与学习领域的一大创新，其优势在于为跨学科学习提供了丰富的机会和资源。这一空间不仅仅是书籍的聚集地，更涉及科技、艺术、工程、数学等多个领域，为学习者创造了一个多元的环境。图书馆创客空间提供了一系列先进的工具和设备，如3D打印机、激光切割机、编程工作站等，这些设备的引入促进了学科间的融合，使学生能够在实际操作中将知识应用于创造性的项目中，从而深化对不同学科之间关联性的理解[②]。

创客空间注重自主学习和合作学习，鼓励学生在跨学科项目中合作探索。这种合作不仅仅是同学之间的合作，也包括学生与导师、专家之间的互动[③]。学生可以通过合作学习，从不同学科背景的伙伴中汲取灵感，拓展思维视野，培养团队合作的能力，同时也能够在专家的指导下获得实际的反馈

---

① 何慧静. 我国高校图书馆创客空间的构建研究[D]. 福建：福建师范大学，2017.

② 曾粤亮，陆欣仪. 基于SERVQUAL模型的高校图书馆创客空间服务质量评价研究[J]. 大学图书馆学报，2023,41(3):51-62.

③ 蒋明. 基于3D打印的公共图书馆创客空间服务实践研究——以上海图书馆为例[J]. 出版广角，2020(1):61-63.

与建议。此外，图书馆创客空间作为一个开放式的学习场所，为学生提供了丰富的资源和素材，促使他们在跨学科学习中跳出传统课程的限制，以更自由的方式进行探索和学习。这种自主性和灵活性有助于激发学生的创造力和创新思维，培养跨学科思维的能力。图书馆创客空间的核心优势在于为跨学科学习提供了一个多元化、实践性和合作性的学习环境。

丰富的资源、先进的设备和开放的氛围，使得学生可以在创客空间中涉猎多个学科领域，培养综合性的知识和能力，为未来解决跨学科问题和创新做好充分准备。

(3)提供技术和创新支持

图书馆创客空间的核心优势在于其强大的技术和创新支持，这为图书馆满足社区需求、促进教育、提升信息素养等提供了独特而不可或缺的价值。创客空间鼓励创新思维和技术实践，为社区成员提供了一个可以探索、学习和实验的环境，其配有可编程硬件、3D打印机、激光切割机等高科技工具，鼓励人们深入研究并理解现代技术的应用，从而提高他们的数字素养。创客空间的技术资源可促进社区成员之间的协作和知识分享，从而创造出新的创意和解决方案[①]。通过提供互联网接入、计算资源、虚拟现实和人工智能等先进技术，创客空间不仅能够支持项目合作，还能鼓励多样性的团队合作，以解决各种社会问题。

创客空间还有助于培养人们的创业精神和提供就业机会。它提供了创业培训、创新项目的孵化和支持，有助于社区成员将他们的创意转化为可持续的商业模式。这不仅有助于经济增长，还可以创造就业机会，提升社区的整体生活水平。创客空间在数字时代的信息传播和知识共享方面发挥了重要作用。它通过将图书馆资源数字化、提供在线课程和虚拟讲座等方式，扩大了知识获取的途径，使人们更容易获取并分享知识，从而推动了社区的教育和文化发展。

(4)可持续性和资源共享

图书馆创客空间的核心优势在于其在可持续性和资源共享方面的强大

---

① 吴卫华，孙会清，崔继方，等．“双创”背景下高校图书馆创客空间建设模式及运营策略研究[J]．图书馆工作与研究，2020(3)：43-48，67．

潜力[①]。它不仅提供了可持续的学习和创新环境，还通过资源共享和社区合作，为个人和社区的发展提供了可持续的支持，为实现可持续性目标和资源有效利用做出了积极贡献。

图书馆创客空间通过资源共享的模式，最大限度地优化了已有资源的使用，从而减少了浪费和不必要的消耗。这些空间通常提供了各种各样的工具、设备和材料，这些资源可以被多个用户共享，减少了个人购买和维护这些昂贵设备的需求。这不仅有助于减轻个人负担，还有助于减少资源浪费，降低了环境负担，符合可持续性发展的理念[②]。此外，图书馆创客空间还鼓励社区合作和协作，通过组织工作坊、培训课程和项目合作，促进了知识共享和技能传授，培养了用户的创新思维和解决问题的能力，为社区的可持续发展提供了有力支持。

(5)弥补传统教育的不足

图书馆创客空间为学生和社区成员提供了一个开展实践性学习的场所，通过亲身动手制作、设计和创造，学习变得更加生动有趣[③]。这种实践性学习有助于培养学生的创新思维和问题解决能力，这些是传统教育中不容易获得的技能。创客空间通常配备了各种先进的工具和技术，为学生提供了接触和使用现代科技的机会，有助于他们更好地适应未来职业的需求。创客空间鼓励团队合作，通过与他人合作完成项目，学生可以培养沟通技巧和协作能力，这在传统教育中往往得不到足够重视。创客空间还提供了一个开放式的学习环境，让学生能够自主选择他们感兴趣的项目和主题，激发他们的学习兴趣，促进个性化学习。

创客空间与社区紧密结合，吸引了各种年龄段的人参与其中，促进了跨代交流和知识分享。这种社区参与有助于学生更好地了解社会和社会问题，培养他们的社会责任感。图书馆创客空间具有提供实践性学习、现代科技接触、合作机会和社区参与等服务的核心优势，有力地弥补了传统教育的不足，为学生提供了更全面、更灵活、更有趣的教育体验，有助于他们更好地

① 王宁，沈青青. 图书馆创客空间可持续发展驱动因素识别及模型构建——基于扎根理论的实证分析[J]. 图书馆工作与研究，2020(5):5-15.

② 陈婧，谭丰隆，刘洋阳. 高校图书馆创客空间建设路径研究[J]. 图书馆，2021(7):77-81，90.

③ 周龙军. 公共图书馆创客空间服务能力评估窥探[J]. 四川图书馆学报，2022(5):36-40.

应对未来的挑战和机遇[①]。

2.3.2 图书馆创客空间的概念

图书馆是文化知识和信息资源的集散中心，具备建设创客空间的天然条件，图书馆创客空间本质上是知识与实践体验的结合体及其衍生物。在物理形态上，创客空间最早被描述为怀揣梦想与创意的创客们在一起创作的工作场所。而对于高校图书馆创客空间，内华达大学的学者给出了这样的定义：高校图书馆创客空间是不同学科的师生展现个性、从事创新项目的空间，是图书馆传统设施和新型技术融合的前沿。为了进一步凸显高校图书馆创客空间的教育功能，Smith 对其提出了新的定义，认为高校图书馆创客空间的主要任务是知识和资源的开放共享，是验证新技术，开发新软、硬件的平台[②]。总而言之，对于图书馆创客空间的定义，虽然国内外图书馆界众说纷纭，但都是以《Make》杂志的定义为基础，都认为图书馆创客空间是一个能够通过分享知识、交流想法来创造新事物的物理场所。

图书馆创客空间为用户提供了开放的创造、学习和共享的空间，以促进技术、艺术和创意的发展。2000 年初，开源硬件和开源软件的兴起为个人制造和创新提供了更多的机会，为创客空间的出现奠定了基础；2005 年，美国马萨诸塞州波士顿公共图书馆成立了“公共制造”(Public Fabrication)项目，旨在为社区提供开放的制造设备和技术培训；2006 年，美国密歇根州亨利·福特博物馆开设了第一个“Fab Lab”(数字制造实验室)，成为全球第一个在公共文化场馆中设立的创客空间；2007 年，美国伊利诺伊州芝加哥公共图书馆成立了“YOUmedia”实验室，提供数字媒体制作和创新培训，吸引了年轻人的参与；2010 年，美国俄亥俄州克利夫兰公共图书馆开设了名为“TechCentral”的创客空间，提供 3D 打印机、激光切割机等设备，以及技术培训和工作坊；2011 年，美国纽约公共图书馆推出了“NYC Resistor”，一个为成年人提供技术培训和创新资源的创客空间；2012 年，美国加利福尼亚州圣荷西公共图书馆成立了名为“Create” 的创客空间，为社区提供创新设备和

---

① 石剑兰，高波. 我国公共图书馆少年儿童创客空间服务研究[J]. 图书馆工作与研究，2022(5)：112-121.

② Smith C. More Than Making[EB/OL]. [2023-10-14]. https://americanlibrariesmagazine.org/blogs/the-scoop/more-than-making/.

培训机会；2014 年，美国丹佛公共图书馆开设了名为“ideaLAB”的创客空间，为社区提供免费的数字制造设备、编程和设计培训；2016 年，美国宾夕法尼亚州费城自由图书馆成立了“Culinary Literacy Center”，为社区提供烹饪技能和营养知识的培训。

自此之后，全球范围内的图书馆创客空间迅速发展。许多图书馆开始将创客空间纳入其服务体系，并提供各种设备和资源，以支持用户的创意和创新。随着时间的推移，图书馆创客空间日益多样化和丰富化。它们不仅仅提供基础设施和设备，还组织丰富多彩的活动和项目，如工作坊、比赛、展览和讲座。创客空间逐渐成为一个集合创造、学习、合作和分享的社区中心。总的来说，图书馆创客空间的发展历史可以追溯到 21 世纪初，而如今它已成为许多图书馆提供的重要服务之一。创客空间的兴起为用户提供了一个开放创新的平台，促进了技术、艺术和创意的发展，同时也推动了图书馆的转型和创新[①]。

2.3.3 图书馆创客空间的构成要素

(1)资源

图书馆创客空间的资源主要可以分为课程资源、库资源以及创客资源[②]。图书馆创客空间的课程资源是面向所有创客空间用户开放的，用于满足用户各种学习需求。课程资源涵盖了所有课程本身及其介绍、相关资料、课程成员等。创客空间课程是按不同学科进行分类及检索的，课程类型可以分为基础课程、合作课程和专业课程等。库资源是对图书馆创客空间中所有正在进行和已完成的项目的存档和详细记录，记录内容包括项目的理念、项目的实施内容、项目的研究成果等信息。库资源的存在为新创客了解该图书馆创客空间的历史以及目前的项目情况提供了渠道，新创客可以通过库资源发现自己感兴趣的项目，从而加入自己所向往的项目团队。创客资源是图书馆创客空间最重要的资源。创客空间是创客的聚集地，如果不存在创客，也就没有所谓的创客空间。每一位富有想法的创客都应该能够

---

① 曾粤亮，陆欣仪．基于 SERVQUAL 模型的高校图书馆创客空间服务质量评价研究[J]．大学图书馆学报，2023，41(3)：51-62.

② 梁炜，卢章平，刘桂锋，等．高校图书馆创客空间的虚拟空间构建研究——以美国卡耐基梅隆大学 IDeATe 创客空间的虚拟空间为例[J]．图书馆杂志，2019，38(11)：66-71.

自由地加入图书馆创客空间，寻找与自己兴趣和目标相一致的伙伴，组建自己的团队，开发自己的项目，并在这过程中获得所需要的各种软硬件设施支持。

(2)技术与工具

图书馆创客空间需要为在其中进行创造工作的所有用户提供尽可能完备的创作工具。除了常规的计算机、打印机、投影仪等，在条件允许的情况下，还应配备3D打印机、VR设备、激光切割机等，以便为用户进行高阶创造工作提供可能[①]。图书馆创客空间可以在此基础上建立多媒体实验室、制造实验室、物理实验室等子空间。为了推动创新和创作，一些图书馆创客空间开始提供虚拟现实(VR)和增强现实(AR)设备。这些设备可以让用户体验沉浸式虚拟现实环境或在现实世界中添加虚拟元素，以创造独特的交互体验。为了支持数据驱动的创新，创客空间还为用户提供数据收集和分析工具。这些工具可以帮助用户收集、处理和分析数据，从而获得有关创作项目的有价值见解。为了促进电子和物联网项目的开发，创客空间通常提供各种电子元件和传感器，包括电阻器、电容器、LED灯、温度传感器以及加速度计等。用户可以使用这些元件和传感器构建电子电路、物联网设备和交互式原型。每一套设备工具的介绍、操作说明及耗材的购买都应当有详细的图文讲解。同时，图书馆创客空间应当制定一套完备的制度与措施来保证这些设备以有序安全的方式被使用。

(3)人员

图书馆创客空间的人员要素包括图书馆员、指导老师以及学校顾问等[②]。馆员是图书馆天然具备的要素，但创客空间所需要的馆员在业务素养能力上有别于普通图书馆馆员，他们的工作内容主要是管理空间的日常事务，负责提供技术支持、培训用户、维护设备和工具以及维持空间各项职能的正常运行，确保空间用户正常地进行各项创作活动以及协助用户在创客空间中开展活动。除此之外，馆员还负责管理空间各类设备、策划组织各项

① People of IDeATe[EB/OL].[2023-10-14]. https:// ideate. cmu. edu/about/people/index. html.

② 吴瑾. 创客空间环境下高校图书馆员的作用与能力提升[J]. 图书情报工作，2018，62(2)：24-28.

创客活动、对用户开展使用设备和参与活动之前的培训[1]，还可以提供创意和技术指导，帮助用户实现他们的创作目标。指导老师主要来自各个学院的各个学科，也可以从企业里聘请导师，为用户提供理论和技术上的指导。他们具有相关领域的专业知识和技能，可以提供培训课程、工作坊和指导活动，帮助用户学习和掌握特定的技术和工具，还可以提供指导和建议，提升用户的创造力和解决问题的能力。

图书馆创客空间的人员还有社区志愿者、合作伙伴等。志愿者可以是具有相关技术和创意背景的专业人士，也可以是对创客文化和技术感兴趣的社区成员。志愿者可以提供帮助、分享经验和知识，以及组织社区活动和项目。创客空间可能与其他机构、组织或企业建立合作伙伴关系。这些合作伙伴可以是科技公司、创业孵化器、教育机构、制造商等，它们可以为创客空间提供额外的资源、培训、赞助或技术支持，促进创客空间的发展。

(4)情境

情境是图书馆创客空间中十分重要却容易被忽视的一项要素，它涉及用户在特定环境中进行创意和创新活动的背景和条件，是指通过设置课程、实施项目、举办讲座和各项相关的创客活动而形成的一种创客氛围。在这种情境下，越来越多的师生积极投身创客活动，加入创客行列[2]。

创客空间提供了一个学习和探索的情境，鼓励用户主动参与和实践。用户可以在这个开放的环境中尝试新的技术和工具，学习新的技能，解决问题，并且发展创造力和创新思维。

在创客空间中，用户可以相互交流意见、分享经验、合作开展项目。这种合作和交流的情境鼓励创意和知识的互相交流和融合，激发创新的火花，不仅促进了用户之间的合作和交流，还提供了一个实践和制造的情境，使用户能够将创意付诸实践。他们可以使用各种工具、技术和材料，制作原型、艺术品、电子设备等，实现自己的创作想法。这个情境鼓励用户的实践能力和手工技能的发展。

创客空间提供了一个创新和解决问题的情境。用户面临各种挑战和机会，他们可以通过运用创意思维和技术知识，提出新的解决方案，创造新的产品或服务，并应对现实世界的问题。创客空间通常是一个对公众开放的

---

① Events[EB/OL].[2023-10-14].https://ideate.cmu.edu/about/index.html.

② 董菡.我国高校图书馆创客空间研究现状分析[J].科技创业月刊，2022，35(3)：13-16.

地方，提供自由访问的机会[①]。这种开放性的情境可以吸引各个年龄段和背景的人士，促进社区居民的参与。创客空间还可以与其他图书馆、学校和社区合作，形成一个更大的网络和资源共享的情境。

在创客空间中，用户可以展示他们的创意项目、原型或成果，与其他用户和访客分享，并获得反馈和启发。这种氛围不仅鼓励用户自信地展示他们的创造力和成果，还提供了一个激发创意和获取灵感的情境。通过与其他创客和专业人士互动、参与创意活动和访问艺术作品等，用户可以从各种活动中获取灵感、激发创造力，并将其转化为实际的项目和作品。不仅如此，创客空间还提供了一个跨学科和多领域交叉的情境。用户来自不同的背景和领域，例如科学、技术、工程、艺术和数学(STEAM)，他们可以共同探索和应用各种技术、工具和概念，从而产生跨领域的创意和解决方案。

图书馆创客空间提供了一个多样化的、激发创意和创新的环境，鼓励用户进行实践、尝试、合作和跨领域交叉，以实现他们的创造力和创意潜力[②]。

2.2.4 图书馆创客空间的价值

(1)新型学习方式有利于提高解决问题的能力

创客空间提供了一个实践导向的学习环境，鼓励创意和创新思维的培养，鼓励用户之间的合作和协作。用户可以通过实践和项目开发，应用所学的知识和技能来解决实际问题。这种实践导向的学习方式使用户能够深入理解问题，并从中学习和成长。用户在这个环境中可以自由地提出问题、尝试新的解决方案，并不断尝试改进和创新。这种创意和创新思维的培养有助于用户更灵活、更具创造性地解决问题。用户还可以与他人共同解决问题，共享资源和经验，并相互支持和鼓励。这种合作和协作能力的培养不仅提升了用户解决问题的能力，还培养了团队合作意识和沟通技巧。通过提供新型的学习方式，创客空间帮助用户培养解决问题的能力，激发其创意和创新思维，并促进他们在面对现实世界中的各种挑战时能够更加自信和有成效地解决问题。

---

① 徐红玉．图书馆空间转型的信息学原理及其功能价值研究[J]．图书馆，2021(1)：84-91.

② 周雅琦，牛宇，贺彦平．高校图书馆创客空间服务探索与实践——以国防科技大学图书馆创客空间为例[J]．新世纪图书馆，2020(12)：56-61.

(2)跨学科互动模式促进知识的创新

创客空间汇集了各种跨学科的资源,包括图书、期刊、工具、技术设备和专业人员等,这些资源涵盖了科学、技术、工程、艺术和数学等多个领域。用户可以在创客空间中访问这些资源,并将它们整合运用于创新项目的开发中。

创客空间举办各种跨学科的活动和培训,包括工作坊、讲座、比赛等,鼓励用户之间进行跨领域的项目合作。不同背景和专业的用户可以共同参与项目的设计和实施,发挥各自的专业知识和技能,互相学习和借鉴。跨学科活动涉及多个领域的知识和技术,例如编程、电子制作、3D打印、艺术设计等。这种跨领域的合作促进了知识的交流和融合,产生了新的创新思路和解决方案。用户通过参与这些活动,进行跨学科学习和探索,培养创新思维和解决问题的能力[①]。来自不同学科和领域的创客空间用户形成了一个跨学科的创新网络,用户可以在这个网络中互相交流、合作和分享。这种跨学科的创新网络促进了知识的跨界交叉和碰撞,激发了新的创意和项目的产生。通过跨学科互动模式,图书馆创客空间促进了知识的创新。它打破了传统学科间的壁垒,促进了不同领域的知识和技术的交流和融合,培养了用户的综合能力和创新思维。

(3)高校图书馆提升竞争力的有效措施

设立创客空间对于高校图书馆而言,其意义不仅体现在所提供的服务上的创新,更多地体现在制度和思路上的创新。与图书馆的传统职能和提供的一般服务相比,创客空间所提倡的理念显得有些格格不入。因此,这种差异性要求高校图书馆必须转变管理观念和模式。高校图书馆通过设立创客空间,将自身打造成为富有想法的学生的聚集地和创意的"孵化中心"。创客空间凭借高校图书馆的资源与条件,能够最大限度地挖掘其社会价值,产生社会效益和经济效益[②]。对于学生创作者而言,通过高校图书馆创客空间,其能够在与其他创客的协作创新中积累丰富的创新创业经验。

(4)促进创造力和创新思维

创客空间提供了一个激发创造力和创新思维的环境。它鼓励用户探索

① 王建功. 美国图书馆创客空间评估研究与启示[J]. 图书馆工作与研究, 2021(8): 47-53.

② 陶继华. 基于扎根理论的创客空间环境下馆员服务的机制构建与机理分析[J]. 图书馆学研究, 2021(6): 18-26.

新的想法、尝试新的技术和工具，并将其转化为实际的创作和创新项目。这种创造性的活动有助于培养用户的创新意识、创造力和问题解决能力。创客空间为用户提供了实践和实际应用的机会，用户通过使用各种工具、技术和材料，制作原型、设计产品或解决问题。这种实践的环境帮助用户将理论知识转化为实际的技能和成果，培养他们的实践能力，激发他们的创业潜力。

(5)促进合作和社区参与

图书馆创客空间促进用户之间的合作和社区参与。用户可以共享知识、经验和资源，相互支持，合作开展项目。这种合作和社区参与的环境有助于形成一个创意和技术交流的社区，激发集体智慧和协作创新。作为图书馆的一部分，创客空间提供一个开放的共享空间，吸引不同背景和兴趣的人聚集在一起。这种共享空间鼓励用户之间的合作和互动，形成了社区参与和协作的氛围。它为不同背景和经济条件的用户提供平等的创意和创新机会。用户可以免费或低成本地访问各种技术、工具和知识资源，促进社会的包容性和实现机会平等。

创客空间鼓励用户进行项目合作和团队工作。用户可以结合各自的专长和兴趣，共同开展创新项目，这培养了用户的团队合作能力和协调能力，同时也促进了社区参与和互助。除此之外，创客空间经常举办各种社区活动和工作坊，涵盖了不同的主题和领域。这些活动和工作坊为社区成员提供了参与和学习的机会，激发了社区的创造力和活力。用户可以通过讲座、培训、导师指导等方式，向其他社区成员传授自己的专业知识和技能。这种技能分享和知识传授促进了社区的互助、提升了社区的学习氛围[①]。

创客空间为社区成员提供展示和宣传的机会。社区成员可以展示自己的创作成果和项目成果，与其他社区成员分享并获得反馈，这增强了社区成员的凝聚力和参与感。通过促进合作与社区参与，图书馆创客空间建立了一个充满活力和创新氛围的社区环境。它为社区成员提供了合作和互助的平台，鼓励他们参与创新项目和解决社会问题。

---

① 王宁．创客精神培育与空间创新发展耦合路径与保障机制研究[J]．图书馆工作与研究，2021(3)：5-14.

(6)培养数字素养和技术能力

图书馆创客空间有助于培养用户的数字素养和技术能力。创客空间配备了各种先进的技术设备和工具,例如计算机、3D 打印机、激光切割机、编程工具等。用户可以学习和应用各种数字技术、编程语言和软件工具,提高他们运用数字技术的娴熟度,培养他们的技术操作能力和技术应用能力。

创客空间还提供了丰富的数字资源和数据库,如电子图书、学术数据库等,并定期举办各种技术培训。用户可以利用这些资源进行研究和学习,提升他们的信息检索能力、信息评估能力和信息利用能力。技术培训涵盖了编程、电子制作、数据分析等多个技术领域,可帮助用户学习和掌握新的技术知识和技能,提高他们的技术能力和创新能力。创客空间鼓励用户之间的合作与知识共享。通过提供技术设备、数字资源、培训和支持,以及促进合作与知识共享,图书馆创客空间培养了用户的数字素养和技术能力。它为用户提供了一个实践和探索技术的环境,帮助他们熟练运用技术工具,理解和应用数字技术,提高他们的技术水平和创新能力。

3 国内外创客空间建设现状分析

3.1 国内创客空间建设现状分析

3.1.1 基本概况

3.1.1.1 调查设计

(1)调研方式

选取国内创客空间建设较好的高校和公共图书馆作为研究样本，于2023年2月至6月浏览学校官网及图书馆网页调研创客空间的相关信息。对于网页上信息不全或不详细的创客空间，通过邮件咨询、电话咨询或文献查询的方式了解更多信息。最终选取建设较突出的77所国内高校的图书馆创客空间作为重点调研对象，具体名单见表3-1。

(2)调研内容

首先对创客空间的基础信息进行调研，如创客空间名称、服务对象、网址链接等，再对创客空间的服务宗旨、服务内容、设备支持、经费来源等细节进行调研，全面了解国内创客空间的平台特征及建设现状。国内创客空间平台基本概况一览表如表3-1所示

表3-1 国内创客空间平台基本概况一览表

序号	高校名称	创客空间名称	服务对象	网址链接
1	北京大学	创客实践教育中心	在校全体师生	https://makers.pku.edu.cn/sjjy/sjkt/890540.htm
2	清华大学	基础工业训练中心	在校全体师生	https://www.icenter.tsinghua.edu.cn/
3	上海交通大学	学生创新中心(Student Innovation Center)	在校全体师生、创意达人或科学社团	https://www.si.sjtu.edu.cn/

续表

序号	高校名称	创客空间名称	服务对象	网址链接
4	浙江大学	IdeaBank 创客空间	浙江大学及周边大学导师、在校学生、校友	http://grs.zju.edu.cn/redir.php?catalog_id=10120&object_id=64104
5	武汉大学	武汉大学图书馆创客空间	武汉大学师生	https://www.lib.whu.edu.cn/webfile/category/The_guest_room/378.html
6	复旦大学	复旦科技园创客空间	在校师生和广大青年创业者	http://www.fudanusp.com/index.html
7	中国科学技术大学	中国科学技术大学创客中心	在校师生	https://iat.ustc.edu.cn/iat/zxjj.html
8	华中科技大学	创客空间	在校大学生、创新团队	http://ii.hust.edu.cn/ckkj.htm
9	中国人民大学	中国人民大学文化科技园	大学生创业群体	http://www.cspruc.com/lists/16.html
10	西安交通大学	西安交通大学国家大学科技园众创空间	在校师生	http://www.xjtusp-xa.com/
11	吉林大学	i. Flame JLU 创客空间	在校大学生	https://www.jlu.edu.cn/info/1111/39012.htm
12	山东大学	盈创空间	全校师生	https://www.job.sdu.edu.cn/jiansuo.jsp?wbtreeid=1018
13	中山大学	中山大学众创空间	在校师生、上市企业	https://www.sysusp.com/spsite/c/site/startup.html
14	南开大学	玑瑛智谷青年联合创新空间	在校师生和广大青年创业者	http://www.tjnk.gov.cn/NKQKJJ1371/KJCX1092/ZCKJ863/202001/t20200115_2055641.html

续表

序号	高校名称	创客空间名称	服务对象	网址链接
15	同济大学	“同济创客嘉园”众创空间	同济大学嘉定校区创业师生	https://tjkg.tongji.edu.cn/84/72/c16722a164978/page.htm
16	北京理工大学	机械星创客	机械与车辆学院本科生、研究生、留学生	https://me.bit.edu.cn/xyxw/b70323.htm
17	东南大学	东南大学国家大学科技园	学生和企业	https://sp.seu.edu.cn/
18	华南理工大学	华南理工大学(顺德)机器人双创基地	本科生	http://www2.scut.edu.cn/ist/gjdxkjyfhqyjj/list1.htm
19	大连理工大学	π空间	全校师生	http://chuangxin.dlut.edu.cn/pkj/gywm/kjjj.htm
20	西北工业大学	飞天创客空间	学生	https://xgb.nwpu.edu.cn/cxcy/ftckkj.htm
21	中国农业大学	“种·未来”创客空间	全日制在校生(含本科生和研究生)或毕业两年内的校友	https://scc.cau.edu.cn/frontpage/cau/html/newsDetail.html+?id=f9e8f2554adb4e62a4d3968b866368fd
22	东北大学	东创空间	学生	https://ehall.neu.edu.cn/db_portal/guide?id=C30B4651-2231-41F1-A0F9-5E7DED4F9382
23	重庆大学	科慧众创空间	全校师生	https://news.cqu.edu.cn/archives/news2/content/2016/10/12/3ed54b86efcc05e5ca25e668628027cc585e911a.html
24	南京理工大学	X·Space 创客空间	全校学生	https://xspace.njust.edu.cn/main.htm

续表

序号	高校名称	创客空间名称	服务对象	网址链接
25	暨南大学	WE创空间	在校大学生、教师以及毕业校友	https://cyxy.jnu.edu.cn/wfhzx/main.htm
26	河海大学	创新创业实践教育中心	全校师生	https://sjjx.hhu.edu.cn/cxxl/Index.html
27	北京交通大学	创客空间	全校师生	http://mece2.njtu.edu.cn/yyyd/yydt/46837.htm
28	南京农业大学	大学生创客空间	全校师生	https://xszj.njau.edu.cn/info/1043/6772.htm
29	华东理工大学	铸梦空间	全校师生、符合条件的社会团体	http://www.ecustpark.com/ibi/1036250
30	苏州大学	青团子众创空间	全校在校师生以及毕业三年内本科生、硕士生、博士生	https://youth.suda.edu.cn/a7/3e/c3955a436030/pagem.psp
31	华中农业大学	经济管理学院创客空间	经管学院师生	http://emc.hzau.edu.cn/info/1074/1780.htm
32	中南财经政法大学	大学生创业基地	全校师生	https://heec.cahe.edu.cn/school/startup-news/306.html
33	南京航空航天大学	大学生创业孵化中心	全校在校师生	http://www.ic-nuaa.com/index.php
34	西安电子科技大学	创新创业学院	全校师生	https://ie.xidian.edu.cn/
35	合肥工业大学	创客空间	全校师生	http://gpzx.hfut.edu.cn/ckkj/list.htm
36	西南交通大学	创客空间	全校师生、社会人士	https://gxzx.swjtu.edu.cn/ckkj.htm
37	西北大学	"三创"空间孵化基地	全校师生、青年校友	https://www.nwu.edu.cn/info/1198/26194.htm

续表

序号	高校名称	创客空间名称	服务对象	网址链接
38	郑州大学	郑大云创众创空间	中小企业	http://www7.zzu.edu.cn/nsp/zdkjy/zdyczckj.htm
39	华南农业大学	创客空间	华农在校大学生、教师	https://www.scau.edu.cn/1434/list3.htm
40	昆明理工大学	创客孵化器	全校师生、初创企业	https://tw.kmust.edu.cn/info/1057/1152.htm
41	云南大学	云大启迪K栈众创空间	企业	http://www.ynu.edu.cn/info/1004/3528.htm
42	西南财经大学	众创空间	杰出青年创客	http://iec.swufe.edu.cn
43	东华大学	众创空间	日常：东华大学学生；开放日：群众	https://www.dhu.edu.cn/xcb/2015/0518/c2079a175260/page.htm
44	北京化工大学	化育天工众创空间	北京化工大学学生	https://aqyjy.buct.edu.cn/5021/list.htm
45	中国石油大学（北京）	石创空间	校内本科生及研究生、毕业两年内校友	https://www.cup.edu.cn/news/zhxw/167349.htm
46	扬州大学	众创梦工场	学生	http://kjy.yzu.edu.cn/yqfw/tzrz.htm
47	中国地质大学（武汉）	海尔创客实验室	学生	https://jidian.cug.edu.cn/kxyj/hzjl/2.htm
48	南昌大学	汇智创客空间、星火创客空间	学生	http://kjy.ncu.edu.cn/lhfw/xhzckj/13711e9f94854cabadc0ee3-c1c2ee80b.htm
49	太原理工大学	胜溪创领	师生	https://www2017.tyut.edu.cn/info/1027/5127.htm
50	北京工业大学	G星系-创客空间	全体学生	https://job.bjut.edu.cn/info/1087/1407.htm

续表

序号	高校名称	创客空间名称	服务对象	网址链接
51	山西大学	山西大学科技园	园内创新创业师生	http://jskfcyc.sxu.edu.cn/kycg/078628d939e543e191b5465285864947.htm
52	河北大学	知行创客空间	河北大学的科技创新社团	http://zhijian.hbu.edu.cn/news_show.asp?infoid=438
53	上海理工大学	上海理工大学国家大学科技园集客空间	创业者	https://www.usstsp.com/index/page/pagebase/catid/14.html
54	中国矿业大学	智创空间、青创广场	全体师生	https://cxcysj.cumt.edu.cn/11441/list.htm
55	对外经济贸易大学	求索创客	校内优秀创业团队、优秀创业资源拥有者、需要提供相关创业服务的人群	http://news.uibe.edu.cn/info/1381/26020.htm
56	福州大学	三千创客空间	在校学生	https://news.fzu.edu.cn/info/1031/18413.htm
57	中国石油大学（华东）	“荟萃青春”创客空间	学生	http://sdkc.upc.edu.cn/2022/1109/c19005a245098/page.htm
58	安徽大学	5F创客空间	所有人	http://cs.ahu.edu.cn/2017/0322/c11156a105537/page.htm
59	武汉科技大学	武汉科大众创空间	在校师生	https://news.wust.edu.cn/info/1011/3691.htm
60	南京林业大学	众创空间	在校学生	https://chuangye.njfu.edu.cn/zckj/index.html

续表

序号	高校名称	创客空间名称	服务对象	网址链接
61	河南大学	纳米杂化材料专业化众创空间	在校学生	https://news.henu.edu.cn/info/1083/99063.htm
62	长安大学	恺英众创空间	在校学生	http://webplus.chd.edu.cn/_s179/2021/0308/c6525a183140/page.psp
63	辽宁大学	辽宁大学文化科技园	在校学生	https://whkjy.lnu.edu.cn/info/11853/50264.htm
64	东北财经大学	大学生创新创业孵化基地	在校学生	https://ies.dufe.edu.cn/cxcy/fhjd/
65	贵州大学	黔龙众创空间	所有人	http://sipark.gzu.edu.cn/9008/list.htm
66	河南科技大学	开元众创空间	在校学生	https://zjc.haust.edu.cn/cxcyxxw/zckj/jbgk1.htm
67	中央财经大学	众创空间	所有人	http://sp.cufe.edu.cn/lxwm.htm
68	西安建筑科技大学	华清学院创客中心	在校学生	http://www.xauat-hqc.com/index.php/daxueshengchuangke-zhongxin/
69	河北工业大学	“工学坊”众创空间	在校学生	https://hiec.hebut.edu.cn/zckj/gxf1/102933.htm
70	天津工业大学	创客空间	本校学生	https://tw.tiangong.edu.cn/2020/1007/c6336a57173/page.htm
71	新疆大学	新创青年众创空间	本校学生	http://cy.xju.edu.cn/Web/Home/InfoShow?G6M7KF98Ki-OeCD-1ZxXTnIVeBUK_-y6RSIJIQsUHRI=.shtml
72	西南石油大学	飞翔创客空间	本校学生	https://www.swpu.edu.cn/cxcy/info/1030/4186.htm

续表

序号	高校名称	创客空间名称	服务对象	网址链接
73	河北农业大学	“耕读未来”众创空间、“生物智造+”众创空间、“五棵松”众创空间	本校学生	https://cxcyjy.hebau.edu.cn/sjpt/zckj.htm
74	河南农业大学	农创空间	本校学生	https://zjb.henau.edu.cn/info/1077/1691.htm
75	中国矿业大学（北京）	众创空间	本校学生	https://news8.cumtb.edu.cn/info/1003/2476.htm
76	浙江工商大学	UP+DEMO众创空间	本校学生、教职工	http://news.zjgsu.edu.cn/18/view_14626.html
77	浙江理工大学	尚+众创空间	本校学生	https://news.zstu.edu.cn/info/1004/5034.htm

3.1.1.2 国内创客空间开设现状

通过对77所国内高校创客空间开展调查，发现创客空间的命名方式主要有三种：①高校名+创客空间/中心，如中国科学技术大学创客中心、武汉科大众创空间等；②合作企业名+创客空间/中心，如云大启迪K栈众创空间由启迪控股与云南大学合作共建，浙江工商大学的UP+DEMO众创空间由学校与浙江向上创业投资管理有限公司合作运营；③专业/学院名+创客/众创空间，如华中农业大学的经济管理学院创客空间是武汉高校首家由学院发起的创客空间，河南大学的纳米杂化材料专业化众创空间同时也是河南省纳米杂化材料专业化众创空间。

国内高校创客空间的服务对象主要包括三类人群：①在校全体师生，如北京大学、武汉大学、西安交通大学等高校的创客空间为在校师生提供场地、设备与服务；②青年创业群体和初创企业，如复旦大学面向在校师生和广大青年创业者提供创业支持，昆明理工大学为初创企业提供创客空间等；

③校友，如中国农业大学的“种・未来”创客空间面向全日制在校生和毕业两年内的校友开放，中国石油大学（北京）的石创空间面向校内本科生及研究生、毕业两年内校友开放。

3.1.2 调研结果分析

3.1.2.1 服务宗旨

(1)开放与交流

创客文化是基于特定时代产生的活跃且富有生命力的文化，能够改变人们的思想与行为[①]。国内创客空间创办的首要目的是给师生、青年创业者和初创企业提供一个开放交流的场所，搭建融合、交流、协作、实践的平台。西安交通大学着力为学生打造一个配套体系完善、市场机制高效、创新文化浓郁的高科技、现代化、开放式园区。南开大学玑瑛智谷青年联合创新空间是一个面向所有有梦想、有创新、有活力的青年人开放的创客空间，其服务宗旨是提供一个开放、协作、共建、共享的青年创新创业实践服务平台。

(2)创新与发展

创客空间开展的重要目的和核心要素都是创新，图书馆在创客服务中具有培育创客素养和重塑创客精神的功能[②]。同济大学的“同济创客嘉园”旨在为科技型和专业化的创新创业项目提供低成本、便利化、全要素的开放式成长环境。南京理工大学将 X・Space 创客空间系列工作室建设成为学生实践创新活动的大本营和学科竞赛信息的大平台。北京交通大学的创客空间为学院师生和校友搭建创新创业教育与实践、学术交流、互动学习的平台，是学生创新创业意识启迪和培养的试验田。

(3)助力与筑梦

依托创客空间，通过学校扶持或社会资本注入的方式，创客们将有机会

① 董菡. 我国高校图书馆创客空间研究现状分析[J]. 科技创业月刊，2022，35(3)：13-16.

② 孙鹏，胡万德. 高校图书馆创客空间核心功能及其服务建议[J]. 图书情报工作，2018，62(2)：18-23.

实现从创意培育到成果孵化的转换[①]。复旦科技园创客空间连接最前沿的科研者和实干的创业者，其服务宗旨是“为梦想打造空间，为创新注入活力”。华中科技大学的创客空间旨在鼓励学生创新团队利用所学专业知识和个人创意，常态化开展创新工作，并帮助和引导学生把所学知识和个人创意转化为市场产品或服务。北京工业大学的G星系-创客空间鼓励和扶持学生进行创业尝试，促进科技项目的成果孵化与实践应用，以实现学生的创新创业梦。

3.1.2.2　服务内容

(1)提供空间与设备

国内高校的创客空间主要为学生们提供活动场地、设备、技术等支持，在这个梦想的摇篮里，创客们抒发梦想、寻求协作，自发自觉地开展科研创新活动。调查发现，创客空间的基础设施主要有会议室、洽谈室等物理办公空间，以及投影仪、计算机、打印机、传真机、复印机等配套服务设备。此外，部分学校还配备了延伸课程和实验工具。例如，福州大学的三千创客空间提供3D打印机、VR设备、航模、机器人和无碳小车等设备装置，对感兴趣的学生们进行技术培训，培训内容主要有CAD和三维建模课程、小型格斗机器人的制作、激光切割机和激光打标机的使用等。

(2)开展知识技能讲座

调查发现，大部分高校创客空间都会定期开展讲座与研讨会，邀请创客精英开展知识技能讲座并分享创业经验，以提升创客们的知识储备和专业技能。讲座与研讨会开展的形式有线上和线下两种，河南科技大学的开元众创空间提供菁创班培训(线下)和网络创业培训(线上)，由企业家、成功人士和成功创业者等举行与创业相关的知识讲座。中央民族大学的橙果众创空间邀请来自社会各界的具备创新、创业、投资、法务、财务、技术等不同工作经验的导师，通过课程传授(线上辅导)、专题研讨(短期工作坊)、顾问咨询(一对一)等不同方式助力创客团队向成熟商业模式迈进。

(3)提供校企合作机会

许多国内高校创客空间会与企业或社区合作研发，掌握市场理念和产

---

① 孙鹏，胡万德. 高校图书馆创客空间核心功能及其服务建议[J]. 图书情报工作，2018，62(2)：18-23.

品销售渠道等，助力创客群体的创意产品转化为符合市场需求的商品[①]。西安理工大学的创客中心为学生提供优质的校企合作服务、金融服务、人力资源服务等产业资源包，助力孵化项目快速成长。浙江理工大学的尚＋众创空间全力支持创客们的发展，开设创新创业型高校建设高级研修班，该校力争将“尚＋众创空间”打造成全国校企合作众创空间的标杆，让每一位有创业梦想的理工学子实现创业梦。

3.1.2.3 支持力度

(1)资金支持

通过调查国内创客空间可以发现，部分创客空间以资本为动力、以人脉为优势，全面推动创意成果转化。西南石油大学的飞翔创客空间为符合要求的学生提供天使基金、风险投资、小额担保贷款及各种创业补贴等免费的企业发展服务。中国石油大学(华东)的“荟萃青春”创客空间共入驻创业企业及创业项目 20 余个，3 个大学生创业项目通过创客空间获得投、融资支持。华南农业大学的创客空间为大学生创业提供注册场所、资金支持，为入孵项目提供广州市各项创业优惠政策宣传及协助申请各类创业补贴。

(2)技术支持

技术支持往往在创客空间的建设和发展中起到举足轻重的作用，有针对性地提供技术分享可以促进用户创新素养与知识技能的提升。清华大学的基础工业训练中心在提供实体加工制造资源的同时，还将常用设计工具、计算资源、素材资源等提供给在校学生，经由物联网、互联网支撑的信息化平台，将加工制造、设计咨询等服务带入校园。中国科学技术大学的创客中心搭建了“导师团”和“顾问团”，导师团主动与学生进行沟通交流，积极跟进项目，促进团队与企业合作；顾问团依托不同领域的顾问专家资源，在项目路演、专项讨论、业务对接等方面为创客团队提供个性化指导和帮扶。

3.1.3 国内创客空间典型案例分析

3.1.3.1 武汉大学图书馆创客空间

武汉大学图书馆创客空间是我国建立的第一批高校图书馆创客空间之一，从 2012 年仅提供桌椅的空间逐渐发展到 2016 年成立正式的武汉大学创

① 石乃月，马迪倩，穆祥望. “双一流”视角下国内高校图书馆创客空间建设发展探析[J]. 图书馆工作与研究，2018(3):10-15.

客空间，其目前已经是举办活动最多、产出创新成果层次最高的高校图书馆创客空间之一，且已经成功举办“创客嘉年华”“珞珈之春科技文化节”等大型的创客文化活动。武汉大学现设置的对外开放的图书馆创客空间有两个场馆，一个是信息分馆创客空间，另一个是工学分馆创客空间；另外，以创作、创意为中心理念的总馆创客空间目前正在筹建中，计划设置在图书馆 E1 区域。

工学分馆创客空间是武汉大学图书馆创建的首个创客空间，于 2016 年 3 月设立，是图书馆依托学校优势资源及良好环境，响应中央关于支持“大众创业，万众创新”的号召以及武汉大学“三创”教育理念，与校团委大学生创新实践中心共建的一个新的学习空间。工学分馆创客空间以创业为中心，由大学生创新实践中心负责具体设计、建设和运营，校团委和图书馆进行工作指导。武汉大学工学分馆创客空间最初以咖啡店为实体依托，占地面积约 40 平方米，为大学生创新创业、社会实践、小型或团体研讨及聚会活动提供理想场地，支持无线上网，提供投影和音响设备、研讨平台、会议场所等。经过近年来的不断发展，现在武汉大学工学分馆创客空间包括工学分馆 103 室、105 室、106 室。103 室是由学生团队自主设计，与图书馆共同合作打造而成的拥有 loft 工业风情的创新空间，有 8 台需预约的双屏云桌面终端和新颖靓丽的组合桌椅，宽敞明亮，环境舒适。105 室、106 室为服务大厅，工学分馆多次创客心分享活动都在此举办。

信息分馆创客空间以 IT 创造创新为中心，是新技术、新产品的体验和展示中心，成立于 2016 年 9 月，包括“3C 创客空间”“创意活动室”“创新学习讨论区”“创客俱乐部”。其中“3C 创客空间”的命名来源是 cyberspace、computer、communication，与武汉大学创新的教育理念紧密相关，同时也与武汉大学测绘专业及其他相关学科有直接联系。信息分馆创客空间集创意交流、微视频学习、新技术体验、电子绘图、视频编辑和 3D 打印于一体，为计算机专业及相关技术领域的创客活动提供场所与设施。信息分馆“创意活动室”位于一楼大厅，“3C 创客空间”位于一楼西侧，占地面积约为 600 平方米，“创新学习讨论区”位于一楼东侧。创客空间有以下区域和设备：双屏电脑学习区位于“3C 创客空间”，有电脑 20 台，可以利用它们一边学习一边编程，还可以直接访问大量的 IT 微视频在线课程；创新学习讨论区有苹果 Mac 电脑 12 台，可提供新的操作系统体验；VR 体验区可以让人置身于虚拟的场景中,将视觉、听觉和动作及其感应完美地结合在一起;绘图板为动漫制作、广告设计和 PPT 个性化图案设计提供了极大的方便;非线性视频编辑设备与系统提供了专业级视频编辑工具;3D 打印机可以将三维模型变为实物,可用于展示或用于设计功能检验,一楼大厅还开辟了 3D 作品展示区,对历次 3D 打印大赛创作的优秀作品进行集中展示,供师生浏览与学习。

(1)服务对象

武汉大学图书馆创客空间是武汉大学自建、自营的图书馆创客空间,主要服务于武汉大学师生,为师生提供创新创造的场所和技术与资源支持,为有不同专业知识需求的师生开设主题讲座、课程以及举办各种活动,提升学校师生的创新创业能力。武汉大学信息分馆创客空间和工学分馆创客空间均由武汉大学图书馆进行管理和指导,开放时间与武汉大学图书馆保持一致,为 7:00—22:30,其中信息分馆 3C 创客空间 24 小时全天对校内师生开放。由于武汉大学图书馆在星期四下午闭馆整理,工学分馆创客空间在每周四下午不开放。另外,图书馆创客空间夜间不对校外人士开放,为广大的校内用户和创客群体营造了一个良好的学习环境。

(2)服务内容

武汉大学图书馆工学分馆创客空间为学校师生提供场所和专业性的设备,供全校师生进行日常的知识学习与创新创造活动;提供专业性课程和指导老师,给学生专业性的指导;积极举办活动,供学校师生展示自己的创意作品,分享与讨论各自的创新想法。工学分馆创客空间已经成功举办三十余期"创客沙龙·创客心分享"活动,活动内容根据近期用户或创客的需求制定,邀请武汉大学校友、相关领域内专家或团队等对学生进行创业指导、经验分享、交流研讨等。如 2021 年 10 月 29 日晚,工学分馆与大学生创新实践中心在总馆学术报告厅联合举办"创客沙龙·创客心分享"第 28 期活动,邀请武汉大学 2007 级遥感信息工程学院校友、武汉珈和科技有限公司创始人及 CEO 冷伟先生,进行了主题为"卫星遥感大数据产业化应用"的讲座。除此之外,工学分馆创客空间还与武汉大学大学生创新实践中心以及不同学院携手举办创意设计比赛、摄影比赛等,鼓励大学生开动创新思维,积极展现自己的才华。为更好地推进学校师生积极参与各种创客活动,在每个创客活动开始筹建之前,图书馆馆员都会提前进行相关知识的学习与研究,旨在负责举办活动的同时为用户或创客提供更专业的指导。

武汉大学图书馆信息分馆3C创客空间是最早引进3D打印机的创客空间之一，为了更好地服务于创新创意活动以及学校师生课题项目，信息分馆创客空间将3D打印服务常态化，为学校师生的各种科研项目打印作品，此外，还帮助“创青春”“挑战杯”等比赛的获奖者完成大赛成果设计，形成“以赛促学、以赛促教、赛教结合和赛研结合”的人才培养之路。目前武汉大学3C创客空间已经与校团委、大学生创新实践中心、文化创意设计研究中心、大学生工程训练与创新实践中心成功合作举办了五届打印设计大赛，致力于进一步扩宽学生视野、激发学生创新思维与创作欲望、培养学生的创新意识与人文情怀。

另外，两个创客空间都为学校师生提供相应的休息场所，供全校师生使用。

(3)支持力度

武汉大学在制度上大力支持图书馆创客空间的发展，以更好地贯彻创客理念、传播创客文化。在财政支出方面，为加大资金的利用效率，投入资金主要用来支持图书馆创客空间资源的建设，包括引进和更新设备、拓宽图书馆网络数据资源、空间规划与改造等，让武汉大学图书馆创客空间成为学校顶尖创业人才孕育的场所。

3.1.3.2 上海交通大学图书馆创客空间

上海交通大学图书馆创客空间建立于2015年11月24日，是全国第一批双创建设示范基地，最初的创客空间名为“交大-京东”创客空间，地点位于图书馆外，由9个红色的集装箱组成。“交大-京东”创客空间一楼是24小时全天开放的研讨室、会议室以及咖啡室，二楼设置了露天休息室和培训室，三楼是一个提供咖啡等饮品的露天休息场所。之后由于消防原因，原有的红色集装箱式的创客空间被拆除，转而建立图书馆内的创客空间，主要包括研讨室、接待室、咖啡馆。馆内的创客空间仍保留着原有集装箱式创客空间的功能和服务，新建了专属Fab Lab物理空间，具备讨论区、加工区、装配区、焊接区、测试测量区，常用工具与耗材等Fab Lab主要元素[①]。另外，还引进激光切割机打造了

① 徐季旻，陈江平，仝月荣，等. 平台化创客教育实践——以上海交通大学学生创新中心为例[J]. 教育教学论坛，2020(47):223-225.

切割服务中心;引进专业示波器、稳压电源、开源硬件等建设了设备图书馆;将原有大型机床设备进行改进,打造了加工服务中心。

在创客空间设备配置方面,上海交通大学图书馆创客空间根据本校微电子学、信息安全等特色专业和优势学科配置了3D打印机、3D扫描仪、3D鼠标、苹果电脑、AR体验台和VR动感游戏机等设备,提供加工服务、软件服务、设备出借、GPU资源池等创客服务。在引进设备和技术时,上海交通大学图书馆创客空间为给全校师生提供更优质的服务和体验,投入大量资金,引进全套优质系列设备以及不同领域内的先进技术。

(1)服务对象

上海交通大学图书馆创客空间的主要服务对象是本校师生以及校外企业。与武汉大学自建、自营的图书馆创客空间不同,上海交通大学图书馆创客空间是与校外企业合作建立的创客空间,因此创客空间不仅要为学校师生提供相应的服务,满足校内师生的创新创造需求,还要为校外企业提供一定的服务。在服务时间方面,上海交通大学图书馆创客空间对全校师生实行7×24小时的全天候开放,师生可提前预约。上海交通大学图书馆创客空间每年大约帮助3000名本科生完成他们的实践课程任务。虽然实践课程大多都安排在工作日,但是在非工作日也有几百名学生在创客空间开展创新创造活动,包括机器人制造、虚拟实验等活动。

(2)服务内容

上海交通大学图书馆创客空间自建立以来,与校内其他部门以及校外企业合作开展了多样化的活动,如专业知识讲座、创新实践与研讨课程、双创研讨会、双创沙龙、创新竞赛、VR开发竞赛、建模大赛等。在活动内容设计与开展方面,为尽可能满足师生们的需求,图书馆创客空间收集学校各院系师生的意见,设计更加符合各院系师生实际情况的活动,同时,在活动开展之前开设实践创新课程、相关专业知识课程以及主题讲座,使得师生们能够更加积极地参与到活动中来。例如,为船舶海洋与建筑工程学院开设“船体构造与制图”等五门学院专业科目中未涉及的课程,邀请行业内专家或校友开设系列讲座。在专业技术支持方面,创客空间在不断的成长过程中已经孵化出创+工作室、交图创咖、3D打印社等创业项目,能够为创新组织团体提供相应的指导工作。为增强学校师生对创客空间的了解和激发学生的创新创造意愿,上海交通大学图书馆创客空间还设置了作品展示馆,展示创客们的创新产品以及获奖情况,供全校师生参观与学习。

近年来，上海交通大学图书馆创客空间积极紧跟甚至引领时代步伐，积极参与和创办一系列活动，并获得了令人瞩目的成绩。如创客中心 Oralfly 团队和交大 E 谷战队获得 2023 年中美青年创客大赛一等奖；创客中心交大 VEX 赛队在第六届中国高校智能机器人创意大赛专项赛斩获冠亚军及全能奖。

(3)支持力度

上海交通大学图书馆创客空间的资金主要来源于政府部门、校外企业、校外创新产业基地以及校内部门。如京东公司在上海交大图书馆创客空间建立时为其捐赠 30 万元，与其开展多方面的紧密合作，引进和研发新技术，实现新型智能产品的设计、建造和发布；上海交通大学图书馆创客空间借助校内创业学院平台，与“零号湾”基地建立合作，实现创新项目的孵化，在合作过程中，地区政府提供资金和政策支持，上海地产集团提供研发产地和机械设备，图书馆创客空间提供各领域科研人员、技术资源等。在多年的发展过程中，创客空间与国内外多家优秀科技类企业开展合作，开设了多门企业课程与 Workshop，设立了多个企业课题，课程覆盖人工智能、虚拟现实、绿色发展等多方面内容，并配备专业教师和企业工程师一起开展课程。另外，创客空间也广泛开展国际交流，与 MIT、伯克利、康奈尔等高校都有交流与合作。上海交通大学图书馆创客空间全方位与复合式的发展有效支撑了学校创新人才的培养，形成了良好的创新氛围，成为广受学生喜爱的创客集聚地。

调查还发现，上海交通大学图书馆创客空间拥有较为充分的政策支持，如上海市教育委员会发文，为积极推进上海市高校实施创新教育，应加强图书馆资源向学生的倾斜，并将上海交通大学划入上海市高校创新创业基地。上海市支持高校创新发展的政策实施给上海交通大学图书馆创客空间的发展营造了良好的氛围。

3.2 国外创客空间建设现状分析

3.2.1 基本概况

3.2.1.1 调查设计

(1)调研方法

本次调研采用文献检索、网络浏览、实时咨询等方法，具体如下：① 文献检索。以“创客”“创客空间”“Makerspace”等作为关键词，分别于中国知网、维普、Web of Science 等知名数据库进行全文检索，然后通过人工筛选的方式，筛选出国外创客空间典型案例。② 网络浏览。访问创客空间官方网站或权威网站中关于某创客空间建设情况的相关报道，获取一手数据。③ 实时咨询。通过 e-mail 咨询、电话咨询等方式，与相关专业学者、知名创客及创客空间建设者进行沟通交流，寻求其帮助，获得部分创客空间发展现状的相关数据。

(2)调研内容

通过文献检索、网络浏览、e-mail 咨询、电话咨询等方法，以国外排名靠前、综合实力较强的 86 所高校作为研究样本①，具体高校及其创客空间名称如表 3-2 所示。在确定研究样本的基础上，对 86 个研究对象的创客空间名称、服务宗旨、服务对象、服务内容、支持力度、开放时间等进行统计分析，总结国外高校创客空间运营特征，探讨其创客空间建设经验。

表 3-2　国外创客空间基本概况一览表

序号	高校名称	创客空间名称	网址链接
1	麻省理工学院	MIT'S HOME FOR INNOVATORS & ENTREPRENEURS	https://ihq. mit. edu/student-community/
2	剑桥大学	IdeaSpace	https://ideaspace. cam. ac. uk/
3	帝国理工学院	Advanced Hackspace	https://www. imperial. ac. uk/enterprise/students/advanced－hackspace/
4	苏黎世联邦理工学院	Student Project House	https://sph. ethz. ch/makerspace
5	伦敦大学学院	MakeSpace	https://www. instituteof-making. org. uk/makespace

① World University Rankings 2022[EB/OL]. [2023-09-09]. https://www. timeshighereducation. com/world-university-rankings/2022/world-ranking#! /page/4/length/25/sort_by/rank/sort_order/asc/cols/stats.

续表

序号	高校名称	创客空间名称	网址链接
6	芝加哥大学	Polsky Fab Lab	https://polsky.uchicago.edu/fab-lab/
7	新加坡国立大学	Digital Scholarship Lab	https://nus.edu.sg/nuslibraries/services-help/research-support/digital-scholarship
8	宾夕法尼亚大学	Pennovation Center	https://www.pennovation.upenn.edu/pennovation-center
9	洛桑联邦理工学院	EPFL Changemakers	https://www.epfl.ch/innovation/students-innovation-lab/epfl-changemakers/
10	耶鲁大学	CEID	https://ceid.yale.edu/
11	爱丁堡大学	uCreate Makerspace	https://www.ucreatestudio.is.ed.ac.uk/
12	康奈尔大学	Maker Club	https://makerclub.ece.cornell.edu/
13	密歇根大学安娜堡分校	Creation and Learning Spaces	https://www.lib.umich.edu/visit-and-study/creation-and-learning-spaces/shapiro-design-lab
14	约翰·霍普金斯大学	Makerspace	https://makerspace.jhu.edu/
15	多伦多大学	UTSC Library Makerspace	https://makerspace.utsc.utoronto.ca/
16	麦吉尔大学	Digital Scholarship Hub	https://www.mcgill.ca/library/services/digital-scholarship-hub/
17	澳大利亚国立大学	ANU makerspace	http://makerspace.anu.edu.au/

续表

序号	高校名称	创客空间名称	网址链接
18	加利福尼亚大学伯克利分校	Makerspaces	https://studenttech.berkeley.edu/student-it-jobs-opportunities/makerspaces
19	伦敦国王学院	King's Entrepreneurship Institute	https://www.kcl.ac.uk/entrepreneurship
20	墨尔本大学	Maker Spaces	https://msd.unimelb.edu.au/maker-spaces
21	悉尼大学	Technology spaces	https://www.library.sydney.edu.au/libraries/technologyspaces.html
22	加利福尼亚大学洛杉矶分校	Blackstone LaunchPad	https://startupucla.com/
23	韩国高等科技学院	Idea Factory	https://ideafactory.kaist.ac.kr/
24	纽约大学	NYU Tandon MakerSpace	https://makerspace.engineering.nyu.edu/
25	新南威尔士大学	ENG Makerspaces	https://www.making.unsw.edu.au/engineering-makerspace/facilities/
26	不列颠哥伦比亚大学	UBC Library Research Commons	https://researchcommons.library.ubc.ca/
27	昆士兰大学	UQ Innovate	https://makerspace.uq.edu.au/
28	巴黎理工学院	X-FAB	https://www.polytechnique.edu/innovation/prototypage
29	慕尼黑工业大学	Maker Space	https://www.tcf.tum.de/en/facit/maker－space/
30	杜克大学	Co-Lab Studio	https://colab.duke.edu/studio

续表

序号	高校名称	创客空间名称	网址链接
31	卡内基梅隆大学	Swartz Center for Entrepreneurship	https://www.cmu.edu/swartz-center-for-entrepreneurship/education-and-resources/makerspaces/index.html
32	东京工业大学	CODAMA	http://www.mono.titech.ac.jp/equipment.html
33	蒙纳士大学	Monash Makerspace	https://www.monash.edu/engineering/future-students/studying-engineering-at-monash/facilities/monash-makerspace
34	布朗大学	Room 159：Makerspace	https://library.brown.edu/create/digitalstudio/explore/#makerspace
35	马来亚大学	UM Centre of Innovation & Enterprise	https://umresearch.um.edu.my/
36	德克萨斯大学奥斯汀分校	The Foundry	https://www.lib.utexas.edu/study-spaces-technology/foundry
37	鲁汶大学	BST makerspace	https://uclouvain.be/fr/bibliotheques/bst/actualites/la-salle-reykjavik-devient-un-makerspace.html
38	苏黎世大学	UZH Innovation Hub	https://www.innovation.uzh.ch/en.html
39	索邦大学	FabLab	https://fablab.sorbonne-universite.fr/?search_api_fulltext=fablab
40	格拉斯哥大学	co·lab	https://www.gla.ac.uk/events/makerspace/

续表

序号	高校名称	创客空间名称	网址链接
41	高丽大学	KU Makerspace	https://kums. korea. ac. kr/front/common. do? page=f. m1. 1
42	大阪大学	産学共創棟について	https://www. ccb. osaka-u. ac. jp/
43	威斯康星大学麦迪逊分校	UW Makerspace	https://making. engr. wisc. edu/
44	南安普顿大学	Maker Space	https://www. ecs. soton. ac. uk/undergraduate/project-laboratory
45	哥本哈根大学	UCPH MakerSpace	https://di. ku. dk/english/news/news2017/makerspace-ucph/
46	浦项科技大学	POSTECH META MAKERSPACE	https://www. postechms. com/
47	杜伦大学	PRILL	https://www. durham. ac. uk/media/durham-university/departments-/sociology/PRILLevents. pdf
48	东北大学(日本)	NICHe	https://www. niche. tohoku. ac. jp/
49	伊利诺伊大学厄巴纳-香槟分校	EnterpriseWorks	https://researchpark. illinois. edu/resource/makerspace/
50	奥克兰大学	Unleash Space	https://www. cie. auckland. ac. nz/unleash-space/maker-space/
51	华盛顿大学	THE MILL makerspace	https://twww. hfs. washington. edu/The-Mill/maker-space
52	巴黎萨克雷大学	LES FABLABS	https://www. universite-paris-saclay. fr/collaborations/les-fablabs

续表

序号	高校名称	创客空间名称	网址链接
53	隆德大学	X-Lab	https://www.lth.se/x-lab/
54	佐治亚理工学院	Aero Maker Space	https://ae.gatech.edu/news/2016/11/daniel-guggenheim-school-aerospace-engineerings-aero-maker-space-open-business-0
55	皇家理工学院	KTH Innovation	https://www.kth.se/en/om/innovation
56	伯明翰大学	The Exchange	https://www.birmingham.ac.uk/the-exchange/index.aspx
57	圣安德鲁斯大学	SPAD	https://saintsfunder.st-andrews.ac.uk/p/SaintsPerformanceAutomotiveDesign/
58	利兹大学	Nexus	https://www.leeds.ac.uk/research-and-innovation
59	西澳大学	UWA Makers Group	https://www.uwa.edu.au/students/My-course/Study-areas/EMS-students
60	莱斯大学	Makerspace	https://moody.rice.edu/makerspace
61	谢菲尔德大学	iForge makerspace	https://iforgesheffield.org/
62	成均馆大学	Entrepreneurship & Innovation Center	https://www.skku.edu/eng/Univ-Industry/Srart-up SupportFoundation/EntrepreneurshipInnovationCenter.do
63	都柏林圣三一大学	Trinity Research and Innovation(TR&I)	https://www.tcd.ie/innovation/
64	奥斯陆大学	INSJ	https://insjuio.no/

续表

序号	高校名称	创客空间名称	网址链接
65	诺丁汉大学	Future Food Beacon	https://www.nottingham.ac.uk/research/beacons-of-excellence/future-food/index.aspx
66	圣路易斯华盛顿大学	Spartan Light Metal Products Makerspace	https://jubelmakerspace.wustl.edu/
67	日内瓦大学	Center for Innovation and Partnerships	https://www.unige.ch/gsem/en/research/centers/ip/
68	阿德莱德大学	ThincLab	https://www.adelaide.edu.au/thinclab/
69	乌得勒支大学	Research	https://www.uu.nl/en/research/research-at-utrecht-university/support-for-researchers
70	蒙特利尔大学	Institut Courtois	https://institut-courtois.umontreal.ca/en/about-us/
71	阿尔托大学	Omnia Makerspace	https://www.aalto.fi/en/news/colliding-students-and-startups-in-a-grids-omnia-makerspace
72	波士顿大学	Shipley Center	https://www.bu.edu/dli/about/about-shipley-center/
73	莱顿大学	Plataforma de Ciência Aberta	https://www.universiteitleiden.nl/en/news/2017/07/first-open-science-centre-opened
74	南加利福尼亚大学	the Ahmanson lab	https://polymathic.usc.edu/ahmanson-lab
75	伦敦玛丽女王大学	Makerspace	https://www.sems.qmul.ac.uk/research/facilities/makerspace/
76	伯尔尼大学	BeLEARN	https://belearn.swiss/

续表

序号	高校名称	创客空间名称	网址链接
77	查尔姆斯理工大学	Tracks	https://student.portal.chalmers.se/en/News/Pages/The-first-step-towards-learning-environments-of-the-future.aspx
78	圣保罗大学（USP）	Teias	https://www.fearp.usp.br/teias/sobre.html
79	瓦格宁根大学	Shared Research Facilities	https://www.wur.nl/en/Value-Creation-Cooperation/Collaborating-with-WUR-1/Facilities-Tools/Wageningen-Shared-Research-Facilities.htm
80	乌普萨拉大学	Ångström Makerspace	https://www.uu.se/en/library/visit-and-contact/our-libraries/angstrom-library/angstrom-makerspace
81	埃因霍芬理工大学	TU/e innovation Space	https://www.tue.nl/en/education/tue-innovation-space/
82	阿尔伯塔大学	The Red Bench	https://www.ualberta.ca/folio/2022/03/student-run-welding-workshop-gives-women-and-lgbtqia-individuals-a-maker-space-of-their-own.html
83	柏林自由大学	Workshops for Students	https://www.fu-berlin.de/en/studium/veranstaltungen/workshop/index.html
84	柏林洪堡大学	Humboldt-Innovation	https://humboldt-innovation.de/de/forschungsservice

续表

序号	高校名称	创客空间名称	网址链接
85	格罗宁根大学	VentureLab North	https://venturelabnorth.com/
86	里昂高等师范学院	ENS DE LYON(Service Mechanical Engineering)	http://www.ens-lyon.fr/recherche/services-et-outils

3.2.1.2 国外创客空间开设现状

初步调研可得,国外创客空间功能齐全、资源丰富,绝大多数高校都在积极进行创客空间的实践探索,并已取得一定成效。国外创客空间的命名有"Hackspace""Makerspace""Fab Lab"等,如帝国理工学院将其创客空间命名为 Advanced Hackspace,爱丁堡大学将其创客空间命名为 uCreate Makerspace,新南威尔士大学将其创客空间命名为 ENG Makerspaces,芝加哥大学将其创客空间命名为 Polsky Fab Lab 等。

3.2.2 调研结果分析

3.2.2.1 国外创客空间建设概况

(1)服务宗旨

服务宗旨是创客空间建设的根本出发点,为创客空间的可持续发展提供方向和目标。总结相关文献及调研数据可得,当前国外创客空间服务宗旨可概括为以下三点:

① 延伸学习功能。创客空间配备丰富的资源数据库和先进的软硬件设备,为创客学习提供资源与技术支持,以达到最佳学习效果,实现辅助学习的目的。如芝加哥大学 Polsky Fab Lab 拥有一整套最先进的设备,其成员既能够自由且便捷地访问相关资源进行学习,又能通过先进的技术工具弥补理论与实践的差距,促进知识成果转化。

② 促进创新探索。创新是创客空间的永恒主题,创客空间为创客提供一个无压力的环境,激发其灵感,创客通过讨论与体验对知识或技能进行全新且深入的探索,培育积极、创新的思维,并将创新付诸实践。如麻省理工学院 MIT'S HOME FOR INNOVATORS & ENTREPRENEURS 鼓励创客共同工作、研讨,支持所有学生探索自己独特的创新途径;苏黎世联邦理

工学院 Student Project House 致力于培养学生敢于创造、勇于创新、具有领导能力和变革精神的心态。

③ 培育创业文化。创客空间为其成员搭建互动和沟通的桥梁，汇聚具有不同学科背景、不同专业水平的创客进行分享与交流，培育开放共享、互利协作的创业文化。如查尔姆斯理工大学 Tracks 为学生提供跨越课程和学科界限进行会面和协作的机会，使他们共同应对挑战。

（2）服务对象

创客空间面向不同群体提供服务，其服务对象大致分为以下六类，部分案例如表 3-3 所示。

① 在校全体师生。在校师生是创客空间的主要服务对象，如帝国理工学院 Advanced Hackspace、苏黎世联邦理工学院 Student Project House 等。此外，部分创客空间支持其他公众加入，但需要申请，如澳大利亚国立大学 ANU makerspace。② 研究人员。研究人员专业知识更丰富，创新思维更强，对创客空间的需求也较大，如苏黎世大学 UZH Innovation Hub、杜伦大学 PRILL 等面向研究人员。③ 学生、研究人员和社会组织。部分创客空间在为学生和研究人员提供服务的基础上，面向社会组织开放资源与空间，提高开放程度，如索邦大学 FabLab、埃因霍芬理工大学 TU/e innovation Space 等。④ 相关领域内专业人士。为促进研究的专业化和精细化，部分创客空间面向相关领域内专业人士开放服务，如都柏林圣三一大学 Trinity Research and Innovation（TR&I）服务对象为 Trinity 学者；皇家理工学院 KTH Innovation 服务对象为化学、生物技术与健康工程科学学院师生及项目参与人。⑤ 所有人。受地理位置和技术水平的限制，创客空间服务难以覆盖所有对象，部分图书馆延伸服务范围，面向所有人开放服务，如隆德大学 X-Lab、阿尔托大学 Omnia Makerspace 等。⑥ 其他。部分创客空间专门面向小众群体开放服务，如阿尔伯塔大学 The Red Bench 为女性和 LGBTQIA 群体提供了一个属于自己的创客空间。

表 3-3　服务对象案例一览表(部分)

服务对象	部分案例
在校全体师生	帝国理工学院 Advanced Hackspace 苏黎世联邦理工学院 Student Project House 伦敦大学学院 Makespace 宾夕法尼亚大学 Pennovation Center

续表

<table>
<tr><th colspan="2">服务对象</th><th>部分案例</th></tr>
<tr><td colspan="2">研究人员</td><td>苏黎世大学 UZH Innovation Hub
杜伦大学 PRILL
里昂高等师范学院 ENS DE LYON</td></tr>
<tr><td colspan="2">学生、研究人员和社会组织</td><td>索邦大学 FabLab
埃因霍芬理工大学 TU/e innovation Space</td></tr>
<tr><td rowspan="4">相关领域内专业人士</td><td>Trinity 学者</td><td>都柏林圣三一大学 Trinity Research and Innovation(TR&I)</td></tr>
<tr><td>化学、生物技术与健康工程科学学院师生和项目参与人</td><td>皇家理工学院 KTH Innovation</td></tr>
<tr><td>优先考虑从事数字奖学金项目的教师和学生</td><td>布朗大学 Room 159：Makerspace</td></tr>
<tr><td>加利福尼亚大学洛杉矶分校的工程专业学生</td><td>加利福尼亚大学洛杉矶分校 Blackstone LaunchPad</td></tr>
<tr><td colspan="2">所有人</td><td>隆德大学 X-Lab、阿尔托大学 Omnia Makerspace、瓦格宁根大学 Shared Research Facilities</td></tr>
<tr><td colspan="2">其他</td><td>阿尔伯塔大学 The Red Bench</td></tr>
</table>

(3)服务内容

创客空间是一个将创客汇聚起来，通过共享知识、资源，对事物进行制作、加工、更新、改造的空间，是极具探索精神的工作间[①]。按照服务流程，创客空间的服务内容可概括如下：为创客团队提供创新平台，使创意变为现实，促进创客作品的产生；为创客作品提供展示平台；为创客互动提供交流平台，开放交流创客理念与作品。其中，创新平台是创客空间的核心服务内容；展示平台及交流平台服务于创新平台，是创新平台的延伸，并为创新平

① Smith C. More Than Making[EB/OL].[2023-08-20]. https://americanlibrariesmagazine.org/blogs/the-scoop/more-than-making/.

台的优化创造条件。

① 为创客团队提供创新平台。创客空间汇聚了有想法的创客，为创新想法的实现提供专属空间支持。一方面，其依托先进的设备、丰富的资源为创客提供服务，如麻省理工学院 MIT'S HOME FOR INNOVATORS & ENTREPRENEURS 提供数字化制造设备，包括激光切割机、迷你 3D 打印台等；剑桥大学 IdeaSpace 提供可 24 小时访问的创意空间网站、可远程预订的会议室、可快速使用的无线网络连接等。另一方面，创客空间举办形式多样的创新活动，包括创新竞赛、知识技能讲座等，如芝加哥大学 Polsky Fab Lab 举办校友新创业挑战赛（ANVC）、风险挑战赛、私募股权案例挑战赛、大学生创新挑战赛等活动，使创客在竞赛中培养创新精神、提高创新能力。此外，创客空间为创客提供指导与培训，更好地促进创客将“想法”转化为“现实”，如伦敦大学学院 Make Space 提供项目制作及技术技能的培训；剑桥大学 IdeaSpace、帝国理工学院 Advanced Hackspace 吸纳常驻研究员、专家，为创客提供咨询服务与一对一的指导。

② 为创客作品提供展示平台。创客作品是创客空间最直接的成果，是创客创新精神和创业理念的最好体现。创客空间为创客作品提供展示平台，既可促进成果推广，又能进一步激发创客创新精神，如高丽大学 KU Makerspace 倡导一种用户参与式的研究方法，使创客们共同解决问题，并展示创作成果；华盛顿大学 THE MILL Makerspace 举办创客峰会，展示 UW 社区各种形式的创作，包括电影、艺术（数字和非数字）作品、软件等。

③ 为创客互动提供交流平台。不同背景、不同学科的创客对自身作品及创意进行分享，通过跨学科、跨领域的交流促进创新思想的迸发和作品的产生。如耶鲁大学 CEID 每周开展互动研讨会，从项目设计、评估等方面帮助其成员了解项目成功背后的经验与核心要素；密歇根大学安娜堡分校 Creation and Learning Spaces 定期组织虚拟研讨会，围绕在跨学科的学习、教学和研究中如何使用数字工具和技术展开讨论，并设立设计实验室 PIE 空间，使创客参与小组项目，在开放式工作空间中获得灵感。

3.2.2.2 美国创客空间建设现状

2012 年初，美国政府在全美近百所学校建设创客空间，促进创客教育和 STEAM 教育的融合发展，进而提升学生创新实践能力。初步调研发现，美国开办创客空间实践经验丰富，其创客空间具有创造性、系统性、多样性等特点。美国创客空间大多命名为“Fab Lab”“Makerspace”“Center”等，如芝加哥大学将其创客空间命名为 Polsky Fab Lab，加利福尼亚大学伯克利分校将其创客空间命名为 Makerspace，宾夕法尼亚大学将其创客空间命名为 Pennovation Center 等。美国创客空间基本概况如表 3-4 所示。

表 3-4 美国创客空间基本概况一览表

序号	高校名称	创客空间名称	网址链接
1	麻省理工学院	MIT'S HOME FOR INNOVATORS & ENTREPRENEURS	https://ihq.mit.edu/student-community/
2	芝加哥大学	Polsky Fab Lab	https://polsky.uchicago.edu/fab-lab/
3	宾夕法尼亚大学	Pennovation Center	https://www.pennovation.upenn.edu/pennovation-center
4	耶鲁大学	CEID	https://ceid.yale.edu/
5	康奈尔大学	Maker Club	https://makerclub.ece.cornell.edu/
6	密歇根大学安娜堡分校	Creation and Learning Spaces	https://www.lib.umich.edu/visit-and-study/creation-and-learning-spaces/shapiro-design-lab
7	约翰·霍普金斯大学	Makerspace	https://makerspace.jhu.edu/
8	加利福尼亚大学伯克利分校	Makerspaces	https://studenttech.berkeley.edu/student-it-jobs-opportunities/makerspaces
9	加利福尼亚大学洛杉矶分校	Blackstone LaunchPad	https://startupucla.com/
10	纽约大学	NYU Tandon MakerSpace	https://makerspace.engineering.nyu.edu/

续表

序号	高校名称	创客空间名称	网址链接
11	杜克大学	Co-Lab Studio	https://colab.duke.edu/studio
12	卡内基梅隆大学	Swartz Center for Entrepreneurship	https://www.cmu.edu/swartz-center-for-entrepreneurship/education-and-resources/makerspaces/index.html
13	布朗大学	Room 159: Makerspace	https://library.brown.edu/create/digitalstudio/explore/#makerspace
14	得克萨斯大学奥斯汀分校	The Foundry	https://www.lib.utexas.edu/study-spaces-technology/foundry
15	威斯康星大学麦迪逊分校	UW Makerspace	https://making.engr.wisc.edu/
16	伊利诺伊大学厄巴纳-香槟分校	EnterpriseWorks	https://researchpark.illinois.edu/resource/makerspace/
17	华盛顿大学	THE MILL makerspace	https://twww.hfs.washington.edu/The-Mill/maker-space
18	佐治亚理工学院	Aero Maker Space	https://ae.gatech.edu/news/2016/11/daniel-guggenheim-school-aerospace-engineerings-aero-maker-space-open-business-0
19	莱斯大学	Makerspace	https://moody.rice.edu/makerspace
20	圣路易斯华盛顿大学	Spartan Light Meta Products Makerspace	https://jubelmakerspace.wustl.edu/
21	波士顿大学	Shipley Center	https://www.bu.edu/dli/about/about-shipley-center/
22	南加利福尼亚大学	the Ahmanson lab	https://polymathic.usc.edu/ahmanson-lab

(1)服务对象

根据经费来源、运营状况的不同,美国创客空间的服务对象也不同,其服务对象大致分为以下四类。

① 在校全体师生。在校师生是创客空间的主要服务对象，如麻省理工学院 MIT'S HOME FOR INNOVATORS & ENTREPRENEURS、芝加哥大学 Polsky Fab Lab、宾夕法尼亚大学 Pennovation Center 等。② 学生、研究人员、社会组织。部分创客空间在为学生和教职工提供服务的基础上，面向社会组织开放资源与空间，但需要申请，如杜克大学 Co-Lab Studio。③ 相关领域内专业人士。为促进研究的专业化和精细化，部分创客空间面向相关领域内专业人士开放服务，如布朗大学 Room 159: Makerspace 优先考虑服务于从事数字奖学金项目的教师和学生，加利福尼亚大学洛杉矶分校 Blackstone LaunchPad 的服务对象仅为工程专业学生。④ 其他。卡内基梅隆大学 Swartz Center for Entrepreneurship 适用于经批准的企业家、初创公司、整个 CMU 社区。高校案例如表 3-5 所示。

表 3-5 服务对象一览表

服务对象	学校案例
在校全体师生	麻省理工学院 MIT'S HOME FOR INNOVATORS & ENTREPRENEURS 芝加哥大学 Polsky Fab Lab 宾夕法尼亚大学 Pennovation Center 耶鲁大学 CEID 康奈尔大学 Maker Club 密歇根大学安娜堡分校 Creation and Learning Spaces 约翰·霍普金斯大学 Makerspace 加利福尼亚大学伯克利分校 Makerspaces 纽约大学 NYU Tandon MakerSpace 威斯康星大学麦迪逊分校 UW Makerspace 华盛顿大学 THE MILL makerspace 伊利诺伊大学厄巴纳-香槟分校 EnterpriseWorks 佐治亚理工学院 Aero Maker Space 莱斯大学 Makerspace 圣路易斯华盛顿大学 Spartan Light Metal Products Makerspace 波士顿大学 Shipley Center 南加利福尼亚大学 the Ahmanson lab

续表

服务对象	学校案例
学生、研究人员、社会组织	杜克大学 Co-Lab Studio
相关领域内专业人士	布朗大学 Room 159：Makerspace 加利福尼亚大学洛杉矶分校 Blackstone LaunchPad

(2)服务内容

图书馆创客空间是一个场所或一种平台，为用户提供可利用资源(如电脑、3D打印机、视频和声频捕捉及编辑工具、传统手工艺制作工具等)，以及创造智慧财富和物质财富的机会[①]。图书馆创客空间服务内容直接决定着创客空间的可持续发展能力[②]，调查发现，美国高校图书馆创客空间提供的服务有咨询服务、培训服务、信息资源服务、合作项目、创新空间、研讨会和各类活动等，其中提供创新空间的创客空间最多，其次是研讨会和培训服务，详见表3-6。在咨询服务方面，密歇根大学安娜堡分校在创客空间组织虚拟研讨会，提供咨询和指导服务，使人们了解在跨学科的学习、教学和研究中如何使用数字工具和技术；在培训服务方面，麻省理工学院为执行团队提供财务和活动政策培训，芝加哥大学每周提供一次Fab Lab 101培训课程；在信息资源服务方面，芝加哥大学提供Fab Lab空间和许多资源，约翰·霍普金斯大学提供实验室工具培训；在合作项目方面，杜克大学提供各种项目，如蓝牙自行车变速杆、太阳能反渗透滤水器等；在创新空间方面，宾夕法尼亚大学提供实验室空间，耶鲁大学提供开放式工作室、演讲厅、湿实验室和会议室；在研讨会方面，南加利福尼亚大学举办设计、数字创作、物理计算和其他创造性工作的研讨会；此外，各类活动主要包括创新活动和休闲活动，如芝加哥大学Polsky Fab Lab举办校友新创业挑战赛(ANVC)、风险挑战赛、私募股权案例挑战赛、大学生创新挑战赛等活动，使参与者在竞赛中培养创新精神、提高创新能力。

① 金秋萍. 美国高校图书馆创客空间建设的实践及启示[J]. 图书与情报，2017(1)：111-115.

② 王建功. 美国图书馆创客空间评估研究与启示[J]. 图书馆工作与研究，2021(8)：47-53.

表 3-6 美国高校创客空间服务类型统计表

高校名称	咨询服务	培训服务	信息资源服务	合作项目	创新空间	研讨会
麻省理工学院		○			○	○
芝加哥大学		○	○			○
宾夕法尼亚大学	○			○	○	
耶鲁大学			○		○	○
康奈尔大学	○		○		○	○
密歇根大学安娜堡分校	○	○				○
约翰·霍普金斯大学		○		○	○	○
加利福尼亚大学伯克利分校	○				○	
加利福尼亚大学洛杉矶分校						
纽约大学		○				○
杜克大学				○	○	
卡内基梅隆大学	○		○			
布朗大学					○	
得克萨斯大学奥斯汀分校		○			○	○
威斯康星大学麦迪逊分校						○
伊利诺伊大学厄巴纳-香槟分校						
华盛顿大学						
佐治亚理工学院					○	
莱斯大学					○	○
圣路易斯华盛顿大学		○			○	
波士顿大学				○		
南加利福尼亚大学					○	○

注:○表示该高校创客空间提供这项服务。

(3)支持力度

2016 年 4 月,美国图书馆协会(American Library Association, ALA)发布《2016 年美国图书馆状态报告》(*State of America's Libraries Report 2016*),其中的一项核心内容就是"为用户创造性学习提供更多空间和支

持"①。经调查,评价国外高校创客空间支持力度的重要因素主要体现在硬件与软件支持、经费来源两个方面,具体分析如下:

①硬件与软件支持。

在国家政策支持以及创客文化兴盛的背景下,美国有近百所高校建设了创客空间,为创客空间的发展提供积极支持。创客空间配备了办公/实验场所、3D技术设备、激光/乙烯基切割机、数字媒体设备、电子电路设备、手工艺器具、焊接设备、编制与缝纫设备、钻/铣床等。调查的22所高校中,有5所大学设立了实验室、办公室等,分别是麻省理工学院、康奈尔大学、密歇根大学安娜堡分校、约翰·霍普金斯大学和莱斯大学;有20所大学提供3D技术设备,包括3D打印机、3D扫描仪、3D建模设备等,如麻省理工学院、宾夕法尼亚大学、耶鲁大学等;有18所大学提供激光/乙烯基切割机设备,如芝加哥大学、宾夕法尼亚大学、纽约大学等;有9所大学提供数字媒体设备,包括打印机、投影仪、扫描仪,如密歇根大学安娜堡分校、加利福尼亚大学伯克利分校等;有13所大学提供电子电路设备,包括耳机、电脑、路由器等,如加利福尼亚大学洛杉矶分校、纽约大学、卡内基梅隆大学等;有12所大学提供手工艺器具,包括绘图仪、泡沫、双层纸板、软木板等,如佐治亚理工学院、华盛顿大学等;有3所大学提供焊接设备,如焊接台等,分别是麻省理工学院、密歇根大学安娜堡分校和莱斯大学;有4所大学提供编制与缝纫设备,如胶合板、布料、缝纫机等,分别是耶鲁大学、密歇根大学安娜堡分校、加利福尼亚大学洛杉矶分校和得克萨斯大学奥斯汀分校;有9所大学提供钻/铣床,如耶鲁大学、约翰·霍普金斯大学等;有9所大学提供软件设备,包括Logic Pro、Waves插件、iZotope RX-7以及一些线上课程,如宾夕法尼亚大学、约翰·霍普金斯大学等。在22所高校中,密歇根大学安娜堡分校创客空间配备的技术设备最为丰富,包括办公/实验场所、3D技术设备、激光/乙烯基切割机、数字媒体设备、电子电路设备、手工艺器具、编制与缝纫设备等硬件和软件设备等,供用户选择使用。

②经费来源。

美国高校图书馆创客空间建设可以通过服务性收费、行政拨款、非营利

---

① 管霞. 新时期图书馆的社会包容与社会责任——美国图书馆协会《2020年美国图书馆状况报告》解读[J]. 图书与情报, 2020(4): 101-109.

性组织赞助、项目投资回报以及企业赞助和个人捐赠等途径积极筹集资金，如表 3-7 所示。

表 3-7　美国高校创客空间经费支持力度一览表

高校名称	经费来源
麻省理工学院	沙盒创新基金计划
芝加哥大学	考夫曼基金会、美国国家科学基金会
	个人捐赠
耶鲁大学	个人捐赠
康奈尔大学	康奈尔大学学生会财务委员会
	欧洲经济委员会
密歇根大学安娜堡分校	基金会
	公共慈善机构
	联邦政府机构
	企业赞助
约翰·霍普金斯大学	服务性收费
加利福尼亚大学洛杉矶分校	校内拨款
	联邦政府机构
杜克大学	校内拨款
卡内基梅隆大学	校外企业赞助
威斯康星大学麦迪逊分校	Grainger 基金会
佐治亚理工学院	布鲁克拜尔斯可持续系统研究所
	学院资助
	收取会费
莱斯大学	穆迪艺术中心基金会
	收取会费
圣路易斯华盛顿大学	麦凯维工程学院项目经费
	收取会费

服务性收费通常包括使用工具的费用和会费，如使用约翰·霍普金斯

大学的创客空间设备需要支付费用，入驻圣路易斯华盛顿大学创客空间需支付会费；在行政拨款方面，通常由美国政府直接拨款，或者先由政府拨款给学校，再由学校拨款；在非营利性组织赞助方面，通常以基金会的形式为主，这也是国外创客空间的主要经费来源，如麻省理工学院设置了沙盒创新基金计划来获取资金，芝加哥大学通过考夫曼基金会引入投资等；项目投资回报也是创客空间经费来源的一部分，如圣路易斯华盛顿大学麦凯维工程学院提供项目经费和会员会费来发展创客空间；企业赞助和个人捐赠在国外高校创客空间的开展过程中也起着不小的作用，如卡内基梅隆大学通过接受 20 多所校外企业的赞助和校友捐款维持自身运营。

通过调查研究可以发现：第一，有些学校的经费来源有多种，如密歇根大学安娜堡分校创客空间的经费来源有基金会、公共慈善机构、联邦政府机构和企业赞助四种，而有些学校的经费来源单一，如约翰·霍普金森大学创客空间的经费来源就只有服务性收费一种，布朗大学创客空间无经费来源，设备都由学校直接提供。第二，资金是否充足与创客空间功能是否齐全之间没有必然的联系，某些资金不充足的创客空间，通过合理安排也可以实现功能的多样化，如南加利福尼亚大学创客空间的经费来源只有学校捐款，但其具备 3D 技术设备、数字媒体设备等多种实用的设备；而有些高校创客空间资金充足，但功能并不完善，如芝加哥大学创客空间拥有基金会、个人捐赠的资金，但功能单一化，后续建设需重新规划资金安排。

(4)开放时间

服务时间是指创客空间为用户提供服务的时间。美国高校创客空间服务时间大致可以分为两类：预约开放和固定开放。其中，预约开放需要读者提前填写预约申请单进行使用预约，预约申请单中需注明具体使用时间、使用器材种类等详细信息，预约成功即可使用。本次调查的 22 所高校的创客空间大多在固定时间开放，主要集中于周一至周五，具体开放时长差异较大，如麻省理工学院创客空间开放时间为周一至周五上午 8 点至下午 6 点，芝加哥大学创客空间开放时间为周一至周五上午 8 点至下午 5 点，有的高校在创客空间的时间安排上有具体的规划，如莱斯大学指定创客空间在周二至周六 10 点至下午 5 点开放，周日、周一及节假日休息。个别高校实行全天开放，如耶鲁大学和康奈尔大学的创客空间实行 24 小时全天开放。

3.2.2.3　英国创客空间建设现状

自英国第一家创客空间 SPC ORG 成立，英国政府为了更好地促进英国创客空间的普及与建设，采取了一系列政策措施，如英国政府与银行合作设立了青少年创客扶持基金，激励青少年创新创业，以增强青少年创新能力；英国政府设立了大学挑战基金、高等教育创新基金和高教援助基金等多种专项基金，以支持大学生创新创业[①]。弗兰克·纽曼在《高等教育的未来》中强调，要通过创立高等教育创新基金、构建知识交流中心网络等相关保障措施来促进科研所取得的成果在大学和区域发展互动中得到及时的分享和应用。英国高等教育质量保障署(QAA)发布了创新创业教育标准文件，强调创新创业教育对于学生创造力的积极影响[②]。英国政府通过出台一系列支持政策，营造了良好的创新创业环境，创客空间在英国也得到了迅猛发展，并顺应时代潮流不断向前推进。

目前，英国高校创客空间的构建已趋于成熟。调查显示，英国高校对其创客空间的命名没有统一的标准，各高校对创客空间的命名不尽相同：如帝国理工学院将其创客空间命名为 Hackspace；伦敦大学学院将其创客空间命名为 MakeSpace；莱斯特大学将其创客空间命名为 Innovation Hub；邓迪大学将其创客空间命名为 Workshop；班戈大学、布里斯托大学分别将各自的创客空间命名为 Pontio Innovation、Centre for Innovation and Entrepreneurship。英国高校创客空间基本概况如表 3-8 所示。

表 3-8　英国高校创客空间基本概况一览表

序号	高校名称	栏目名称	网址链接
1	剑桥大学	IdeaSpace	https://ideaspace.cam.ac.uk/
2	帝国理工学院	Advanced Hackspace	https://www.imperial.ac.uk/enterprise/students/advanced-hackspace/
3	伦敦大学学院	MakeSpace	https://www.instituteofmaking.org.uk/makespace

① 王静，冯利娜，明均仁，等. 创客运动背景下英国高校创客空间建设现状及启示[J]. 图书馆学研究，2019(9)：82-88.

② 谢萍，石磊. 英国创新创业教育的现状及其启示[J]. 世界教育信息，2018，31(14)：42-47.

续表

序号	高校名称	栏目名称	网址链接
4	爱丁堡大学	uCreate Makerspace	https://www.ucreatestudio.is.ed.ac.uk/
5	伦敦国王学院	King's Entrepreneurship Institute	https://www.kcl.ac.uk/entrepreneurship
6	利兹大学	Nexus	https://www.leeds.ac.uk/research-and-innovation
7	伯明翰大学	The Exchange	https://www.birmingham.ac.uk/the-exchange/index.aspx
8	谢菲尔德大学	iForge makerspale	https://iforgesheffield.org/
9	圣安德鲁斯大学	SPAD	https://saintsfunder.st-andrews.ac.uk/p/SaintsPerformanceAutomotiveDesign/
10	杜伦大学	PRILL	https://www.durham.ac.uk/media/durham-university/departments-/sociology/PRILLevents.pdf
11	伦敦玛丽女王大学	The Makerspace	https://www.sems.qmul.ac.uk/research/facilities/makerspace/
12	莱斯特大学	Innovation Hub	https://le.ac.uk/enterprise/development/innovation-hub
13	邓迪大学	Workshop	SLS https://www.dundee.ac.uk/locations/sls-workshop
14	班戈大学	Pontio Innovation	https://www.bangor.ac.uk/about/pontio-innovation/spaces
15	布里斯托大学	Centre for Innovation and Entrepreneurship	http://www.bristol.ac.uk/innovation/
16	纽卡斯尔大学	Hatton Gallery	https://hattongallery.org.uk/

续表

序号	高校名称	栏目名称	网址链接
17	伦敦城市大学	MakeWorks	https://www.londonmet.ac.uk/services-and-facilities/makeworks/
18	布鲁内尔大学	Brunel Innovation Centre	https://www.brunel.ac.uk/research/Centres/Brunel-Innovation-Centre

(1)服务对象

英国高校创客空间的服务对象非常广泛,包括学生、教职员工、创业者和外部社区。创客空间通过提供资源、培训和合作支持,促进创新创业文化的发展,并为学生和教职员工提供实践、合作和创新的机会,推动高校创新创业活动繁荣发展。

①学生。

学生是创客空间最重要的服务对象之一。英国高校的创客空间为学生提供了一个开放的场所,让他们能够发挥创造力、锻炼实践技能和培养创新精神。学生可以利用创客空间的设备和资源开展各种项目,包括原型制作、数字设计、3D 打印等。创客空间也举办各种活动,如研讨会、工作坊和比赛,以促进学生之间的交流合作,培养学生的创新能力。

②教职员工。

英国高校的创客空间也服务于教职员工,包括教师和研究人员。创客空间为他们提供了一个实践教学和科研创新的平台。教职员工可以利用创客空间的资源和设备开展教学实验、研究项目和技术创新。他们可以与学生合作,培养学生的创新能力和实践技能,并在创客空间的支持下推动教学和研究的发展。

③创业者。

创客空间在英国高校也服务于有创业意向的学生和教职员工,帮助他们实现创业梦想。创客空间提供创业培训、商业咨询和孵化服务,协助创业者制作产品原型、开展市场测试和商业规划等。创客空间与创业生态系统和投资者建立联系,提供创业资源和资金支持,帮助初创企业从概念到商业化阶段的转变。

④校外社区和企业。

英国高校的创客空间也积极与校外社区和企业合作，为它们提供创新合作和技术转移的机会。创客空间与社区组织、产业界和非营利组织建立伙伴关系，开展项目联合研究和技术咨询，这种合作可促进知识流动、技术转化和社会影响力的提升。

(2)服务内容

英国高校创客空间在发展过程中，依据自身实际已形成不同的服务内容。可将英国高校创客空间分为三种不同的类型，即创意型创客空间、创新型创客空间、创业型创客空间。

① 创意型创客空间。

创意型创客空间利用相应的场地或资源为创客提供一些具有启发性、智能化的创意制作课程，通过讨论、讲座等形式来交流知识、技能、经验和创意[①]，如英国布里斯托大学提供的创客空间。

布里斯托大学创客空间的建设目的是鼓励团队合作开展项目工作及其他学生与外部合作伙伴分享想法。该创客空间主要通过提供一些课程来帮助创客产生创意，如计算机与科学课程为创客提供其所需的计算机相关的技能和知识，创客可将学习到的知识和技能运用到数字创意的产生中；数字电子、通信、电磁学、电力电子等一系列课程为创客提供理论知识和实践技能的学习机会，帮助创客产生创意；在影视创新课程中可学习电影、电视方面的基础理论及实践技能。

② 创新型创客空间。

创新型创客空间给创客提供相应的场地及设备，使其将创新想法转变为现实。在调查中发现，英国高校创新型创客空间一般有创新实验室、数字媒体工作室、金属与木材车间、陶瓷车间、版画车间等不同的类型。

创新实验室为创客提供3D打印机、激光切割机、乙烯切割机、焊接站以及数控车床等设备，并有专业的服务人员帮助创客开展相关创意项目或实验。英国邓迪大学的创新实验室配备有3D打印机、激光切割机、乙烯切割机、焊台、测量仪表等设备，帮助学生将设备资源运用到相关产品及项目中；

① 张红利，曹芬芳．国内外典型图书馆创客空间实践研究和启示[J]．图书馆学研究，2015(22)：9-16.

班戈大学的创新实验室向创客提供3D打印机、激光切割机、中小型数控铣床以及一系列开源软件及硬件平台，帮助创客开发其所需要的产品；伦敦大学学院创新实验室不仅向创客提供3D打印机、车床、激光雕刻机、切割机、绘图仪等设备，而且向创客提供相应的技术服务与指导，帮助创客顺利进行实验。

在数字媒体工作室中，创客使用数码相机、摄影机、音响设备、数字投影仪、麦克风等媒体设备，进行数字媒体设备实践操作与学习。英国纽卡斯尔大学的数字媒体工作室不仅给创客提供ADOBE PREMIERE、Final Cut、Adobe Creative Suite和Macromedia Studio等一系列开源创作工具，而且能给创客提供大量的数码相机、麦克风、音响设备以及数字投影仪；班戈大学的媒介实验室给创客提供摄影、视频、动画及平面设计相关的设备；利兹大学创客空间为创客提供PC和MAC台式机、摄影暗室、摄像机、灯箱及录音设备。

金属与木材车间能够给创客提供金属车床、焊接站、激光切割机、锯、电动铡刀、砂带磨光机等机械设备，使创客的创新想法得以实现。帝国理工学院的金属与木材车间为创客提供金属车床、旋转带锯床、焊接站、激光切割机、砂带磨光机等设备；邓迪大学的金属与木材车间向创客提供相关的模具、砂型铸造机、失蜡铸造机、电钻、锯、砂光机、釉料、窑炉和车床等设备与资源；伦敦城市大学的金属加工车间为创客提供焊接设备、等离子切割机、铡刀、工程铣床等电动与手动工具。

陶瓷车间提供原料、模具、滚筒、染料、陶轮、电窑、车床、黏土水槽等相关设备与资源，使创客能够根据自己的想法使用相应的设备，创造出属于自己的作品。邓迪大学的陶瓷车间向创客提供模具、滚筒、染料、黏土、陶轮以及其他资源；纽卡斯尔大学的陶瓷车间向创客提供电窑、电动轮、喷房等；伦敦城市大学的陶瓷车间给创客提供陶轮、石膏模具、车床、釉面喷雾装置、黏土水槽、电窑等。

版画车间向创客提供颜料、活性染料、数字打印机、数码印花机、喷墨打印机、数字图像处理包等，使创客将自己的创新想法通过版画的形式展示出来。邓迪大学的版画工作室向创客提供颜料、数字打印机、数码印花机、喷墨打印机等设备和资源，并提供丝网印刷、光刻、蚀刻及浮雕等技术，帮助创客实现创意；纽卡斯尔大学的版画车间向创客提供显影及印刷设备、数字打印机、数据处理包和电影编辑软件等设备资源并提供相应的技术服务。

除此之外，还有部分高校提供具有本校特色的创客服务。例如，邓迪大学的针织车间向创客提供纱线、手动和电子针织机、缝纫机等设备与材料，帮助创客制作具有个人风格的服装作品和模型；纽卡斯尔大学的雕塑车间向创客提供3D打印机、激光和等离子切割机以及大型的户外场地，并有专家帮助创客进行雕塑、木制品以及金工等不同类型项目的实施；伦敦城市大学的乐器制造车间向用户提供木车床、砂光机、钎焊炉、硬木成型设备、专业装配设备、精密测量仪器、检查设备等相关的设施，帮助创客制作心仪的乐器。

③ 创业型创客空间。

创业型创客空间向创客提供创业相关的知识、技术、服务、资金等资源，帮助创客实施创业项目。伦敦国王学院的创业中心为学生、教师、社区企业家提供孵化器与制造空间，该孵化器与制造空间提供将创客与高端设备、资本获取以及有影响力的人和企业家网络连接起来的服务，帮助创客建立公司，该创业中心已成功帮助创客建立十几所新兴公司，取得了不错的成果；布鲁内尔大学的创业中心向在校学生和毕业生提供帮助，支持他们将商业方面的创新想法成功转变为现实，同时通过举办创业大赛帮助在校学生及校友实践创业想法和技能，并使参赛学生有机会获取10000英镑的创业启动资金；莱斯特大学创新中心通过建立创业加速器来帮助在校学生、研究生进行创业，不但提供各种研讨会、周末建设活动以及各种计划来帮助创客发展其商业创意，而且向创客提供各种融资机会，帮助创客进行创业及扩张。

(3)支持力度

英国高校创客空间的快速有序发展得到了各方面的大力支持，主要如下：① 在机构支持方面，帝国理工学院的创客空间除了得到高校自身的投资外，还得到了来自英国工程和自然科学研究委员会以及英国生物技术和生物科学研究理事会的大力支持；② 在资金支持方面，莱斯特大学的创客空间是由莱斯特大学和欧洲区域发展基金(ERDF)共同投资510万英镑进行建设的，其对相关学生或企业免费提供大量的创新技术支持；纽卡斯尔大学创新中心共筹集5.72万美元来进行创客空间建设，并大力支持创客进行商业化研究。

英国高校创客空间的发展离不开政府相关政策的大力支持。英国政府为了鼓励高校开展创新创业活动，相继出台了一系列政策文件，对高校开展创新创业活动进行宏观规划和实践指导[①]。1993 年，英国政府发布白皮书《实现我们的潜力：科学、工程与技术战略》，在确定科技创新能提升国家实力的前提下，呼吁社会各界充分发挥科学、工程和技术的潜力[②]；2004 年，英国政府大力推动创新，让创新改变生活，不但加大公共财政投入力度，而且发布文件《科学与创新投资框架（2004—2014）》，制定出英国政府未来 10 年在科技创新活动方面的战略投资举措[③]；2011 年，英国发布报告《促进增长的创新和研究战略》，明确了创新生态系统中大学的重要地位，并通过一系列具体措施激发大学的创新潜力。

另外，在制度方面，英国高校创客空间通过确立一些空间使用规则以及相应的技术培训制度，进一步帮助高校师生发展创新创业能力。可见，在英国政府和高校共同支持和帮助下，英国高校创客空间得到了很好的发展。

（4）开放时间

不同创客空间的运营情况不同，其开展创客活动的时间有所区别[④]。部分英国高校创客空间开放时间如表 3-9 所示。

英国高校创客空间开放时间大致可以分为两类：全天开放和固定时间开放。全天开放的高校创客空间 24 小时对外开放，如剑桥大学创客空间、帝国理工学院创客空间。固定时间开放的高校创客空间一般仅在工作日开放，且开放时间也有限制，如爱丁堡大学、圣安德鲁斯大学、利兹大学、谢菲尔德大学、伦敦玛丽女王大学 5 所高校的创客空间在每周一至周五对外开放，开放时间最早为上午 9 点，一般在下午 5 点左右结束开放。还有部分学校周一至周六对外开放，如伯明翰大学和纽卡斯尔大学的创客空间，其中伯明翰大学可以为教学活动延长至晚上 10 点结束开放。

① 唐一鹏. 英国高等教育创新的政策与实践及其启示[J]. 国家教育行政学院学报，2013(7)：86-90.

② 王志强，赵中建. 英国教育系统变革的背景、现状与趋势——兼论教育在英国国家创新系统中的作用[J]. 全球教育展望，2010，39(6)：45-49.

③ 周洲. 英国高等教育的创新战略——基于《2004—2014 科学与创新投资框架》及年度报告的分析[J]. 教育发展研究，2011，31(Z1)：103-107.

④ 袁荃. 面向美国 5 所图书馆移动创客空间的构建研究[J]. 图书馆学研究，2018(3)：96-101.

表 3-9　英国部分高校创客空间开放时间

高校名称	开放日期	时间段	特殊情况
剑桥大学	每天	24 小时	—
帝国理工学院	每天	24 小时	周五 23:00 p. m. 至周六 10:00 p. m. 休息
爱丁堡大学	周一至周五	10:00 a. m. to 20:00 p. m.	—
伯明翰大学	周一至周六	08:00 a. m. to 17:00 p. m.	教学活动可延长至 22:00 p. m.
圣安德鲁斯大学	周一至周五	09:30 a. m. to 17:00 p. m.	—
利兹大学	周一至周五	09:30 a. m. to 16:00 p. m.	技术平台全天在线开放
谢菲尔德大学	周一至周五	周一:15:00 a. m. to 20:00 p. m. 周二至周四:12:00 a. m. to 20:00 p. m. 周五:12:00 a. m. to 17:00 p. m.	—
伦敦玛丽女王大学	周一至周五	09:00 a. m. to 13:00 p. m. 14:00 a. m. to 17:00 p. m.	午餐 13:00 p. m. to 14:00 p. m.
纽卡斯尔大学	周一至周六	10:00 a. m. to 17:00 p. m.	—

3.2.2.4　澳大利亚创客空间建设现状

澳大利亚创客空间基本概况如表 3-10 所示。

表 3-10 澳大利亚创客空间基本概况一览表

序号	高校名称	创客空间名称	网址链接
1	澳大利亚国立大学	ANU makerspace	http://makerspace. anu. edu. au/
2	墨尔本大学	Maker Spaces	https://msd. unimelb. edu. au/ maker-spaces
3	悉尼大学	Technology spaces	https://www. library. sydney. edu. au/libraries/technologyspaces. html
4	新南威尔士大学	ENG Makerspaces	https://www. making. unsw. edu. au/ engineering-makerspace/facilities/
5	昆士兰大学	UQ Innovate	https://makerspace. uq. edu. au/
6	蒙纳士大学	Monash Makerspace	https://www. monash. edu/ engineering/future-students/ studying-engineering-at-monash/ facilities/monash-makerspace
7	西澳大学	UWA Makers Group	https://www. uwa. edu. au/ students/My-course/ Study-areas/EMS-students
8	阿德莱德大学	ThincLab	https://www. adelaide. edu. au/ thinclab/

(1)服务对象

对澳大利亚高校已有的创客空间的调研数据进行梳理可得,其服务对象主要分为以下三类:① 学生。学生为大多数创客空间的首要服务对象,也是创客空间的主要服务群体,比如悉尼大学和西澳大学创客空间的服务对象均为学生。② 教职人员。部分学校的创客空间还为教职员工提供服务,比如墨尔本大学、新南威尔士大学以及昆士兰大学创客空间的服务对象为学生和教职员工。③ 指定人员。个别高校的创客空间还允许特定项目的人员以及其他行业的创业人员加入其中。比如澳大利亚国立大学的创客空间除了允许教职员工和学生参与以外,Maker in Residence 计划支持其他人员加入，但需提前申请；阿德莱德大学的创客空间 ThincLab 不仅欢迎学生和教职员工，还欢迎校友、企业家和创始人成为这个创业生态系统的一部分。从澳大利亚不同高校创客空间的服务对象可以看出，创客空间在不断地发展壮大，在朝着拓宽服务对象范围的方向发展。

(2)服务内容

创客空间作为一个平台，是一个将创客汇聚起来，通过共享知识、资源，对事物进行制作、加工、更新、改造的空间，是极具探索精神的工作间。按照服务流程，其服务内容可概括为以下几点：① 创客空间为创客团队提供创新平台，使创意变为现实，促进创客作品的产生；② 创客空间为创客作品提供展示平台；③ 创客空间组织一些活动让创客参与进来，以更好地激发他们的创作灵感。通过调研结果可以看出，澳大利亚高校创客空间会举办一些讲座、研讨会以及电子挑战赛等活动，向参与者灌输创业精神，激发他们的创业兴趣。比如，新南威尔士大学创客空间举办了大卫·库珀讲座和名为"关于消除不平等的重要性，我们从这场流行病中学到了什么"的数字活动，通过讲座和活动向参与者传递更多的知识；又如，阿德莱德大学创客空间举办的澳大利亚电子挑战赛向所有人开放，团队和个人都可以注册成为 eChallenge 的一部分，澳大利亚电子挑战赛将商界与学生、学者和公众联系起来，而这些志同道合的人联系起来会产生巨大的能量，从而催生出新的企业家。

(3)支持力度

对澳大利亚高校创客空间的系统调研发现，高校对创客空间给予了大力支持。在硬件方面，西澳大学提供了多个适合不同工作风格的会议室、开放式协作空间、社交空间和休闲区、工作室等。同时，大部分高校的创客空间还提供了激光切割机、乙烯基切割机、线材和树脂打印机、落地锯、车床、台式铣床和凿榫机等制造工具。除了这些基本场地以及制造工具等硬件方面的支持以外，大部分高校的创客平台还为用户提供软件支持，有的创客空间会为用户提供程序指导，帮助用户构建网络。与此同时，有的创客空间配备了许多先进的原型制作设备，主要涉及机器人、3D 打印等前沿领域。充足的设备支持可以提升用户的参与度，并促进创客空间正常运作。

澳大利亚高校创客空间的经费来源有非营利组织捐赠、政府拨款、项目投资回报、企业赞助和校友捐款等多种途径。比如新南威尔士大学的主要经费来源就是柯比基金会的捐赠，包括 BHP Billiton Ltd、Woodside Energy 在内的领先企业的投资以及校友捐款。还有的创客空间通过众筹活动筹集资金，一个人的力量可能是微薄的，但汇聚起来就是巨大的，比如悉尼大学创客空间发动了旨在推动知识创新的 INSPIRED 活动，收到了超过 64000 人的共计 10 万美元的捐款。

(4)开放时间

澳大利亚高校创客空间的开放时间大致可以分为两类：预约开放和固定开放。预约开放需要用户填写预约申请或进行线上预约，并登记预约者的个人信息、预约时间、具体使用设备等详细信息，实行预约制的创客空间所占比重不大。通过调研结果可以看出，澳大利亚高校的创客空间开放时间基本集中在周一到周五上午 10 点到下午 5 点这个时间段，极个别的创客空间周一到周日全天候开放，学生和教职员工可以在这个时间段免费进入。

3.2.2.5 日韩创客空间建设现状

(1)服务对象

调查结果显示，日韩高校创客空间主要面向学生开放，部分创客空间只面向会员开放，如表 3-11 所示。

表 3-11 日韩高校创客空间服务对象

国家	高校	创客空间名称	面向对象
韩国	韩国高等科技学院	Idea Factory	学生
	高丽大学	KU Makerspace	学生、教职工
	成均馆大学	Entrepreneurship & Innovation Center	学生、教职工
	浦项科技大学	POSTECH NETA MAKER SPACE	学生、教职工
日本	东京工业大学	CODAMA	创客空间会员
	大阪大学	產学共創棟について（产学研共创大厦）	学生
	东北大学(日本)	NICHe	学生、教职工

(2)服务内容

日韩图书馆创客空间主要为用户提供交流平台,不同专业和学科背景的用户可以在创客空间进行创意分享和知识交流,并在沟通的过程中促进思想创新。如韩国高等科技学院图书馆创客空间为用户提供3D建模培训,向用户介绍3D打印技术及方法,并进行安全培训,保证用户使用设备过程中的安全性。高丽大学图书馆创客空间定期举办黑客马拉松活动,2022年12月,创客空间以“使用回收材料制作产品和设备”为主题举办黑客马拉松活动,并为参与者提供基本的材料支持和每个团队40万韩元的材料费支持,获得最高级别奖项的队伍可获得50万韩元奖励。成均馆大学图书馆创客空间为创客提供创业辅导服务,如设备、管理、技术、税务、会计等方面的培训,帮助创业者规避创业初期的潜在风险,提高创业成功率。

(3)支持力度

①硬件与软件支持。

创客空间为用户配备相应的硬件及软件,提升用户的动手能力,促进用户创意的转化。如韩国高等科技学院图书馆创客空间为用户提供制造设备(如角磨机、砂轮机、切断机、钻孔机等)、辅助设备(如CJP 3D打印机、Formlabs Form2 3D打印机、Sindoh A1 SLA 3D打印机、3D扫描仪、FDM打印机、PCB打印机等)、设计工具(如3DWOX 2X-1/2、Vaquform DT2、Epilog Fusion M2、Universal VLS 3.50等)。东京工业大学图书馆创客空间为用户提供精密车床、电子控制微型研磨机、空气压缩机、激光加工机等工具,供不同专业、不同学科、不同背景的用户根据自己的需要及兴趣使用。

②经费来源。

日韩图书馆创客空间经费主要来自基金会资助、设备使用收费等渠道。如成均馆大学图书馆创客空间收到产业合作基金会约8亿韩元的资助;东京工业大学图书馆创客空间实行设备使用收费,同时用户需要额外支付服务费。

3.2.2.6 美国移动创客空间建设现状

当前,创客空间已广泛应用于高校、中小学、企业、图书馆等单位及组织,这些机构纷纷构建本领域创客空间并开展创客服务。伴随创客空间的发展,为解决固定场所缺乏及资金不足等问题,移动创客空间应运而生。移动创客空间是指由货车、卡车、拖车、巴士、拖箱等工具改造而成的创客空间，或利用这些工具将创客工具运送到指定地点进行创客活动，其英文名称有 Mobile Fablab、SparkTruck、MobileMaker、Mini Maker Lab、TechShop Inside、Mobile makerspace、STEMmobile、TechMobile、Geekbus 等多个版本①。如美国加利福尼亚州斯坦福大学将其移动创客空间命名为 SparkTruck②，美国北卡罗来纳州依隆大学将其移动创客空间命名为 MobileMaker③，美国内华达大学 DeLaMare 科学与工程图书馆和美国罗格斯大学艺术图书馆都将其移动创客空间命名为 Mobile makerspace④⑤，美国弗吉尼亚州夏洛茨维尔蒙蒂塞洛高中将其移动创客空间命名为 Makers on the Move⑥，美国芝加哥公共图书馆将其移动创客空间命名为 Mini Maker Lab⑦⑧⑨，美国技术工坊将其移动创客空间命名为 TechShop Inside⑩，美国田纳西科技大学将其移动创客空间命名为 STEMmobile⑪，美国范德堡大学附属儿童医院将其移动创客空间命名为 Project M@CH⑫，美国旧金山公共

① 明均仁，张俊，张玄玄. 美国移动创客空间建设现状及启示[J]. 国家图书馆学刊，2018,27(3):48-55.

② The SparkTruck Story[EB/OL]. [2023-09-01]. http://sparktruck. org/about. hop-fujitsu-launch-techshop-inside-a-mobile-makerspace. html.

③ Gierdowski D, Reis D. The MobileMaker: an experiment with a mobile makerspace[J]. Library Hi Tech, 2015(4):480-496.

④ Purpur E, Radniecki T, Colegrove P T, et al. Refocusing mobile makerspace outreach efforts internally as professional development[J]. Library Hi Tech, 2016, 34(1):130-142.

⑤ Lotts M. On the road, playing with Legos, and learning about the library: the Rutgers university art library Lego playing station, part two[J]. Journal of Library Administration, 2016, 56(5):499-525.

⑥ Massachusetts Institute of Technology[EB/OL]. [2023-09-01]. http://web. mit. edu/spotlight/mobile-fablab/.

⑦ Mini Maker Lab Comes to Wrightwood-Ashburn Branch[EB/OL]. [2023-09-01]. https://www. chipublib. org/news/mini-maker-lab-comes-to-wrightwood-ashburn-branch/.

⑧ Mini Maker Lab Arrives at Edgebrook Branch[EB/OL]. [2023-09-01]. https://www. chipublib. org/news/mini-maker-lab-arrives-at-edgebrook-branch/.

⑨ Mini Maker Lab Comes to Little Village Branch[EB/OL]. [2023-09-01]. https://www. chipublib. org/news/the-mini-maker-lab-is-coming-to-the-little-village-branch/.

⑩ TechShop & Fujitsu launch TechShop Inside! [EB/OL]. [2023-09-01]. http://www. 3ders. org/articles/20141208-techshop-fujitsu-launch-techshop-inside-a-mobile-makerspace. html.

⑪ Powell B, Ingle H, Eddins S, et al. Makers on the move: constructing an outreach program with a mobile Maker Space[J]. First Year Engineering Experience (FYEE) Conference, 2016.

⑫ THE AWESOME FOUNDATION [EB/OL]. [2023-09-01]. https://www. awesomefoundation. org/en/projects/29980-project-m-ch-makerspace-at-children-s-hospital.

图书馆将其移动创客空间命名为 TechMobile[①],美国马里兰州巴尔的摩公立学校将其移动创客空间命名为 Mobile Innovation Lab[②],美国得克萨斯州圣安东尼奥市将其移动创客空间命名为 Geekbus[③],美国加利福尼亚州圣何塞公共图书馆将其移动创客空间命名为 Maker[Space]Ship[④]。

(1)建设模式

通过对美国移动创客空间的调查发现,移动创客空间主要分为"弹出式"和"车载式"两种建设模式[⑤]。

①"弹出式"移动创客空间。

"弹出式"移动创客空间是指利用交通工具定期将创客工具运送到指定地点,并进行为期数周的创客活动,其活动场所一般设在图书馆各个分馆、公园、广场等人数较多的地方。相对于"车载式"移动创客空间,"弹出式"移动创客空间具有成本低、空间活动范围大等特点,但具有以下不足:服务范围较小,一般在州内或者地区内;机动性较差,它以不同地点作为营地进行创客工具的转移[⑥]。目前,美国"弹出式"移动创客空间的应用案例有美国弗吉尼亚州夏洛茨维尔蒙蒂塞洛高中的 Makers on the Move、美国芝加哥公共图书馆的 Mini Makerlab、美国内华达大学 DeLaMare 科学与工程图书馆的 Mobile makerspace、美国罗格斯大学艺术图书馆的 Mobile makerspace 等。其中,芝加哥公共图书馆在 2014 年夏天将创客工具运送到芝加哥图书馆的莱特伍德-阿什伯恩分馆、埃奇布鲁克分馆和小村庄分馆,开展为期 6 周的创客活动;内华达大学 DeLaMare 科学与工程图书馆教职工定期携带创客工具到不同的地点,吸引更多的校园与里诺社区用户参与到各种创客活动中;罗格斯大学艺术图书馆利用汽车运送乐高、折叠机等便携式设备,在美国 7 个州 19 个学术图书馆中开展创客活动。

---

① Lotts M. On the road, playing with Legos, and learning about the library: the Rutgers university art library Lego playing station, part two[J]. Journal of Library Administration, 2016, 56(5):499-525.

② Mobile Innovation Lab[EB/OL]. [2023-09-01]. http://www.bcps.org/digitallearning/Mobile Innovation Lab.

③ Geekbus A Mobile Makerspace[EB/OL]. [2023-09-01]. https://geekbus.com/.

④ San José Public Library[EB/OL].[2023-09-01]. https://www.sjpl.org/makerspaceship.

⑤ Gierdowski D, Reis D. The MobileMaker: an experiment with a mobile makerspace[J]. Library Hi Tech, 2015, 33(4):480-496.

⑥ 袁荃. 面向美国 5 所图书馆移动创客空间的构建研究[J]. 图书馆学研究, 2018(3):96-101.

②“车载式”移动创客空间。

“车载式”移动创客空间是由货车、卡车、拖车、巴士等交通工具改造而成的创客空间，车内配置有占地小、适合移动的便携式创客工具。创客活动一般在车内进行，少数将创客活动安排在车外。“车载式”移动创客空间具有以下优点：服务范围大，它可以移动到任何需要创客活动的地方，跨越不同地区、不同省份或州，甚至可以跨越不同国家；机动性强，由于创客工具配置在车内，它可以随时随地转移到下一个创客地点。然而，相对于“弹出式”移动创客空间，“车载式”移动创客空间运营成本较高、空间活动范围较小。目前，美国“车载式”移动创客空间有美国加利福尼亚州斯坦福大学的SparkTruck、美国北卡罗来纳州依隆大学的MobileMaker、美国技术工坊的TechShop Inside、美国旧金山公共图书馆的TechMobile、美国田纳西科技大学的STEMmobile美国马里兰州巴尔的摩公立学校的Mobile Innovation Lab、美国得克萨斯州圣安东尼奥市的Geekbus、美国加利福尼亚州圣何塞公共图书馆的Maker[Space]Ship等。其中，美国技术工坊将24英尺的拖车改装成名为TechShop Inside的移动创客空间，并配置3D打印机、激光切割机等便携式创客工具；借助于流动图书车与移动图书馆等服务方式，2015年3月，旧金山公共图书馆花费66000美元对流动图书车进行彻底检修，将其改装成移动创客空间，配置有笔记本电脑、iPad、微计算机以及Wi-Fi热点，并将其命名为TechMobile，服务于所有年龄阶段的用户；为了克服圣荷塞地区图书馆用户访问实体图书馆的障碍，圣荷塞公共图书馆于2016年12月将巴士改装成一个移动创客空间(Maker[Space]Ship)。

(2)服务范围

根据主办方资金实力、运营能力的不同，美国移动创客空间的服务范围也不同。在服务对象上，移动创客空间服务于高校师生、初高中生、社区居民、儿童、医院病人、行动不便者等，覆盖了不同年龄段、不同学科背景、不同学历、不同需求的人群；在服务地点上，移动创客空间可以设置在高校校园里、同一地区的不同高中里、同一图书馆系统的不同主分馆里、其他图书馆里、社区公园里，甚至可以跨越不同州或不同国家。美国部分移动创客空间的服务范围如表3-12所示。

表 3-12　美国部分移动创客空间的服务范围

序号	移动创客空间名称	建设机构	服务对象	服务地点
1	SparkTruck	美国加利福尼亚州斯坦福大学	儿童	全国各地
2	Makers on the Move	美国弗吉尼亚州夏洛茨维尔蒙蒂塞洛高中	高中学生	弗吉尼亚州各个高中
3	MobileMaker	美国北卡罗来纳州依隆大学	本校学生	本校校园
4	Mini Makerlab	美国芝加哥公共图书馆	主分馆用户	主分馆
5	TechShop Inside	美国技术工坊	所有人	全国各地
6	Mobile makerspace	美国内华达大学 DeLaMare 科学与工程图书馆	本校师生、社区居民	本校图书馆主分馆、校园、社区
7	Mobile makerspace	美国罗格斯大学艺术图书馆	图书馆用户	其他图书馆
8	STEMmobile	美国田纳西科技大学	高校师生	本校校园
9	Project M@CH	美国范德堡大学附属儿童医院	住院儿童	附属儿童医院
10	TechMobile	美国旧金山公共图书馆	所有人	全国各地
11	Mobile Innovation Lab	美国马里兰州巴尔的摩公立学校	学生、居民	本市
12	Geekbus	美国得克萨斯州圣安东尼奥市	学生、居民	本市
13	Maker[Space]Ship	美国加利福尼亚州圣何塞公共图书馆	所有人	全国各地

(3)支持力度

① 硬件支持。

硬件包括为开展创客活动或服务而配备的工具,如 3D 打印机、3D 扫描仪、激光切割与雕刻机、数控切割机、摄影机、相机、数字扫描仪、Arduino 单片机、无线USB适配器、缝纫机、垫子、旋转刀、笔记本电脑、iPad、乐高机器人等。鉴于不同的项目应用，移动创客空间所携带的创客工具也有一定的差别，如美国芝加哥公共图书馆的每个迷你创客空间都为社区创客提供两个3D打印机、两个Silhouette Cameo乙烯切割机、一个Kinect摄像机以及手工制作工具；美国内华达大学DeLaMare科学与工程图书馆“弹出式”移动创客空间主要为创客提供谷歌眼镜、虚拟现实头套、开源硬件开发包、3D扫描仪、微控制器、3D控制器[①]；罗格斯大学艺术图书馆移动创客空间主要为创客们提供乐高玩具；美国旧金山公共图书馆TechMobile配置有笔记本电脑、iPad、微计算机以及Wi-Fi热点[②]；美国得克萨斯州圣安东尼奥市Geekbus主要为创客们提供3D打印机，电脑软件与硬件设备、视频设计工具、机器人。然而，这些移动创客空间在选择创客工具时都会考虑空间大小、便携性等因素。可见，移动创客空间一般配置3D打印机、3D扫描仪、笔记本电脑、摄像机、乐高等创客工具，是因为其具有便于携带、体积小、重量轻、易移动等特征。

② 经费来源。

经费是保证移动创客空间构建成功与可持续发展的最基本因素，如空间载体改造、维修、保养以及购买保险都需要资金；另外，设备采购与维护需要经费，聘用导师需要经费，开展不同创客活动也需要经费。不同图书馆构建移动创客空间的经费来源大不相同，但主要来源于资金与商品捐赠、众筹、图书馆基本运行经费和其他类型的筹款，如芝加哥公共图书馆创建移动创客空间的启动金来自美国博物馆与图书馆服务协会（IMLS）拨款，之后又收到了摩托罗拉移动基金会的捐款。此外，罗格斯大学艺术图书馆自从2014年开始LeGOMAKE项目，通过回收箱回收了超过150英镑的乐高，并得到了罗格斯大学校友与图书馆职工捐赠的价值125英镑的乐高[③]。

① Mini-Maker Lab Transforms Edgebrook Library[EB/OL].[2023-07-01]. https://www.dnainfo.com/chicago/20140828/edgebrook/mini-maker-lab-transforms-edgebrook-library.

② Lotts M. On the road, playing with Legos, and learning about the library: the Rutgers university art library Lego playing station, part two[J]. Journal of Library Administration, 2016, 56(5):499-525.

③ Lotts M. Playing with LEGO ©, learning about the library, and “Making” campus connections: the Rutgers university art library Lego playing station, part one[J]. Journal of Library Administration, 2016, 56(4): 359-380.

(4)服务内容

调查发现,美国移动图书馆创客空间为用户提供指导服务并开展各类创客活动。为用户提供指导服务,不仅能让用户在创客空间内更好地进行创作,更有利于移动创客空间的可持续发展,而开展创客活动可以有效提升用户参与度和吸引更多的用户,使创客空间实现更优发展。

① 用户指导。

移动创客空间的设备与用户安全管理是决定其建设成败最重要的因素之一。因此,在应用移动创客空间时,需要对用户进行安全培训,指导用户合理有效地使用相关设备,确保设备与用户的安全,保证创客活动顺利开展。例如,内华达大学 DeLaMare 科学与工程图书馆移动创客空间在 3D 打印与建模、数字设计、可借技术三部分各安排了一个导师,指导用户使用设备、亲自体验创作过程[①];圣何塞公共图书馆在使用 Maker[Space]Ship 移动创客空间开展创客活动时,为用户说明创客工具的使用规则并提出使用建议,以使创客活动能在相对狭小的空间里顺利开展。

② 创客活动。

相对于"固定式"创客空间,移动创客空间的创客活动较少,但活动具有针对性,能满足创客的个性化需求,如美国内华达大学 DeLaMare 科学与工程图书馆以其馆内"固定式"创客空间为基地,定期携带创客工具到内华达大学图书馆其他分馆以及校园内开展创客活动。其创客活动分为 3D 打印与建模、数字设计、可借技术三部分,在 3D 打印与建模部分,导师首先向用户展示相对简单的 3D 建模过程,之后参与者亲身体验 3D 建模,构建自己感兴趣的 3D 产品;在数字设计部分,导师指导用户运用 Adobe Photoshop CS6 进行图像处理,并利用激光切割机与乙烯切割机雕刻、切割图像上的产品;在可借技术部分,为创客提供谷歌眼镜、虚拟现实头套、开源硬件开发包、3D 扫描仪、微控制器、3D 控制器等工具设备[②]。此外,为更好地服务于各种类型创客,移动创客空间构建方会对使用移动创客空间的用户提出一些规则与提示,如美国加利福尼亚州圣何塞公共图书馆在开展创客活动时制定如

① Purpur E, Radniecki T, Colegrove P T, et al. Refocusing mobile makerspace outreach efforts internally as professional development[J]. Library Hi Tech, 2016, 34(1):130-142.

② Purpur E, Radniecki T, Colegrove P T, et al. Refocusing mobile makerspace outreach efforts internally as professional development[J]. Library Hi Tech, 2016, 34(1):130-142.

下策略：限制每次使用 Maker[Space]Ship 的人数；如果 Maker[Space]Ship 的门处于关闭状态，那么表示创客活动正在进行或者空间正在维修；当参与创客活动时，应爱惜设备与尊重其他创客。

(5)服务时间

服务时间是指移动创客空间开展创客活动的时间段与每周面向创客的开放时间。美国不同移动创客空间的运营情况不同，其开展创客活动的时间也有所区别。运营经费充足的移动创客空间一般全年都会开展创客活动，如美国加利福尼亚州圣何塞公共图书馆 Maker[Space]Ship 自建立起就一直在进行创客活动，活动地点从教育园区分馆到艾玛农场公园等地，具体服务时间如表 3-13 所示。运营经费较少的移动创客空间一般每年举行一次持续数月的创客活动，如罗格斯大学艺术图书馆在 2015 年 10 月 3 日开启了乐高创造（LeGOMAKE）项目，该项目将福特翼虎改装成移动创客空间，并在空间里配置了相关设备与材料，2015 年 12 月 13 日，LeGOMAKE 项目以环游了 5675 英里、拜访了 7 个州的 19 个学术图书馆的成绩完美结束①；美国芝加哥公共图书馆迷你创客空间于 2014 年 7 月 8 日至 11 月 22 日在莱特伍德-阿什伯恩分馆、埃奇布鲁克分馆、小村庄分馆开展创客活动，具体情况如表 3-14 所示。同时，在进行创客活动期间，不同移动创客空间的每天开放时间有所区别，如表 3-13 与 3-14 所示的 Maker[Space]Ship 与芝加哥公共图书馆迷你创客空间的开放时间。

表 3-13 Maker[Space]Ship 服务时间

地点	日期	时间
教育园区分馆	2016 年 12 月 10 日	12:30 p. m. to 2:30. p. m.
卡姆登社区中心	2016 年 12 月 17 日	9:00 a. m. to 12:00 p. m.
坎宁安公园	2017 年 3 月 11 日	10:00 a. m. to 2:00 p. m.
阿尔马登湖公园	2017 年 3 月 18 日	10:00 a. m. to 2:00 p. m.
古德路平圣母堂	2017 年 5 月 11 日	5:00 p. m. to 7:00 p. m.

① Lotts M. On the road, playing with Legos, and learning about the library: the Rutgers university art library Lego playing station, part two[J]. Journal of Library Administration, 2016, 56(5):499-525.

续表

地点	日期	时间
威洛格伦	2017 年 7 月 7 日	5:00 p. m. to 7:00 p. m.
卡摩尔大街	2017 年 7 月 20 日	5:00 p. m. to 7:00 p. m.
罗斯福公园	2017 年 7 月 27 日	5:00 p. m. to 7:00 p. m.
艾玛农场公园	2017 年 8 月 5 日	10:00 a. m. to 2:00 p. m.

表 3-14　芝加哥公共图书馆迷你创客空间服务时间

地点	日期	开放时间
莱特伍德-阿什伯恩分馆	2014 年 7 月 8 日至 8 月 16 日	星期一、三:1:30 p. m. to 7:30 p. m. 星期二、四:11:30 a. m. to 4:30 p. m. 星期六:10:00 a. m. to 4:00 p. m.
埃奇布鲁克分馆	2014 年 8 月 25 日至 10 月 4 日	星期一、三:1:30 p. m. to 7:30 p. m. 星期二、四:11:30 a. m. to 4:30 p. m. 星期六:10. 00 a. m. to 4. 00 p. m.
小村庄分馆	2014 年 10 月 13 日至 11 月 22 日	星期一、三:11:30 a. m. to 4:30 p. m. 星期二、四:1:30 p. m. to 7:30 p. m. 星期六:10:00 a. m. to 4:00 p. m.

3.2.3　国外创客空间典型案例分析

3.2.3.1　爱丁堡大学图书馆创客空间

爱丁堡大学图书馆位于爱丁堡大学内，规模堪称苏格兰之最，是世界上较大、较重要的学术性图书馆之一，其藏书十分丰富，馆内藏书总计达 350 万册，涉及医学、文学、艺术等多个领域。爱丁堡大学的创客空间位于爱丁堡大学图书馆一楼，分为数据实验室和车间两个房间，数据实验室即 uCreate，是主要的创客空间。uCreate 创客空间是爱丁堡大学最大的社区创客空间，免费向所有教职员工和学生开放，在这里，有共同兴趣的尤其是计算机技术领域的人们可以聚集在一起开展项目，同时分享想法。同时，uCreate 为创客们提供设备、建议、培训等，帮助创客把创新观点转化为创新成果。

uCreate 创客空间还荣获了泰晤士高等教育奖等奖项。

(1)服务对象

爱丁堡大学 uCreate 创客空间的主要服务对象大致分为三类:① 在校学生和教职员工。在校学生和教职员工可以随时通过进入 Makerspace 或预订入门课程来使用创客空间的套件。② 爱丁堡大学校友。爱丁堡大学校友拥有进入图书馆的校友卡,他们可以给图书馆相关工作人员发送电子邮件,工作人员会帮助校友预订相关课程,但是校友的访问时间仅限于周一至周五的上午 10 点至晚上 8 点。③ 拥有 SCONUL 访问权限的人员。拥有 SCONUL 访问权限的人员可以通过 SCONUL 计划使用创客空间,他们的访问时间也仅限于周一至周五的上午 10 点至晚上 8 点。

(2)服务内容

uCreate 创客空间为创客们提供了许多用于创造的工具,比如 3D 打印机、3D 扫描仪、铸造设备、模具制造设备、计算机、切割机、铣削机、无人机、电子产品、全息术、激光雷达、多媒体设备、增强现实设备、虚拟现实设备等。创客空间还为创客们提供了十分丰富的活动,比如品鉴会、装备培训、多媒体软件培训。此外,uCreate 创客空间为加入创客空间的人员提供入职培训,并赋予其空间和设备的使用权。uCreate 创客空间在开展活动时会进行健康和安全、一般信息和基本设备等方面的说明。一些品鉴类活动,比如“快来尝试 3D 自拍和虚拟现实”活动,可以邀请对虚拟现实感兴趣的用户们参与,使其了解相关技术;还有一些培训活动,比如 Raspberry Pi 简介活动,该活动面向初学者,旨在向创客们介绍 Raspberry Pi 并让他们自行探索,培训活动中不仅仅介绍了 Raspberry Pi 是什么,还将它与其他电子产品进行比较。这种活动相比之下比较特殊,对参与人数有限制,要求最多只能有 6 名人员参加。诸如此类的活动还有很多,并且越来越向新技术方向靠拢,为进一步激发创客们的创意起到了一定的促进作用。

(3)支持力度

爱丁堡大学图书馆创客空间具有十分完善的功能体系和运营机制,这和多方面的支持有关系。首先是英国政府所给予的政策上的支持,其出台了一系列相关文件来大力支持高校图书馆创客空间的发展,另外,政府在资金上也给予了一定的支持,如向图书馆拨款;其次,高校自身也很重视图书馆创客空间的发展,高校会给图书馆下拨资金用于创客空间的建设,学校相关组织也会进行资金捐赠。

爱丁堡大学图书馆也大力支持创客空间的发展。比如限制非授权人员的访问，从而为创客空间的用户提供一个安全舒适的环境，进一步提高师生的创新创业能力，以更好地激发他们的创意。又如要求用户必须学习 uCreate 入门课程，因为该课程涵盖了免费使用的所有工具和设备的操作规范，以确保用户的健康和安全。除此之外，uCreate 创客空间技术人员带头成立了不同的团队，比如由创客空间经理安东尼·米德尔顿带头成立的专攻 3D 打印、激光切割、3D 建模等领域的团队，还有高级技工露丝·巴克利成立的专攻数字化制造的团队，如果创客们对这些团队感兴趣，可以申请加入，以帮助学生学到更多的知识。可见，在英国政府和高校的共同支持和帮助下，爱丁堡大学的图书馆创客空间得到了很好的发展。

(4)开放时间

爱丁堡大学创客空间的开放时间基本在工作日，目前在周一至周五的上午 10 点半至下午 8 点有工作人员值守，周六、周日是无人值守的；此外，在每天的上午 8 点至凌晨 1 点可为已加入空间的用户提供自助服务。

3.2.3.2 昆士兰州立图书馆创客空间

昆士兰州立图书馆是坐落在澳大利亚东北部的一所美丽的图书馆。2010 年 2 月，昆士兰州立图书馆的数字文化中心转变成了创客空间——The Edge。该空间的会议厅能容纳 200 个席位，并配有 3D 打印设备、制作车间以及专门的实验室等。The Edge 为创客们举办了丰富多彩的活动，并且随着活动越来越成熟，创客空间吸引了越来越多的各行各业的用户，其中包括学生、教授、设计师、程序员、音乐人甚至是黑客，他们都在 The Edge 共同讨论问题。

(1)服务对象

昆士兰州立图书馆创客空间是一个自由开放的空间，为用户们提供了具有包容性的无障碍环境以及多样化的资源和服务。其主要的服务对象为学生、教职员工以及一些其他指定人员。首先是学生，学生是创客空间的首要服务对象，也是创客空间的主要群体，比如有相当一部分学生会借助创客空间的专用设备和工具来完成他们的毕业设计；其次是教职工，对于教职工而言,创客空间可帮助他们完成教学工作和科研任务。还有一些活动对参与人员有年龄限制,比如制造实验室和工作坊开展的相关活动对参与人员的年龄要求如下:18岁以上可以参加研讨会和介绍会;16～17岁只有在父母/监护人的允许下才能参加工作坊/入职培训;13～15岁可以在父母/监护人的陪同下参观车间,但不能入职或使用设备;12岁及以下的人员不能参加工作坊或入职培训。

(2)服务内容

The Edge为创客和创意人士提供了帮助他们创作的各种硬件和软件设备,包括数字媒体计算机、录音工作室、制造实验室等。要访问The Edge所提供的所有内容,必须是昆士兰州立图书馆会员。此外,The Edge针对用户的健康和安全提出了如下注意事项:在制造实验室必须始终穿着平底的封闭式鞋子,在制造实验室可能需要保护耳朵和眼睛。

在The Edge,不仅有供用户学习和创造的空间,还有休闲娱乐区域,当用户们感到疲惫的时候,可以在空间一层的咖啡馆得到放松和休息。在活动方面,The Edge每周四上午都会举办"黑客晚上"系列活动,这是一个创客、设计师、制造商以及任何有兴趣学习新技能的人一起参加的聚会;还有录音室的入职培训活动,该活动由The Edge的录音室提供专业设备和专业软件进行录音、混音、编辑和母带制作,参与人员需要提前预约,并要求参与者必须年满16岁;"开放实验室"活动为创客们提供发挥创意并与志同道合的创作者互动的机会,该活动的举办需要提前预订设备。

(3)支持力度

昆士兰州立图书馆建设及运营创客空间的大部分资金来源于地方政府的支持,此外,图书馆积极与政府、企业和慈善机构建立合作伙伴关系,并与其他组织开展合作,为创客空间寻求资金支持。

The Edge为用户提供了丰富的创作空间和设备,主要有:① 数字媒体计算机,包括用于图形设计、音频和视频剪辑、动画制作等的专业软件;② 制造实验室,包括激光切割机、3D打印机、乙烯基切割机、缝纫机以及焊台;③ PC生产工作站,有适合繁重渲染和GPU密集型工作的高端平台并提供对专用Mac软件的访问;④ 录音工作室,可用于录音、编辑和混音,硬件设施包括Mac Pro、三星27英寸VA 2K 144Hz显示器、Avid HD原生界面、

Ableton Push、Native Instruments、Korg Triton Taktile 键盘、JLM Audio Eleven 500 系列机架、Audient Nero 监听控制器、ADAM AC7 近场监听音箱、KRK 10s 有源低音炮、森海塞尔 HD 280 专业耳机、Heritage Audio BT-500 蓝牙音频接收器以及麦克风等，软件设施有 Ableton Live 10、FL-Studio、Reaper、iZotope RX 7 标准版、Native Intruments Komplete 12 旗舰版、Slate Digital All Access Pass、McDSP Everything Pack、iZotope Music Production Suite 等。

(4)开放时间

昆士兰州立图书馆创客空间的开放形式大体可分为固定开放和预约开放两种类型。其中开放区间大多在固定时间段开放，而使用制造实验室、录音工作室这样的专业空间需要提前预约。比如 The Edge 1 楼的开放时间为周一至周六的中午 12 点至下午 7 点半、周日中午 12 点至下午 5 点；对于需要预约的工作室，官网上会直接呈现可预约或可用的时间。

3.3 经验借鉴

创客空间这一理念自 2010 年引入国内以来，获得了学术界的广泛关注。许多学者以他国先进案例为依据，分析其成功经验，并结合我国现实情况，提出创客空间可与当地图书馆合作，吸引更多读者主动接触与了解创客文化，依托图书馆硬件设施与馆藏储备，丰富创客空间服务内容，提高用户满意度[①]。创客空间作为创客与创客文化的孵化地与聚集地，满足高校图书馆开展创客服务的需求，能够帮助在校大学生提升自身的创新创造能力、知识储备、解决问题的逻辑思维能力、人际交往和团结协作的能力[②]。通过对国内及国外图书馆提供的创客空间服务进行系统调查，本书从学习教育、创新实践、趣味性三个方面总结用户对创客空间的体验，以期为后续分析创客空间服务的优劣势及提出改进策略提供参考与借鉴。

---

① 梁荣贤. 图书馆构建移动创客空间探讨[J]. 新世纪图书馆，2018(11)：60-64.

② 周清清. 荷兰弗里斯兰图书馆移动创客空间 FryskLab 研究及启示[J]. 图书馆界，2019(4)：5-9.

3.3.1　注重学习教育体验

图书馆作为文化活动空间，满足读者和创客的学习教育是其重要职能[①]。各高校图书馆开设的创客空间充分融合图书馆核心功能，在满足创客需求的基础上，开展具有图书馆特色的各项创新活动。通过调查发现，多数高校图书馆创客空间定期开展讲座、研讨会等学习活动。国防科技大学图书馆创客空间举办了“信息分享达人”讲座、基于 TRIZ 面向高校创新创业培训等多种活动，供创客们进行学习，并为创客们提供灵感来源，帮助创客们将创意变为现实。波士顿大学图书馆创客空间自成立以来一直与学校的领导、教职员工和研究生导师合作，探索新技术和教学方法，培养创新人才，并开发新的在线项目。伯尔尼大学图书馆创客空间帮助用户在数字技能、数字工具和教育数据科学领域进行研究、创新并提供解决方案。此外，图书馆拥有的文献资源是图书馆的特有资源，创客们通过对相关文献的学习和理解可获取创新灵感。同时，创客空间为创客提供了相应的学习、讨论及办公场所。

3.3.2　注重创新实践体验

调查显示，多数高校图书馆创客空间为用户提供创新创业所需的专业工具及技术，如 3D 打印机、前沿技术及最新电子产品等，还开展不同类型的活动，如创新创业比赛、创客沙龙等，使得创客在参与活动、使用设备等实践过程中提升自己的创新创业能力。如上海交通大学图书馆在创客空间中设立 NFC 技术体验区、3D 打印区等；南京工业大学图书馆创客空间提供激光雕刻机、砂带机、木工带锯等各种设备；麦吉尔大学图书馆创客空间不仅提供 3D 打印机、笔记本电脑、扫描仪等设备，还配置了自动化视频录制工作室、便携式录音机、音频接口、前置放大器、可用于电子项目（电子表格、文字处理等）的树莓派微型计算机以及 VR 技术。图书馆利用空间优势，支持创新活动，使越来越多的用户走进创客空间，不仅有助于加强用户间的交流沟通，激发思维火花，更能够促进跨学科互动，提升用户解决问题的能力。

---

① 任嘉浩. 体验视角下武汉大学图书馆创客空间服务优化研究[D]. 武汉：华中师范大学，2019.

3.3.3 注重趣味性体验

创客空间在为用户提供基本服务职能的同时，举办趣味活动，增加创客空间与用户之间的黏性[①]。如清华大学基础工业训练中心举办“清华工匠”非遗技术与文创大赛，围绕非遗技术创新文化元素。此外，创客空间为用户提供休闲区域，如西安交通大学图书馆创客空间不仅为学生提供研读空间、技术创造空间，还提供休闲娱乐环境；剑桥大学图书馆创客空间一方面配备可远程预订的会议室、打印机和扫描仪，另一方面还有设备齐全的供应茶、咖啡和饼干的厨房以及淋浴设施。

① 任嘉浩. 体验视角下武汉大学图书馆创客空间服务优化研究[D]. 武汉：华中师范大学，2019.

4 图书馆创客空间构建

4.1 图书馆创客空间的构建原则

4.1.1 以用户需求为导向原则

构建图书馆创客空间的目的是为用户服务，满足用户需求是创客空间的初心和使命。图书馆构建创客空间时，除了要积极借鉴其他馆的成功经验，更要迎合本地用户需求①。因此，要对创客空间能否满足用户需求进行调查，根据用户需求的变化及时调整服务方向，以此不断提高服务质量。应遵循以用户需求为导向的原则，具体表现为：首先，在筹备创客空间阶段，需要了解图书馆的情况及定位；其次，制定调查问卷，调查使用者的期望和对创客空间的需求；最后，根据调查结果，结合图书馆的特点进行空间设计，以便做出最佳的资源配置决策。总的来说，图书馆创客空间的构建应以用户为中心，在提供服务的手段和方法上进行创新，以满足创客空间用户的不同需求②。

4.1.2 安全性原则

为了满足使用者的需求，创客空间会提供一些设施和设备，而这些设施和设备往往具有一定的危险性。同时，创客空间的开放性和互动性导致人流量大、开放空间大。因此，图书馆在进行创客空间构建和设备采购时，应提前对风险进行预测和评估，以便在发生设备风险、人员安全风险时依据风险评估方案采取相应的应对措施，例如，规划消防通道、张贴警示标志，以及酌情为工作人员购买个人意外保险等。同时，应对馆员进行定期安全培训，创客空间用户在使用具有潜在危险的设备前，馆员应对其进行安全指导，以确保操作安全。

---

① 王敏．我国图书馆创客空间服务及构建方案研究[D]．长春：东北师范大学，2014:20.

② 陆和建，李昊远．我国公共图书馆创客空间建设有关问题的思考[J]．图书馆学研究，2017(12)：10-14.

4.1.3 大众创新原则

创客空间是创造和创新的场所，人们在这里将创新成果转化为现实。因此，创客空间应该聚集各类人士进行交流和讨论，从而使用户拓展思维的广度和深度。图书馆应从用户的角度出发，创建和提升创客空间，为创客提供一个集中、开放、共享的创新空间，同时应配备具有一定科技含量的软件、硬件，提供信息服务，为教师、学生和社区成员打造一个开放的创新创业实践平台①。要以创新为导向，以兴趣为切入点，呼吁更多的人参与到图书馆创客空间中，鼓励、引导和帮助大众将创新和创意付诸实践，促进精英交流创意，激发大众无限的创意潜能。

4.1.4 合作性原则

在创建创客空间时，图书馆不仅要借鉴成功经验，还要加强多方合作。因为多方合作不仅能汇集不同的经验和建议，还能提高创客空间的社会影响力，为图书馆创客空间的可持续发展贡献力量。

图书馆日常工作的开展离不开各个部门的合作和支持，例如，与书商合作，获取出版物信息，外包图书馆编目工作；与文化和信息机构合作，创建和共享数字资源；与组织内其他部门合作，开展合作采访、合作参考、合作培训用户等②。现阶段，我国图书馆创客空间开发项目通常以团队的形式开展，团队内部任务分工明确，各司其职。创建图书馆创客空间是一项综合性的系统工程，需要与其他部门通力合作。一方面，要加强创客空间与图书馆其他部门的交流与合作，使创客空间真正成为图书馆的一部分；另一方面，要加强图书馆与其他机构的交流，图书馆要与社会专家、教育机构、社会组织、档案馆、博物馆等部门合作，充分利用各种资源，为实现资源共享、互利互赢的目标做准备。

4.1.5 可持续原则

创客空间是以创客为中心的空间，它支持创客的知识创造过程。创客

---

① 王宇，车宝晶. 图书馆创客空间构建及其适切性探索[J]. 大学图书馆学报，2018,36(4)：24-28.

② 王敏. 我国图书馆创客空间服务及构建方案研究[D]. 长春：东北师范大学，2014:21.

们通过这一过程创造出新的知识，而新的知识又反过来支持新的创造。竹内弘高和野中郁次郎在《知识创造的螺旋：知识管理理论与案例研究》一书中提出，知识创造是一个螺旋上升的过程，知识空间需要能够支持这种不断螺旋上升的过程[①]。知识的创造是永无止境的，因此创客空间需要具有可持续性，这就意味着在创客空间的建设过程中要考虑资源、人才队伍和服务的可持续发展。

首先，大多数图书馆都属于公益机构，经费支出大多实行限额管理制度，此种模式往往会导致图书馆经费短缺，使得图书馆不得不寻求一条可持续发展道路。这不仅要求在构建图书馆创客空间时提前对资金、空间等进行预测并制订合理的执行计划，还要求在图书馆创客空间正式投入使用后，根据用户需求不断做出调整，实现创客空间资源利用的最大化。

其次，在图书馆创客空间运行阶段，要重点关注可持续发展的人才队伍的建设。伴随着科技知识的更新迭代，图书馆员的专业知识和创新能力受到新的挑战，定期培训创新型图书馆员，吸纳优秀人才，无疑将为创客空间的发展注入源源不断的活力[②]。因此，必须适应图书馆的需求，注重人才队伍建设，为创客空间的可持续发展铺平道路。

最后，图书馆创客空间面向的对象是创客空间用户，满足用户需求是图书馆创客空间的使命，图书馆可以定期发放调查问卷，对创客空间用户的需求进行调研，根据调查结果了解用户对创客空间的需求，并及时进行调整，总结、分析导致用户不满的原因，建立完善的服务体系。

4.2　图书馆创客空间的构建模式

本部分对图书馆创客空间的构建模式进行论述，主要从高校图书馆和公共图书馆两个方面展开。

---

① 梁炜，卢章平，刘桂锋，等．面向创客的图书馆知识空间构建研究[J]．图书馆，2019(1)：95-100.

② 段斐．上海市本科高校图书馆创客空间服务研究[D]．福州：福建师范大学，2021：18.

4.2.1 高校图书馆创客空间构建模式

目前，在创客空间的构建模式上，国内各大高校图书馆各不相同。根据高校图书馆是否与其他部门或其他企业合作，可以将高校图书馆创客空间的构建模式分为以下三类：高校图书馆独立构建创客空间、高校图书馆与校内部门合作构建创客空间以及校企合作共同构建创客空间①。

(1)高校图书馆独立构建创客空间

高校图书馆独立构建创客空间意味着高校图书馆全权负责创客空间的建设，为创客提供良好的环境，为创客空间配置完备的数据资源、人力资源，独自开发创客项目和提供服务等。在这种模式下，高校图书馆主要负责以下内容：创客空间基础设施、创客空间运转资金、创客空间技术人员、创客空间项目和服务的开发。高校图书馆独自进行创客空间建设，对于自身人力、物力、财力的要求相当高。但是，这种创客空间构建模式存在不少优点，例如，图书馆可以将不同学术背景的师生聚集在一起，共同探索和分享知识；遇到难以解决的问题时，也可以借助图书馆的文献资料来寻求解决方法。

(2)高校图书馆和校内部门合作构建创客空间

图书馆由办公室、资源建设部、流通部、技术服务部等若干部门构成，各部门各司其职、互相配合完成工作。高校图书馆在构建创客空间时，需统筹协调各个部门，为创客空间的构建提供设备、技术、资源等全方位的保障。高校图书馆和校内部门合作构建创客空间通常是由高校图书馆发起的，并得到其他合作部门的支持，共同创建图书馆创客空间。这种模式有利于节约高校图书馆的人力资源、物力资源和财力资源，减少高校图书馆和合作部门的重复投资，促使资源得到合理配置。例如，图书馆负责创客空间建设，校内相关部门则可以在设备以及技术方面提供帮助。相较于高校图书馆独立构建创客空间的模式，这种构建模式有着很大的优势。

(3)校企合作共同构建创客空间

在国家政策的引导下，高校加大图书馆创客空间的建设力度，努力使其成为高校创新创业的重要基地，促进社会创新事业蓬勃发展。高校在构建图书馆创客空间时，可以与社会企业建立合作关系，形成协作体系。高校和

① 曹芬芳，刘坤锋. 高校图书馆创客空间构建研究[J]. 图书馆建设，2017(6):18-23,30.

企业共同参与创客空间的构建，将图书馆的人才资源和企业的技术资源进行有效结合，充分发挥各自的优势，为建立产学研生态系统提供良好的平台。“交大-京东”创客空间就是校企合作共同构建创客空间的典型案例，其集创意分享和协同创作为一体，具有多样化的功能，不仅为学生提供了知识交流的平台，还提供了 24 小时阅览室、创意基地等设施。校企合作模式充分利用了学校师资力量和科研能力，充分利用了企业的技术资源和设备，从而在大学和社会之间建立联系，支持学生创业，激发学生的创造力，将学生的知识获取和创新活动转化为市场活动，促进创新创业活动的发展，有利于创客空间的可持续性发展。

4.2.2 公共图书馆创客空间构建模式

根据国内外公共图书馆创客空间构建的成功案例来看，截至目前，存在以下三种构建模式：协作型构建模式、集中分布型构建模式和创业型构建模式[①②]。

(1)协作型构建模式

协作型构建模式以艾伦公共图书馆创客空间为代表。该模式指公共图书馆与区域范围内的组织进行合作，共同建设图书馆创客空间，此种模式在美国的公共图书馆较为常见。以 TekVenture 创客空间为例，美国印第安纳州艾伦公共图书馆与该地的非营利教育机构 TekVenture 达成了一项协议，并按协议共同建立创客空间，旨在创建一个合作共赢的模式。作为协议的一部分，艾伦公共图书馆捐赠了部分停车场(约 50 平方英尺)供 TekVenture 创客空间免费使用；教育机构 TekVenture 则提供了拖车、3D 打印机、激光切割机和数控设备等支持图书馆创客空间的建设。该模式创建的创客空间可以提供相对齐全的制作工具，且具备较为成熟的相关技术；同时，在全方位的沟通交流中，为图书馆用户提供了更多的学习资源，用户呈现出较快的学习进度和较高的学习效率。此模式的不足之处在于为创客提供的空间相对较少，且缺乏安静的环境。

---

① 刘芳．公共图书馆创客空间建设与服务对策研究[J]．图书馆工作与研究，2017(S1)：22-26．

② 陶蕾．图书馆创客空间建设研究[J]．图书情报工作，2013,57(14)：72-76,113．

(2)集中分布型构建模式

集中分布型构建模式以克利夫兰公共图书馆创客空间为典型代表,该图书馆位于俄亥俄州库亚霍加县,是美国五大图书馆之一。为了应对用户不断变化的获取信息的方式,克利夫兰公共图书馆打造了一个名为TechCentral的创客空间。TechCentral创客空间是一个“集中管理的计算机网络”,它拓宽了克利夫兰公共图书馆的活动范围,成为“社区成员学习技能、开展研究和创新以及培训图书馆员使用图书馆资源的孵化器”。图书馆的整体竞争力也因用户数量的增加而提高。集中分布型构建模式将计算机作为中心,对相关设备和工具进行集中网络化管理,提供丰富的科技产品和各类设施,实现统一管理,且管理难度较小。但这种构建模式对图书馆员的素质要求较高。

(3)创业型构建模式

创业型构建模式以内达华大学里诺分校图书馆创客空间为代表。DeLaMare创客空间于2012年6月完工,是美国首个向所有师生开放的创客空间,其总面积约18000平方英尺,来自不同专业和年级的学生、不同领域的教职员工都可以在这里讨论、开发和实现自己的创意。该种构建模式在很大程度上有效解决了公共图书馆的资源浪费问题,同时也进一步提高了图书馆纸质图书的阅读量。创业型构建模式有效节约了建设成本,还能获得较为丰厚的利润,在运作过程中能为图书馆带来更多的经济效益。因此,缺乏充足建设资金的图书馆通常会采用这类模式建设创客空间,该模式得到了较为广泛的应用。但创业型构建模式存在较高的管理难度,且面临严峻的转型挑战。

4.3　图书馆创客空间的构建步骤

4.3.1　前期筹备阶段

前期筹备阶段是图书馆创客空间的研究阶段。在这一阶段,图书馆必须明晰创客空间的建设目的,深入分析自身情况。

(1)用户需求调查

创建创客空间的目的是为用户服务,因此必须将用户满意度放在首位。为了实现这一目标,图书馆在创建创客空间之前可以借鉴其他成功项目的经验。同时,应制定调查问卷,了解创客空间预期用户的期望和基本需求,并根据调查结果提供必要的服务和工具①。另外,在图书馆创客空间正式运营阶段,需要定期开展用户需求调查,并根据用户需求不定期调整创客空间服务项目,形成更加完善的服务体系。

(2)馆情分析

创客空间的设计应符合图书馆自身的特点、内容以及实际情况,合理、灵活地建设,而不是一味地模仿。否则,可能导致空间结构无法满足用户的需求且占用大量空间,运行和维护机制效率低下或偏离本学科的研究领域。同时,为了充分利用各种资源,应结合学校、当地社会环境和公共政策环境等因素,因地制宜地构建图书馆创客空间。

(3)成本核算

图书馆是非营利组织,资金来源有限②。因此,图书馆在建立创客空间时,必须考虑到设施建设、设备采购和维护、人员聘用和培训等方面的成本。同时,图书馆应建立资金保障机制,确保有充足的资金更新设备,鼓励使用可循环材料。

4.3.2 中期建设阶段

中期建设阶段是构建创客空间的关键阶段,该阶段的主要任务有以下方面。

(1)拟定建设性文件

创客空间的构建是一项长期、系统的工程,首先需要拟定详细的建设性文件,对创客空间的定位、运营原则、实体空间布局、虚拟空间设计、成本估算、人员安排及工作内容等做出明确的规定,指导创客空间的运营,以便为图书馆创客空间的未来发展提供源源不竭的动力。同时需要结合自身情况,借鉴国内外实践经验,拟定切实可行的方案。

---

① 王宇,车宝晶. 图书馆创客空间构建及其适切性探索[J]. 大学图书馆学报,2018,36(4):24-28.

② 唐晓阳. 中美图书馆创客空间建设比较研究[J]. 图书情报工作,2015,59(24):72-77.

(2)建设实体空间

图书馆创客空间有别于传统的图书馆空间，它需要充足的活动区域。因此，在创客空间的设计上，图书馆应改变原有封闭、死板的传统建造方式，打造自由、开放、共享的空间环境，为创客提供人性化的服务设施；综合考虑安全性、隔音性、功能划分等因素，结合馆情设计功能布局图纸并严格落实。与此同时，图书馆需要考虑色彩、舒适性、灯光等因素，以便为创客提供合适的氛围，激发创客的灵感。

(3)搭建虚拟空间

虚拟空间是一个可以将所有线上资源融合在一起的虚拟场所，在这里，用户可以随心所欲地学习、互动和讨论，打破时空障碍。除了数字图书馆和服务台功能外，虚拟空间还应包括可视化、在线预订、虚拟社区、知识库和员工名录等功能，弥补实体空间所缺少的内容，实现与实体空间的互补。

(4)员工培训

对图书馆而言，创客空间的建设和运营是一个长期的过程，其中图书馆员在创客空间的服务质量方面起到决定性作用。创客空间作为图书馆的一种新型业务形式，对图书馆员的素质提出了新的、更高的要求。这就要求图书馆员需要具备各种专业性知识，拥有创作热情，能够快速融入创意设计，同时需要具有良好的交流协调能力与组织管理能力①。这种创新型人才需求给图书馆员带来了极大的考验与挑战，这就要求各图书馆需要开展相应的培训工作，来增强馆员的专业技能，进而推动图书馆服务的创新和发展。

4.3.3　后期运营阶段

创客空间建成之后，便进入后期运营阶段，该阶段的主要任务有以下方面。

(1)宣传创客文化

目前，创客空间的概念尚未被大众所熟知。图书馆要偶尔开展一些创客活动，首先应该举办一些宣传创客文化的创客交流活动，致力于塑造创客

① 罗博，吴钢．创客空间：图书馆新业态发展实践与启示[J]．情报资料工作，2014(1)：96-100.

文化并营造良好的创客文化环境[①]。图书馆可以利用现有条件，展示3D打印机以及各类创意产品，开展典型数字制作工具的入门培训，举办创客文化展等，以激发用户的兴趣；还可以整合网站、微信、微博、杂志等线上线下渠道[②]，大力宣传创客精神，鼓励全民参与创客空间，享受图书馆创客空间提供的资源和服务。

(2)评估创客空间服务

高质量的评估策略是实施精准科学评估的基础，因此，在创客空间正式运营后，图书馆应积极吸收并融合多学科成果，不断丰富评估内涵，运用系统化思维做好评估路径设计[③]，对创客空间区域利用率、设备使用情况、知识交流环境等进行评估[④]，并充分调动用户与馆员的能动性，在多方协作下，充分发挥空间设施、资源、技术、信息、制度等要素的推送力，设计服务评价指标体系[⑤]，评价创客空间服务项目对图书馆服务质量的提升是否达到预期。同时，收集用户反馈的信息，了解用户对创客空间服务的满意度并有针对性地进行改善，根据用户反馈的信息，及时调整和优化运行方案，提升评估工作质量，推动图书馆创客空间可持续发展。

4.4 图书馆创客空间的构建设计

4.4.1 实体空间设计

图书馆创客空间的实体空间按功能区域可划分为制作娱乐空间、研究教学空间、作品展示空间和休息存储空间。

(1)制作娱乐空间

构建创客空间最主要的目的就是让创作者们碰撞出思维的火花，进行

① 明均仁，张俊，张玄玄．中美图书馆创客空间构建对比研究[J]．图书馆学研究，2017(10)：62-70

② 唐晓阳．中美图书馆创客空间建设比较研究[J]．图书情报工作，2015,59(24)：72-77.

③ 王建功．美国图书馆创客空间评估研究与启示[J]．图书馆工作与研究，2021(8)：47-53.

④ 金秋萍．美国高校图书馆创客空间建设的实践及启示[J]．图书与情报，2017(1)：111-115.

⑤ 俞德凤．美国弗吉尼亚理工大学图书馆创客空间实践及启示[J]．数字图书馆论坛，2021(5)：57-63.

创新,因此制作娱乐空间尤为关键,其中硬件设施必须配备齐全。可在构建及验证用户画像的基础上对制作娱乐空间进行分类,如可以按理科、工科、文科等学科标准进行分类。只有确定了目标群体的创新创业需求,才能有针对性地采购设备。

(2)研究教学空间

在设计创客空间时,应该从创新发展趋势出发,契合创客群体的需求,并且了解创客们自身还未发现的潜在需求。这可以在研究教学空间中得以发掘,从而逐渐补充创客空间本身存在的不足。

研究教学空间不应该打造成全封闭式,半开放式和开放式空间可以增加创客们的交流。虽然创客们各自专注于不同的领域,但不完全封闭式空间可以让他们跨领域交流,促进合作,这正是构建创客空间的初心。

(3)作品展示空间

作品展示空间用于呈现创客们的成果,让更多的人了解创客文化,从而吸引更多人加入创客空间。作品展示空间可以设置在前端区域,即显眼、引人注目的位置。这一区域的构成主要为作品展示柜和成品,可以根据成品与场景去进行设计和布置。

作品展示空间可以加入一些具有科技感的元素,调动参观者的感官,带来不一样的体验。

(4)休息存储空间

休息存储空间可以打造成私密的个人空间。创客们在进行交流和创作后需要得到一定的休息,因此这个区域不可或缺。此空间应该体现人文主义,从细节上表现出对创客们的关怀,让创客们的状态更加放松,能够缓解身心疲惫。休息存储空间一般包括座椅、靠枕、空气净化器等,同时可以设计存储柜等,既节约空间,又方便管理。

4.4.2 虚拟空间设计

图书馆创客空间的虚拟空间主要是指通过搭建数字化平台所打造出来的线上创客空间。创客的交流活动不能局限于时间、地点,要打破时空的限制,最大限度地让创客们交流。在当今信息化时代,线上平台的搭建可以让创客们及时共享资源,得到最新的行业资讯,掌握最新的学习资料,从而激发创客们的创作热情。在虚拟空间中,可以赋予创客们一些标签,如“大咖”

“新手”等，促进经验不足的创客们主动学习。关于虚拟空间的设计，主要是将空间的使用权利赋予创客，促进信息交互，让创客们能够自由进行创作并及时得到反馈。

4.5 图书馆创客空间服务推进的核心要素

为探索国内外图书馆创客空间服务推进的核心要素，按照德尔菲法的实施原则，邀请10位专家组成专家评议组，通过电子邮件将评议文件发送给各个专家，请专家评议各因素的明确性和必要性，并提出相关修改与补充意见。根据第一轮专家评议结果与修改意见，初步得出促进图书馆创客空间有效运营的重要因素，然后让专家们进行第二次评议，向专家提供评议问卷并附上第一轮评议结果，请专家们提出修改意见。依据第二轮专家意见，最终确定资金、空间、资源、宣传推广、服务项目、创客教育、创客文化、大学生创客、馆员这9个图书馆创客空间服务推进的核心要素，这对满足新时代创客需求、优化创客空间服务质量、提高创客空间运营水平具有重要作用。

4.5.1 资金

国内外图书馆创客空间的资金筹集渠道主要有以下三类：① 所属高校、政府及图书馆协会等的资助，如剑桥大学创客空间曾收到英国政府和Innovate UK的5000英镑赠款作为启动资金，肯特州立大学图书馆创客空间也收到了图书馆协会、LSTA约3万美元的捐款。② 企业与非营利性组织赞助、个人捐助，如英国创客空间基金会、麻省理工学院沙盒创新基金计划、芝加哥大学考夫曼基金会等。③ 自行募集资金、收取服务费，例如得克萨斯大学阿灵顿分校Fablab网站线上筹款，内达华大学里诺分校科学与工程图书馆收取3D打印机使用者造型材料和支持材料的费用。

资金投入力度决定了创客空间的配置高低，进而影响创客空间服务的范围和专业程度。资金雄厚的图书馆可以更迅速地引进前沿科技成果、招揽专业研究团队，购买更先进的创客设备，使创客拥有更大的创新与展示平台。相反，资金短缺的图书馆往往只能提供最简单的工具设备，可能会影响创新项目的产生和实现。因此，资金是创客空间得以启动、运行、维护的基础条件，是图书馆运营创客空间时必须考量的要素。

4.5.2 空间

空间是创客进行项目实验、开展创意活动、展示创意作品以及创客空间放置基础设备的场所，是创客空间产生和存在的基石，对于创客和创客空间都具有重要的作用。创客空间的实体空间包括制作娱乐空间、研究教学空间、作品展示空间、休息存储空间四类空间，用于作品制作、项目实验、知识学习、作品展示等。要以用户需求为导向，统筹规划实体创客空间的功能分区，同时关注不同区域涉及的专业领域，对工具、设备、面积、用电、装修风格等进行灵活调整，尽可能满足多学科领域的创新需求。为最大限度地提高创客空间整体利用率，打造开放、共享的创意空间，各功能空间的设计要具备一定程度的协同关系，方便进行调整和转换。合理的区域空间布局不仅能提高创新创意活动的效率，还能营造出良好的创客文化氛围。用户既可以在安静的环境中专注于学习和项目实验，也可以在舒适的环境中进行创意交流和分享。

互联网时代下，数字化信息技术为创客空间的发展带来了新的机遇，网络交流是大势所趋[①]。因此，为更好地服务于创客，除了传统的实体空间外，图书馆还可借助数字化平台、虚拟学术社区、学术新媒体平台打造线上创客空间，既能跨越时间、空间的限制为创客提供更大的平台，又能吸引更多有想法的创客参与其中，促进创新想法的交流与共享。同时，舒适的环境更有利于创客产生创新想法，一方面，图书馆可对创客空间进行数字化改造，营造科学氛围，并设置舒适的休闲和娱乐空间，使创客在工作和学习之余能得到放松；另一方面，可积极拓展和延伸创客活动场地，立足创客需求，寻求更有利于创客开展活动的空间。此外，图书馆应配备专业团队，对空间利用进行系统规划，明确各空间作用，结合用户的需求进行整体布局，为不同创客群体提供具有针对性的服务，满足创客的个性化需求[②]。

---

① 刘芹良，解学芳．基于 Citespace 的国内外众创空间可视化研究：进展与演变[J]．经济与社会发展，2016，14(6)：72-80.

② 车宝晶．高校图书馆构建创客空间的理论与实践研究[J]．图书馆学刊，2014，36(11)：78-80.

4.5.3 资源

为高效进行项目实验、开展创意活动，软、硬件设备和文献资源对于创客来说必不可少，能够促进其将创意转化为现实，是创客空间正常运行的必备品。设备资源在创客空间的构建和后期的活动开展中起到了十分重要的作用，如投影仪、计算机、打印机、传真机、复印机、激光切割机等设备。因此，图书馆在设备的选择和采购上需格外注意，一方面，需要结合本馆的自身条件，基于图书馆创客空间研究方向，配置实用性较高、专业性较强的先进设备；另一方面，根据用户的需求，购置一些激发用户创新创业兴趣的设备，为用户提供接触前沿技术的机会。同时，图书馆应定期进行设备的更新、检查与维护，为创客创造更好的创新条件。

文献资源是图书馆的特有资源，也是创客们进行创新创意活动的灵感来源之一，在图书馆创客空间建设中至关重要。图书馆创客空间应考虑到不同用户的差异化需求，在不同的区域对同一专业领域的实体文献进行集中摆放，并配备相关设备与工具，方便用户随时查阅。为提供更全面的文献服务，提高用户查找文献的效率，创客空间应根据用户的实际需求建立学科分类、专题分类数据库，并提供相对应的设备、文献、课程、活动、工具等创客空间导航服务。图书馆创客空间还可以主动收集互联网上的公开资源，整理汇总相关课程、讲座、最新软件工具等，提供开放获取资源导航。

4.5.4 宣传推广

对图书馆创客空间的宣传推广可以使创客空间所提供的一站式信息服务得到认可，促进设立创客空间的图书馆得到广泛关注，并在一定程度上吸纳优秀创客团队，从而提升创客空间的利用率，推动创新创业浪潮。

在信息化、数字化高度发展的当下，各种网络平台已成为人们获取信息资源的主要渠道。在这样的背景下，如果图书馆对创客空间仍采取相对单一的宣传手段，则很难满足创客的需求。应充分利用网络环境进行创客空间的宣传，加强图书馆创客空间之间的馆际互联、资源共享。目前，已有一些高校图书馆进行了一定尝试，它们在图书馆主页中加入了创客空间的内容，但并未将其放在主页的突出位置，而是在“服务”二级页面内嵌入创客空间板块，需用户多次点击或采用“站内检索”功能才能查阅到创客空间的内容及相关报道，如上海交通大学图书馆“交大-京东”创客空间、电子科技大学创新实验室等。这一宣传推广模式存在一定弊端，用户很难从图书馆官方网站海量的信息中搜索到创客空间资讯，在一定程度上无法满足创客需求。因此，创新宣传推广方式、加大宣传推广力度是图书馆开展创客空间服务必须解决的问题。

4.5.5 服务项目

创客空间所提供的服务项目的内容和质量直接关系到其持续运营的效果。以上海图书馆的创客空间为例，其服务设计和项目从用户需求的角度出发，注重用户体验，将“有形”与“无形”相融合，主动进行转型升级，大幅提升创客的体验感，高效传播图书馆创客空间的服务理念①。为了满足创客们的需求，上海图书馆举办了丰富多样的活动，不仅有摄影展览、服装设计展、少儿科普讲座等，还开展了一系列实践类活动，提供实践空间和相关课程，如生产技术展览、3D 建模软件实操讲解等②。举办学习体验型活动可提高创客空间的应用价值，能够让学生们学习相关技术知识，培养学生的想象力与动手能力，使其感受实践操作的魅力。

国外高校的创客空间大多为创客们提供机器人、数字媒体设备、3D 建模与打印设备、Arduino 套件、虚拟现实设备、手工工具、激光切割机、电子器件等设备和器材。南加利福尼亚大学创客空间配置的设备较为丰富，埃因霍芬理工大学创客空间提供的工科设备更为齐全。北卡罗来纳州立大学图书馆的创客空间不仅提供激光切割机、铣床等设备，还提供多媒体教室、研讨区等，此外，还有馆员值守咨询平台来回答常见问题③。西南交通大学的创客空间提供 3D 打印机、激光切割与雕刻设备、热熔胶枪和普通车床等，鼓励学生动手操作。高校可开展图书馆创客空间与优势学科的联合建设，借助学科优势，为图书馆创客空间的设计提供理论支撑，促进创客空间服务高水

① 乐懿婷. 上海图书馆“创·新空间”实践探索[J]. 科技情报开发与经济，2014，24(10)：44-46.

② 石剑兰，高波. 我国公共图书馆少年儿童创客空间服务研究[J]. 图书馆工作与研究，2022(5)：112-121.

③ 乐懿婷，薄依斐，储灏. 服务设计在图书馆创新服务中的实践与思考——以上海图书馆“创·新空间”项目为例[J]. 四川图书馆学报，2021(2)：7-11.

平发展。

4.5.6 创客教育

创客空间具有开放性特征，服务对象不局限于创客，还面向许多对创新与创意感兴趣、有想法，但缺乏机会、场地和专业教育的人群。高校图书馆创客空间需加强与国内、国外优秀创客人才和团队的交流，邀请其他创客空间管理人员来参观调研，鼓励创客们合作交流，分享经验成果，促进创客空间入驻团队的素养不断提升，壮大创客队伍，实现图书馆创客空间的可持续发展。我国高校应积极举办各类创新创业大赛，推动科学创新，让学生们合理运用创客空间，加快科研成果的转化。此外，我国高校图书馆可在官网等平台发文，鼓励实践经验不足的人群加入创客空间，这既能提升创客空间的包容性和利用率，又可推动跨学科合作与研究。

许多国外高校创客空间经常开展讲座与研讨会，邀请创客精英进行先进技术宣讲与技能培训。例如，南加利福尼亚大学创客空间定期开展实践讲座，向听众介绍尖端技术；埃因霍芬理工大学创客空间为学生提供专门的工作室开展研讨会，便于学生进行头脑风暴；上海交通大学的创客中心提供全面周到的工程服务、丰富多样的科技竞赛和紧贴前沿的企业课程。这些讲座、研讨会能够帮助创客们了解相关行业领域的发展动向，同时为新加入创客空间的学生提供指导。国内外优秀的创客空间之间开展合作有利于打造具有国际水平的创客空间，邀请创客们对创客空间的建设和运营提出建议，可以获得创客们的真实反馈，能够促进创客空间与创客们共同进步与发展。

4.5.7 创客文化

"创客"一词源于西方国家，创客文化在国外已经根深蒂固，具有广泛的群众基础，侧重于物质层面的创造[①]。国外许多高校图书馆创客空间已有了较为成熟的体系，注重培养学生的兴趣和创造性学习能力，重视理论与实践的结合，强调参与式合作学习过程，以有效培养学生独立自主的探索和实践

① Pashia A. Empty bowls in the library Makerspaces meet service[J]. College & Research Libraries News, 2015, 76(2):79-82.

精神以及团队协作能力。结合国外创客文化的精神内核和外在表现，可初步将国外创客文化的主要文化精神结构总结为下列四个方面，即DIY、创新、自组织和“互联网＋”[①]。DIY，顾名思义，就是一种由消费者与生产者之间的关系产生的需求，通过“动手做”，实现想象与创意相结合的创造过程；创新基于两个层面，一类是基于云印刷、自主扫描等新技术为新思想新思维打开局面，另一类是基于开源软件、硬件等将在创客空间中所产生的创意实体化；自组织是指类似创客空间、开放社区、创意市场等可以让人们聚在一起交流思想、表达想法的创客集聚地；“互联网＋”对于创客空间的发展起着十分重要的作用，用户可以通过网络将想法变成设计，甚至变为现实。

相较之下，国内创客文化底蕴稍显不足。虽然我国多年来都在推行素质教育，但许多学校仍然采用的是“教师讲、学生听”的传统教学模式，重视理论教学，疏于实践，以考试成绩这一指标来衡量学生的优劣，导致大部分学生更重视理论知识，而较少参与发明创造类活动，所以我国学生在DIY与创新方面还有很大的进步空间。因此，高校创客空间应努力将某一学科专业的专有空间逐渐拓展，扩大成面向本校全体师生，甚至校外不同教育背景的学生的多元、包容、开放的空间，使每个加入创客空间的学生能将被动接受书本知识内容的学习习惯转变为自主学习的习惯。图书馆创客空间可以多开发新的创客集聚地，还可以利用“互联网＋”的新技术，促使其与创新创意全方位融合。当形成“创客校园”的独特文化时，资金、技术、外联力量都会向高校创客空间聚拢。

4.5.8 大学生创客

创客是图书馆创客空间服务模式中的核心和能动性要素。大学生创客主要是指在校本科生、硕士生、博士生等图书馆用户，他们是高校图书馆创客空间的主要使用者和受益者，也是创客空间的主要服务对象，对图书馆创客空间的构建和运行起到关键的作用。

图书馆创客空间的构建与创客的参与密不可分，大学生创客群体因其特殊性，对图书馆的功能有着特殊的需求，比如学术需求、创业需求、就业需

---

① 丁利霞，田顺芝．公共图书馆创客空间发展实践研究及对策[J]．图书馆研究与工作，2017(4)：14-18.

求等。因此,图书馆仅提供传统的服务已经不能满足大学生创客的需求。大学生创客希望图书馆能够为他们提供创新、实践的场所,开展符合他们兴趣的创客活动,协助他们实现创意、完成作品,最终达到开阔视野、提升能力、提升就业竞争力的目标。由此看来,图书馆创客空间如果不预先对目标群体进行判断,并充分考察用户的实际需求和接受程度,就难以吸引用户参与进来,难以充分发挥创客空间真正的价值。

4.5.9 馆员

馆员是创客空间的主要服务者①,这种特殊的身份让他们能够在第一时间接触到创客空间最新的设备和技术,他们可以利用这些资源进行科研活动。在创客空间中,馆员扮演两种角色。第一是信息咨询员②。信息咨询员需要具备计算机和数字制造等方面的技能,需要对高科技产品有充分的了解,并定期对创客空间的固有设备进行检查和维护,准确地引导和帮助用户使用设备和进行创作。若遇到设备突发故障,信息咨询员要及时做出反应,现场进行故障检修,解决用户当前问题,避免用户因设备问题造成时间浪费。对于一部分在使用上有严格要求或危险系数大的设备,信息咨询员还需提前开设技术培训课程,使用户明晰操作步骤和注意事项,确保用户的人身安全。第二是馆内外的信息协调员。一方面,他们要作为管理人员维持创客空间的运营,进行服务管理、设备采购、宣传推广、员工管理等日常工作,同时要制定创客空间的建设规划和目标,促进创客空间长久发展。在了解用户需求的基础上,组织开展创客聚会、分享会、专项活动、讲座、茶话会、头脑风暴、比赛等代表创客空间特色的日常活动,打造空间的品牌形象。另一方面,他们要负责对外交流,根据自身发展目标和资源建设现状,寻求对外合作与资源支持,积极与所在地区的相关企业、学校、机构和其他创客空间开展交流,实现创客空间与社会的完美对接。在创客空间资源有限的情况下,对外聘请具备丰富经验的项目指导人员和创业顾问,为用户提供灵感激发、创业指导、项目评估等内容的培训,为用户提供更丰富的资源。扮演这些新角色都需要馆员具备创新意识和创造能力,并愿意投入到持续的学

---

① 唐晓阳. 中美图书馆创客空间建设比较研究[J]. 图书情报工作, 2015, 59(24): 72-77.

② 王佑镁. 发现创客:新工业革命视野下的教育新生态[J]. 开放教育研究, 2015, 21(5): 49-56.

习过程中,使自身的能力能够顺应图书馆的转型发展。

4.6 图书馆创客空间构建与运营中的注意事项

4.6.1 建立管理制度

图书馆创客空间设备繁多,人员流动性强,创客项目类型繁杂。所以,在创客空间正式运营前要先制定完善的管理制度和规定,规范且明确的管理制度和规定能够保障创客空间有序运行,并对利益各方产生约束力。一套完善的管理制度和规定应当包括安全规范、用户协议、日常管理制度等。安全规范是最严格的规范,涉及使用创客空间设备时的安全问题,以避免错误使用而造成危险。安全规范通常包括设备操作规范流程、数据安全管理规范、馆员人身及财产安全管理规定等。用户协议有助于用户了解创客空间建设的目的及其设备、技术、培训服务和所提供项目的预期成果,包括创客空间的目标用户以及知识产权和作品的合法性等。日常管理制度即创客空间日常经营所采用的各种管理规章制度,如经费管理制度,保证经费合理运用,保障创客空间正常运行。

4.6.2 创新资金筹措方式

创客空间的构建和运营都需要充足的资金支持,除了构建阶段的建设费用、设备购买和资料收集费用,还有运营阶段的运营费用。国外图书馆创客空间的主要资金来源除了图书馆预算的支持外,还包括政府给予的建设资金,非营利性组织、基金会的捐赠,公司和企业捐款等①。筹集资金的方式多种多样,除了最常见的图书馆预算和政府支持外,国外许多图书馆创客空间采取自力更生的方式,主动出击,寻求与基金会、公司等的合作,还利用现代化的筹款平台进行众筹。这给国内图书馆的启示是,如果想创建创客空间,仅仅被动地等待政策扶持是远远不够的,还要积极开拓筹资渠道。一方

① 王明朕,张久珍. 国外图书馆创客空间运营服务策略研究[J]. 图书馆建设,2016(7):39-45.

面，可以利用自身优势，与其他组织保持友好关系，吸纳社会团体或个人的资金捐助。另一方面，要合理规划构建和运营创客空间的费用，避免浪费。

4.6.3 建立互动平台

图书馆所营造的创客空间应该是真实空间和虚拟空间的结合，为用户提供交流知识和创新理念的平台，从而充分调动创客的创新热情。创客空间的价值功能围绕四个方面展开：知识、学习、分享和创新。因此，图书馆创客空间的互动平台也应充分支持这四个方面的价值功能的实现。

图书馆创客空间的互动平台应为用户提供必要的知识和学习机会，如相关资料推荐、相关网站链接等。同时，图书馆应创建"云空间"，提供存储服务，供用户随时上传和分享自己的原创项目，这样可以方便志同道合的创客通过在线平台进行项目的协作和修改。通过深入的讨论和互动，原创设计者的创作灵感得以激发，从而不断完善自己的创作原型。"云空间"具有开源性、丰富性和可解构性等特点，能储存用户的创造过程和创造成果等资料，供其他用户在线分享、保存和读取，缩短创意生态链的完成周期，提高创新效率[①]。此外，图书馆员可充分发挥"云空间"作为在线交流平台的优势，推广创意项目，提供即时反馈，并提供多种支持服务，如信息检索培训等，以提高数字环境下的科研质量；也可以为用户提供安全、规范使用设备方面的建议，并根据用户反馈，及时调整和优化相关工作流程，加强对创作空间的动态管理，为用户提供知识共享环境。

4.6.4 引进资源设备

创客空间的新技术应用是提高运营效率、增强吸引力的前提。在设备选购和引进方面，要根据用户需求、创意活动类型以及可预见的未来发展趋势进行规划，确保设备能够满足长期需求。可以挑选大众易于学习操作且性价比高的设备，如扫描仪、小型投影仪、3D 打印机、激光切割机等数字化制作工具。图书馆创客空间为一系列创意活动提供设备和技术支持，帮助用户进行创意实践，将创意带入生活。例如，创客空间为 3D 打印项目提供电脑及相关软件、3D 打印机等，用户可以使用软件独立设计和制作工作模型，

---

① 唐晓阳. 中美图书馆创客空间建设比较研究[J]. 图书情报工作，2015，59(24)：72-77.

并打印出成品模型;为摄影项目提供照相机、摄像机、三脚架套件等,用户可以了解相机的基本结构和各部件的功能,熟悉空间布局,创作出优秀的摄影作品。同时,创客空间对创客们进行设备操作技能培训并定期对设备进行维护,以减少设备的不必要损耗,保证设备正常运行。

4.6.5 宣传创客文化

现场互动是一种十分有效的宣传手段,图书馆可以从举办创意文化交流活动入手,通过展示各类创意产品,提供各种数字化设备如 3D 打印机的试用机会,开设一些典型数字制作工具的入门课程,引发用户的兴趣,让用户了解并尝试 3D 打印等高新技术,接受创意者开放、分享、创新的理念,让更多的用户参与创客空间,受益于创客空间为创意者提供的资源和服务。值得注意的是,中国图书馆学会非常重视建立面向艺术家的信息服务体系,其迅速采取相应的扶持措施,发布创客空间建设指南,设立专项基金支持创客空间建设,开展图书馆员培训,在学校图书馆引入创客空间,营造有利于培养学生实践能力和跨学科创新意识的环境,在学校图书馆培育创客空间,培养学生跨学科创新意识。图书馆可以利用现有的政策框架,举办创意文化展览,整合网站、微信、微博、报刊等线上线下渠道,积极传播个人创意、跨界创新、协作实践、资源共享的创客精神,鼓励人人参与创客运动,使创客文化深入人心。

4.6.6 提高馆员素养

创客空间作为图书馆的一种新型业务形式,对图书馆员的素质提出了新的、更高的要求。在设计规划创客空间、运行维护相关设备、与用户开展合作的过程中,都需要图书馆员不断学习新理念、新技能①,如传播创客文化、提升创新活力等。大多数图书馆员都是图书馆研究方面的专家,但是他们还不具备成为创客空间专业培训师的素质,因为与传统的图书馆服务相比,创客空间服务对图书馆员的文化素质和管理能力提出了更高的要求,所以图书馆创客空间往往面临专业人员缺乏的问题。为了运营创客空间,高

---

① 罗博,吴钢. 创客空间:图书馆新业态发展实践与启示[J]. 情报资料工作,2014(1):96-100.

校图书馆需要选拔和组织一支优秀的专业团队，团队成员不仅要具备数学和计算机基础，更重要的是要认可创客文化，这样才能激励他人积极参与创客活动。因此，图书馆员应不断学习新知识、关注行业动态，并能够快速适应新技术和新趋势。

另外，学术图书馆可以根据自身需求，邀请不同学科的教师担任创客导师，充分发挥他们在学科领域的专业优势，以弥补图书馆员可能存在的专业知识不足。学术图书馆应致力于培养图书馆员的知识和技能，鼓励他们积极参加相关会议，引进新技术，在实践中不断学习、优化服务，以促进创客空间的持续发展。

4.6.7 寻求广泛合作

图书馆创客空间评估需要充分考虑多方参与者的利益和需求，充分挖掘相关方的潜能，秉承共同的创客教育理念，促进多方参与，整合跨界资源，提升整体评估效益①；图书馆仅依靠自身资源条件难以维持创客空间的发展，因此需要寻求其他方面的支持，广泛开展合作交流，建立跨部门、跨机构的合作机制，争取最大程度的支持，降低运行风险，以保证创客空间发展的稳定性和可持续性。

首先，图书馆可以发挥上级管理单位的支持作用。目前，我国已有不少地区建立了相关的创客空间，并取得了突出的发展成果。反观图书馆，无论是公共图书馆还是高校图书馆，在资金、人才、管理等方面都存在诸多不足，在汇聚文化力量打造创客空间方面也存在诸多不足。建议图书馆积极与社会各界联系，对接有开设创客空间经验的机构，加强交流互动，创造更好的合作方式，将创意与交流、经验分享联系起来，打造更加多元化的文化联盟产业链，既为图书馆的发展奠定基础，也带来高质量的文化效益。

其次，各高校可以加强图书馆之间的交流与合作，借助高校优势，为图书馆创客空间提供相关知识服务、技术支撑等，促进图书馆创客空间的发展，使创客空间成为图书馆发展过程中的新生力量，营造更好的文化发展氛围。

最后，图书馆创客空间可以利用自身独特的资源和优势，充当创客和企

---

① 王建功．美国图书馆创客空间评估研究与启示[J]．图书馆工作与研究，2021(8):47-53.

业之间的桥梁。图书馆创客空间通过与其他创客组织或企业建立互惠互利的合作关系，发挥资源互补的优势，可得到经济上的支持，创客能够了解到企业的需求，以找准钻研方向，而企业通过支持图书馆创客空间来获取优质、经济的科技成果，实现协同效应。这不仅充分发挥了图书馆创客空间的孵化功能，还增强了图书馆的社会影响力。

5 图书馆创客空间用户参与意愿影响因素识别

5.1　研究方法

扎根理论最早由 Glaser 和 Strauss 在 1967 年提出，是一种通过系统地收集和分析资料的方式，从资料中衍生出理论的定性研究方法。扎根理论法与其他研究方法不同的是，研究者在研究开始前一般没有理论假设，直接从实际观察入手，从原始资料中归纳出经验概括，然后上升到理论。这是一种从下往上构建实质理论的方法，即在系统收集资料的基础上寻找反映现象的核心概念，然后通过这些概念之间的关系建构相关理论①。

本章利用扎根理论质化研究方法，选取开通图书馆创客空间服务的用户为研究对象，通过轻松愉快的深入访谈方式，了解用户对图书馆创客空间的认知程度、参与意愿等。研究过程中，用文字、录音等方式记录访谈内容，利用转录软件将录音转为文字，并对访谈内容进行细致的归纳总结。通过开放式编码、主轴编码、选择式编码等逐级编码的方式，构建用户参与图书馆创客空间意愿的理论框架，并对理论进行饱和度检验。

5.2　研究对象与数据

研究对象为武汉市的图书馆用户，主要选取使用过创客空间或者图书馆交流空间的图书馆用户，如湖北省图书馆、武汉图书馆等公共图书馆创客空间用户，以及如武汉大学图书馆、华中科技大学图书馆等高校图书馆创客空间用户。按照扎根理论研究方法的要求，一共统计整理了 36 位用户的访谈记录，这 36 位研究对象的基本信息如表 5-1 所示。

① 王佑镁. 发现创客：新工业革命视野下的教育新生态[J]. 开放教育研究，2015，21(5)：49-56.

表 5-1　研究对象基本信息汇总表

性别	人数						
	中学生	本科生	硕士研究生	博士研究生	青年职场人士	中年职场人士	总计
男	3	3	3	5	2	2	18
女	5	3	2	3	3	2	18
总计	8	6	5	8	5	4	36

应用开放式访谈的方法，组织研究对象进行聊天式访谈，并在访谈的过程中记录文本资料以及保存录音资料。访谈主要围绕以下五个方面进行：① 你知道创客或创客空间吗？② 你认为在图书馆构建创客空间怎么样？③ 你想要在图书馆创客空间里获得什么？④ 如果你附近的图书馆有创客空间，你会经常参与其中吗？为什么？⑤ 你认为应如何提高用户参与图书馆创客空间的积极性？经过开放式访谈后，整理资料以获得引领性的问题，然后进行半结构式访谈。研究中，共进行了九组访谈，每次访谈三至四个小时，访谈人数三至五人，访谈效果良好，获得了丰富可靠的样本数据。

5.3　资料编码与分析

5.3.1　开放式编码

通过开放式编码，重新审视和梳理原始资料，以期从研究对象的原始语句中提炼出新的概念。通过对资料的切割划分、重新组合、概念提炼等操作获得原始语句，然后对这些原始语句进行贴标签，经初步概念化、范畴化，共得到了 162 条初步概念，如创客的基本知识、创客空间的基本知识、创客基地的认知等；对这些初步概念进一步范畴化，得到了 11 个范畴，分别是基础知识、创新精神、心理诉求、保障措施、运行模式、秩序约束、资源设施、保护机制、专业指导、发展前景、思想碰撞。开放式编码结果如表 5-2 所示（由于语句过多，此处选取部分具有代表性的语句进行展示）。

表 5-2 开放式编码结果(部分)

原始语句	初始概念化(贴标签)	范畴化
不太明白什么是创客,听说过但是不了解	创客的基本知识	基础知识
创客应该是创新或者创业的人,创客空间是他们交流的空间吧	创客空间的基本知识	
我知道现在外面有很多创客基地;我知道我们学校有一个老师做的创客俱乐部不错;见过类似咖啡厅的创客空间,请一些成功的企业家与创客交流	创客基地的认知	
为什么非要在图书馆搞创客空间?现在有很多创客基地、创客沙龙	图书馆+创客空间的意义	
我自己倒是有一些创新的想法,但是我怕自己的想法或主意被人窃取	创意被人窃取	保护机制
如果我的好想法能被采纳,我希望我可以申请专利,受到保护	申请专利,保护创意	
我忽然有个创意需要和别人交流,需要有专业的人指导,图书馆创客空间是个好去处	渴望交流创意	创新精神
我身边有一些人比较懒散,应该不会参与创客空间的活动	人因为懒不参与创客空间	
我认为创业很难,一群人做东西也很难,我现在没什么想法	没有创业想法	
感觉需要 985、211 高校的图书馆起到带头作用	榜样的力量	保障措施
创客空间怎么赢利呢?在图书馆构建创客空间需要资金成本	资金支持	
我认为经济要发展起来,经济发展起来了,有钱了,图书馆才有能力创建创客空间	经济发展的支持	
还需要有国家政策的支持吧,创新驱动战略是大势所趋	国家政策的支持	

续表

原始语句	初始概念化(贴标签)	范畴化
我感觉创客空间有很大的发展潜力,是大势所趋	对创客空间有信心	发展前景
我认为还是要不断吸引感兴趣的人加入其中,这样创客空间才不会死掉	持续性发展	
人可能会因为懒而把创客空间荒废掉	因为懒而荒废掉	
学校中有创业想法的人可以通过创客空间组建创业团队	组建创业团队	运行模式
如果创客空间定期举办一些活动,我会很乐意参加	定期举办活动	
像高校联盟开设双学位一样,创客空间也可以由几个学校或图书馆联盟,学校或图书馆之间定期交流创客空间的产品、项目进度等	创客空间联盟	
馆员、馆长也要与用户定期交流,上级与用户之间平等交流	与领导、专业人员交流	
图书馆定期请一些企业家、教授开设讲座,与用户进行交流会更好	与专家、教授交流	
可以将实体创客空间与图书馆 APP 或者微信公众号相结合	与 APP 或微信公众号结合	
我怕自己的好想法没有人交流,最后荒废掉,没有产生结果,会让人失落	想法荒废掉会失落	心理诉求
如果自己的想法得不到认同,被人排挤,可能会受到打击	受到心理打击	
需要拿出成果,要真正能做出东西,不能虚设	做出成绩	
应该有一群志同道合的伙伴,这样才能激起我交流的兴趣	志同道合的交流伙伴	思想碰撞
在创客空间里应该有一个发起人,还要规定进行交流的时间	有领导人,规定交流时间	

续表

原始语句	初始概念化(贴标签)	范畴化
图书馆创客空间里应该提供免费 Wi-Fi	软硬件要求	资源设施
图书馆实体空间范围太小,聚集的人数有限,而创意交流需要更多的人参与	场地人数限制	
图书馆应该有专门为创客空间提供的书籍,便于我们学习	提供相关书籍	
在图书馆进行创客活动的时候,应该有专业的老师给我们解答问题	有专业指导老师	专业指导
在参与活动的过程中,有相关的指导课程是非常必要的	提供相关课程	
需要有一定的秩序约束,不能想来就来,想走就走	要有秩序约束	秩序约束
创客空间要有严格的布局,不能一片混乱,需要人来管理	布局严格,规范管理	
可以招募一些志愿者进行管理,尤其是具备相关专业知识的人士	招募志愿者管理	
针对不同的群体,创客空间要有不同的秩序约束	不同的群体,不同的约束	

5.3.2 主轴编码

如果说开放式编码的意义在于提炼概念,那么主轴编码的目的就是理清各个概念之间的关系;通过对概念之间关系的反复思考和分析,整合出更高抽象层次的范畴。通过对资料的进一步提炼,共得出了3个主范畴,分别为参与态度、参与规范、参与知觉行为。这3个主范畴精练地表现出了各个独立范畴之间的关系。主轴编码结果如表5-3所示。

表 5-3 主轴编码结果

主范畴	独立范畴	范畴逻辑
参与态度	基础知识	用户掌握的有关图书馆创客空间的知识越多,参与感越强烈
	创新精神	具有创新精神,愿意与别人交流的用户,会有强烈的参与感
	心理诉求	能够得到好的结果,有所成就,就有强烈的参与感
参与规范	保障措施	国家政策支持力度越大,资金越充足,用户的参与期望越高
	运行模式	运行模式越加多样化,举办的活动越有趣味性,用户的参与期望越高
	秩序约束	有相关的制度约束,规范管理会使人持续参与,用户的参与期望就高
	资源设施	资源设施越齐全,用户的参与期望就越高
参与知觉行为	保护机制	有保护创意的机制,参与行为驱动就明显
	专业指导	有专业导师或者专家、教授的指导,参与行为驱动就明显
	发展前景	图书馆创客空间的发展前景越好,参与行为驱动越明显
	思想碰撞	有志同道合的伙伴交流,进行思想碰撞,参与行为驱动就明显

5.3.3 选择式编码

选择式编码的任务是系统处理范畴之间的关系,确定核心范畴和次要范畴,从而形成建立在范畴关系基础之上的扎根理论。选择式编码的具体步骤:① 明确资料的故事线;② 对主类属、次类属及其属性和纬度进行描述;③ 检验已经建立的初步假设,填充需要补充或发展的概念类属;④ 挑选出核心类属概念;⑤ 在核心类属与其他类属之间建立起系统的联系[①]。通过逐级编码发现,各主范畴均围绕用户参与图书馆创客空间意愿的影响因素

① 陈艺. 高校图书馆引入"创客空间"的思考[J]. 新世纪图书馆, 2015(1): 18-21.

展开，故将“图书馆创客空间用户参与意愿影响因素”定义为核心范畴。围绕核心范畴的故事线为“参与态度→参与规范→参与知觉行为”，其中各主范畴之间的关系结构以及受访者的代表性语句如表 5-4 所示。

表 5-4 选择式编码——典型关系结构

典型关系结构	关系结构的内涵	受访者的代表性语句
参与态度→图书馆创客空间用户参与意愿	参与态度是用户参与图书馆创客空间意愿的内部驱动因素	我感觉自己没有创新创意的想法，我也不太想创业(创新精神→参与意愿)；什么是创客空间啊，没有听说过，我应该不会参加吧，自己的任务现在都做不完(基础知识→参与意愿)
参与规范→图书馆创客空间用户参与意愿	参与规范是用户参与图书馆创客空间意愿的外部驱动因素	要有资金和政策的支持吧，这样图书馆创客空间才能构建好，我愿意参与(保障措施→参与意愿)；如果图书馆创客空间能定期举办一些活动或者比赛就好了(运行模式→参与意愿)；我对 3D 打印机挺感兴趣的，希望能用一下(资源设施→参与意愿)
参与知觉行为→图书馆创客空间用户参与意愿	参与知觉行为是用户参与图书馆创客空间意愿的情景驱动因素	我希望我的好想法能够保留下来，如果真的成功，应该要申请专利(保护机制→参与意愿)；如果我遇到一些不懂的问题，希望能有专业的人士进行指导(专业指导→参与意愿)；创客空间应该持续性地发展下去，但是很多时候因为人太懒会把它荒废掉(发展前景→参与意愿)

5.4 理论构建与饱和度检验

根据三级编码所得到的故事线，构建用户参与图书馆创客空间意愿影响因素的模型，如图 5-1 所示。该模型中参与规范、参与态度、参与知觉行为这 3 个主范畴对用户参与图书馆创客空间的意愿存在显著影响。其中，参与态度是内部驱动因素，包括基础知识、创新精神和心理诉求 3 个副范畴；参与知觉行为是情景驱动因素，包括保护机制、专业指导、发展前景和思想碰撞 4 个副范畴；而参与规范是外部驱动因素，表明参与态度与参与知觉行为之间的关系强度，包括保障措施、运行模式、秩序约束和资源设施 4 个副范畴。

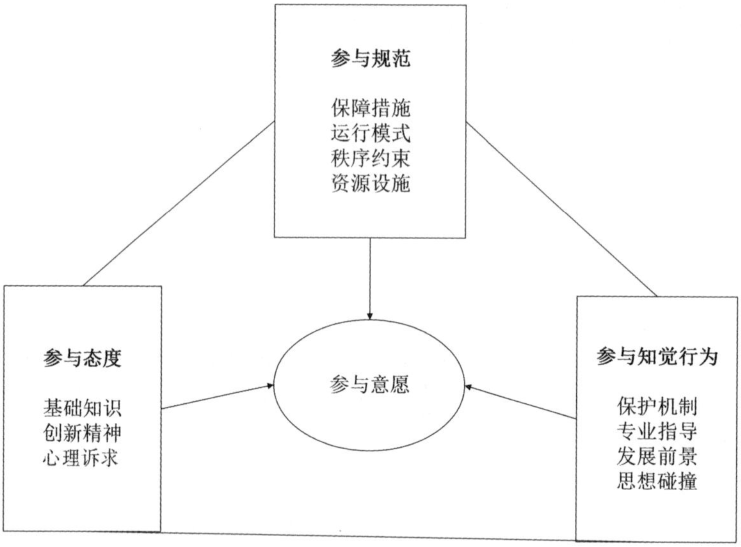

图 5-1　用户参与图书馆创客空间意愿影响因素的模型

为了保证研究的信度，有必要对编码的结果进行理论饱和度检验。理论饱和度是指不能得到可以进一步发展某一范畴特征的数据时，理论趋于饱和[①]。在对之前的资料进行编码之后，为了检验理论的饱和度，编者做了以下两项工作：

① 对原始资料重新进行审视，并邀请两位无关的人员按照扎根理论编码程序进行编码，发现结果与此次的编码结果无太大的差别，说明此次编码信度良好。

② 选取样本进行第二次深度访谈。此次选取 3 位高校大学生进行访谈，访谈时间两个小时左右，形成了新的一手资料。在对资料进行整理分析及三级编码之后，并没有新的范畴出现，说明此次编码达到了理论饱和，可以形成理论。

① 王敏，徐宽. 美国图书馆创客空间实践对我国的借鉴研究[J]. 图书情报工作，2013，57(12)：97-100.

6 图书馆创客空间用户参与意愿影响因素分析

6.1 模型机理阐释

经过扎根理论的分析，发现用户参与图书馆创客空间意愿的影响因素可以归结为3个主范畴：参与态度、参与规范、参与知觉行为。为了验证理论的可靠性，进一步采取量化研究方法，依据之前构建的理论提出假设，构建模型，设计调查问卷，获取并整理样本数据，运用 SmartPLS 4.0 软件进行问卷的信度与效度检验，以对所构建的理论模型进行验证。根据质化研究方法构建的理论以及对理论模型的阐释，可以得出以下基本命题与假设。

基本命题1：参与态度→用户参与意愿

参与态度是用户参与图书馆创客空间意愿的内部驱动因素，主要通过3条影响路径发挥作用：① 创客空间基础知识正向影响用户的参与意愿，用户对图书馆创客空间的认知程度越高，参与感就越强烈，基础知识能够推动用户参与图书馆创客空间；② 创新精神正向影响用户参与意愿，用户所具有的创新精神、求知欲等能够推动其参与图书馆创客空间；③ 心理诉求正向影响用户的参与意愿，渴望成功、想要创业并得到别人认可等心理诉求能够推动用户参与图书馆创客空间。由此，可以得到以下基本假设。

假设 H1：参与态度与用户参与图书馆创客空间的意愿呈正向相关。

H1a：用户所掌握的创客空间的基础知识与其参与图书馆创客空间的意愿正向相关。

H1b：用户具有的创新精神与其参与图书馆创客空间的意愿正向相关。

H1c：用户的心理诉求与其参与图书馆创客空间的意愿正向相关。

基本命题2：参与规范→用户参与意愿

参与规范是用户参与图书馆创客空间的外部驱动因素，主要通过4条路径发挥作用：① 保障措施正向影响用户参与意愿，即获得国家、学校等相关部门的政策支持与资金支持，可增强用户对图书馆创客空间的期望；② 运行模式正向影响用户参与意愿，图书馆创客空间运行模式多样化，如多举行一些活动、开展一些比赛等，这些举措会推动用户参与其中；③ 秩序约束正向影响用户参与意愿，即规范的管理、标准的规章制度能够使图书馆创客空间正常有序的运行，从而能够吸引用户参与；④ 资源设施正向影响用户参与意愿，即高校图书馆创客空间的设备越齐全、资源越丰富，对用户就越有吸引力。由此，可以得出以下基本假设。

假设 H2：参与规范与用户参与图书馆创客空间的意愿呈正向相关。

H2a：相应的保障措施与用户参与意愿正向相关。

H2b：创客空间的运行模式与用户参与意愿正向相关。

H2c：秩序约束与用户参与意愿正向相关。

H2d：创客空间的资源设施与用户参与意愿正向相关。

基本命题 3：参与知觉行为→用户参与意愿。

参与知觉行为是用户参与图书馆创客空间意愿的情景驱动因素，显示了内部驱动因素和外部驱动因素的作用强度，主要通过 4 条路径发挥作用：① 保护机制正向影响用户参与意愿，由于担心创意或者想法被盗用，用户希望有相关的制度来保障权益，如申请专利、组建创业团队等；② 专业指导正向影响用户参与意愿，如果图书馆创客空间安排专业人员定期与用户交流，将会增强用户对图书馆创客空间的兴趣；③ 发展前景正向影响用户参与意愿，图书馆创客空间如果有良好的发展前景，能够持续发展下去，会吸引更多的用户参与；④ 思想碰撞正向影响用户参与意愿，用户参与创客空间，会强烈要求和志同道合的伙伴进行交流，与不同专业的人进行思想碰撞。由此，可以得出以下基本假设。

假设 H3：参与知觉行为与用户参与图书馆创客空间的意愿呈正向相关。

H3a：保护机制与用户参与意愿正向相关。

H3b：专业指导与用户参与意愿正向相关。

H3c：创客空间的发展前景与用户参与意愿正向相关。

H3d：思想碰撞与用户参与意愿正向相关。

汇总以上命题与假设，结果如表 6-1 所示。

表 6-1　假设一览表

编号	内容	关系
H1a	基础知识与用户参与图书馆创客空间意愿	正向影响
H1b	创新精神与用户参与图书馆创客空间意愿	正向影响
H1c	心理诉求与用户参与图书馆创客空间意愿	正向影响

续表

编号	内容	关系
H2a	保障措施与用户参与图书馆创客空间意愿	正向影响
H2b	运行模式与用户参与图书馆创客空间意愿	正向影响
H2c	秩序约束与用户参与图书馆创客空间意愿	正向影响
H2d	资源设施与用户参与图书馆创客空间意愿	正向影响
H3a	保护机制与用户参与图书馆创客空间意愿	正向影响
H3b	专业指导与用户参与图书馆创客空间意愿	正向影响
H3c	发展前景与用户参与图书馆创客空间意愿	正向影响
H3d	思想碰撞与用户参与图书馆创客空间意愿	正向影响

6.2 问卷设计与数据收集

6.2.1 量表设计

根据以上模型及相关假设编制调查问卷，并获取样本数据。调查问卷主要由三部分组成：① 引导语，说明调查的目的以及问卷中一些专业基本知识；② 控制变量，即调查样本的基本特征，包括性别、年龄、职业；③ 变量测量表，包括对基础知识、创新精神、心理诉求、保障措施、运行模式、秩序约束、资源设施、保护机制、专业指导、发展前景、思想碰撞和参与意愿等变量的测量。变量测量部分采用李克特量表，相关变量定义及测量指标选项设计如表 6-2 至表 6-4 所示。

表 6-2　模型的相关变量及定义

变量	定义	预测项
基础知识	用户对图书馆创客空间的认知程度	3
创新精神	用户所具有的创新创业的意识与精神	3
心理诉求	用户所渴望的在创客空间中的收获与结果	4

续表

变量	定义	预测项
保障措施	国家或相关机构对高校构建并运行创客空间的支持	3
运行模式	图书馆创客空间的运行模式	3
秩序约束	用户在图书馆创客空间中所感受到的管理制度	3
资源设施	图书馆创客空间提供给用户的资源设施	3
保护机制	创客空间对用户创意、创业项目的保护情况	4
专业指导	用户在创客空间中所获得的专业知识的指导	3
发展前景	图书馆创客空间的发展前景	3
思想碰撞	用户在图书馆创客空间中进行思想交流的机会	4

表 6-3　自变量测量选项设计

因素	变量	测量选项
参与态度	基础知识	BK1:对创客空间了解得越多,我越会参与其中
		BK2:将创客空间建设在图书馆中是个好主意
		BK3:创客空间对于学习能力的提升具有一定帮助
	创新精神	CS1：我在看书或者与别人讨论时会迸发出好的创意
		CS2：我对创新创业感兴趣
		CS3：我很乐意在图书馆创客空间中培养自己的创意能力
		CS4：我愿意提出详尽的计划和进度安排,使新想法得以实施
	心理诉求	PD1：我希望自己在创客空间中能拿出成果
		PD2：我希望能够获得物质或者精神奖励
		PD3：我不喜欢被排斥,希望融入自己感兴趣的圈子中
		PD4：我希望与其他用户相互学习和帮助

续表

因素	变量	测量选项
参与规范	保障措施	SM1：国家政策应该支持创客空间的运行
		SM2：创客空间的持续运行需要一定的资金成本
		SM3：图书馆以及相关部门应该高度重视创客空间
	运行模式	OM1：图书馆创客空间应该多举办一些比赛和活动
		OM2：与各个图书馆联合运行创客空间会更吸引人
		OM3：我愿意参加图书馆创客空间举办的活动，丰富自己的业余生活
	秩序约束	OC1：我喜欢管理比较规范的地方
		OC2：有一定的秩序约束将有利于创客空间的运行
		OC3：可以招募一些用户来管理创客空间
	资源设施	RF1：创客空间中应该提供相关专业书籍
		RF2：我希望创客空间中设备齐全，有电脑、有 Wi-Fi
		RF3：我很乐意使用创客空间中的设备，但最好免费
参与知觉行为	保护机制	PM1：我担心自己的创意项目被人窃取
		PM2：我希望最终的成果可以申请专利
		PM3：如果创客空间发布专利相关的操作指南，我会更愿意加入并使用创客空间
		PM4：我愿意通过创客空间把自己的创新想法记录和保存下来
	专业指导	PG1：需要有专业人员指导我们使用相关设备
		PG2：我可能会遇到不懂的知识，希望可以随时咨询老师
		PG3：创客空间需要开展教育培训课程
	发展前景	DP1：我认为图书馆创客空间会有很好的发展前景
		DP2：需要不断吸引用户的加入，为创客空间注入源源不断的活力
		DP3：我对创客空间具有一定的兴趣，并愿意参与其中
	思想碰撞	CI1：我喜欢和别人交流
		CI2：我希望和不同专业的人进行思想碰撞
		CI3：我想在创客空间中交到志同道合的好朋友
		CI4：我愿意和不同专业的人分享彼此的方法和技术

表 6-4　因变量测量选项设计

变量	测量选项
参与意愿	WP1：我乐意参与图书馆创客空间
	WP2：我会经常参与到图书馆创客空间中
	WP3：我会推荐朋友、同学一起参与图书馆创客空间

6.2.2　数据收集

主要通过线上线下相结合的方式，面向已经成功构建创客空间或者交流空间的高校图书馆的学生用户发放调查问卷。本研究在课题组项目支持的背景下，于 2022 年 10 月 5 日至 10 月 30 日发放和回收问卷，共收到有效问卷 671 份。

6.3　数据分析

6.3.1　描述性统计分析

对问卷填写者的基本信息进行描述性统计分析，结果如表 6-5 所示，发现男性、女性比例较为接近，年龄主要集中在 21～25 岁，本科生居多。

表 6-5　基本信息汇总表

类别	选项	样本量	占比/(%)
性别	男	346	51.56
	女	325	48.44
年龄	20 岁及以下	112	16.69
	21～25 岁	483	71.98
	26～30 岁	55	8.20
	31～35 岁	21	3.13
受教育程度	本科	431	64.23
	硕士及以上	240	35.77

6.3.2 信度效度分析

信度反映的是变量测度项内部的一致性程度，使用 Cronbach's α 和组合信度(composite reliability，CR)来评估内部一致性程度，当 Cronbach's α 和 CR 值大于 0.9 时，表示量表非常可信，当值在 0.7 和 0.9 之间时，表示量表很可信，当值在 0.5 和 0.7 之间时，表示量表可信①②。效度反映的是变量测度项的有效性程度，可通过收敛效度和区分效度进行测量。由于 PM1 是反向测量，因此在正式分析中对其进行转换。本书使用 SmartPLS 4.0 对问卷数据的信度和效度进行分析，结果如表 6-6 所示。

表 6-6　问卷变量信度效度分析结果

变量	测度项	Cronbach's α	因子载荷	CR	AVE
BK	BK1	0.910	0.954	0.934	0.847
	BK2		0.901		
	BK3		0.905		
CI	CI1	0.920	0.943	0.924	0.807
	CI2		0.887		
	CI3		0.879		
	CI4		0.884		
CS	CS1	0.771	0.842	0.789	0.607
	CS2		0.847		
	CS3		0.838		
	CS4		0.548		

---

① Chin W W. The partial least squares approach to structural equation modeling[J]. Modern Methods for Business Research, 1998, 295(2):295-336.

② Reinartz W J, Echambadi R, Chin W W. Generating non-normal data for simulation of structural equation models using Mattson's method[J]. Multivariate Behavioral Research, 2002, 37(2): 227-244.

续表

变量	测度项	Cronbach's α	因子载荷	CR	AVE
DP	DP1	0.880	0.912	0.882	0.806
	DP2		0.901		
	DP3		0.879		
OC	OC1	0.729	0.624	0.766	0.662
	OC2		0.910		
	OC3		0.876		
OM	OM1	0.717	0.631	0.731	0.652
	OM2		0.885		
	OM3		0.880		
PD	PD1	0.714	0.614	0.776	0.537
	PD2		0.576		
	PD3		0.859		
	PD4		0.836		
PG	PG1	0.857	0.869	0.859	0.777
	PG2		0.881		
	PG3		0.895		
PM	PM1	0.836	0.651	0.830	0.678
	PM2		0.899		
	PM3		0.858		
	PM4		0.862		

续表

变量	测度项	Cronbach's α	因子载荷	CR	AVE
RF	RF1	0.733	0.556	0.827	0.667
	RF2		0.923		
	RF3		0.916		
SM	SM1	0.720	0.657	0.746	0.650
	SM2		0.890		
	SM3		0.852		
WP	WP1	0.902	0.943	0.909	0.836
	WP2		0.897		
	WP3		0.903		

由表6-6可知，样本各变量的Cronbach's α值均大于0.70，CR值均大于0.70，说明量表很可信，即信度较好；收敛效度使用平均方差提取量（average variance extracted，AVE）来评估，由表6-6可知，各变量的AVE值均大于0.50，说明量表的收敛效度较好[①]。Hair等建议因子载荷应大于0.708，因为这表明测度项解释了指标方差的50%以上，从而提供了可接受的项目可靠性[②]。表6-6显示CS4、OC1、OM1、PD1、PD2、PM1、RF1、SM1的因子载荷分别为0.548、0.624、0.631、0.614、0.576、0.651、0.556、0.657，均小于0.708，因此，在后续分析中予以删除，其他各测度项的因子载荷均大于0.708，表示收敛效度较好。

采用Fornell-Larcker criterion和heterotrait-monotrait（HTMT）的相关比率两种方法对区分效度进行评估。Fornell-Larcker准则通过比较各变量测度项的AVE平方根与其他变量之间的相关系数来评估区分效度，当

① Fornell C, Larcker D F. Evaluating structural equation models with unobservable variables and measurement error[J]. Journal of Marketing Research, 1981, 18(1): 39-50.

② Hair J F, Risher J J, Sarstedt M, et al. When to use and how to report the results of PLS-SEM[J]. European Business Review, 2019, 31(1): 2-24.

AVE 的平方根值大于其他变量之间的相关系数时，则认为该量表的区分效度显著①②。从表 6-7 可知，各变量的 AVE 平方根均大于其他变量之间的相关系数，且各变量的 AVE 平方根均大于 0.7；根据表 6-8 所示的 heterotrait-monotrait（HTMT）比率③④⑤，本章模型中各变量间 HTMT 值均小于 0.9。以上两种方法说明研究模型中的所有变量都具有一定区分效度。因此，可对问卷数据做进一步的分析。

表 6-7　区分效度：Fornell-Larcker criterion

	BK	CI	CS	DP	OC	OM	PD	PG	PM	RF	SM	WP
BK	**0.920**											
CI	0.300	**0.899**										
CS	0.335	0.317	**0.779**									
DP	0.368	0.294	0.319	**0.898**								
OC	0.388	0.331	0.325	0.366	**0.813**							
OM	0.400	0.277	0.311	0.376	0.395	**0.807**						
PD	0.387	0.368	0.468	0.391	0.403	0.381	**0.732**					
PG	0.348	0.255	0.323	0.278	0.365	0.402	0.420	**0.882**				
PM	0.409	0.337	0.354	0.373	0.416	0.403	0.416	0.355	**0.823**			
RF	0.285	0.261	0.242	0.276	0.392	0.319	0.380	0.312	0.459	**0.817**		
SM	0.343	0.287	0.266	0.389	0.370	0.489	0.361	0.355	0.364	0.213	**0.806**	

① Fornell C, Larcker D F. Evaluating structural equation models with unobservable variables and measurement error[J]. Journal of Marketing Research, 1981, 18(1): 39-50.

② Hair J F, Ringle C M, Sarstedt M. PLS-SEM: indeed a silver bullet[J]. Journal of Marketing Theory and Practice, 2011,19(2):139-152.

③ Voorhees C M, Brady M K, Calantone R, et al. Discriminant validity testing in marketing: an analysis, causes for concern, and proposed remedies[J]. Journal of the Academy of Marketing Science, 2016,44(1):119-134.

④ Franke G, Sarstedt M. Heuristics versus statistics in discriminant validity testing: a comparison of four procedures[J]. Internet Research, 2019,29(3):430-447.

⑤ Henseler J, Dijkstra T K, Sarstedt M, et al. Common beliefs and reality about partial least squares: comments on Rönkkö & Evermann[J]. Organizational Research Methods, 2014,17(2): 182-209.

续表

	BK	CI	CS	DP	OC	OM	PD	PG	PM	RF	SM	WP
WP	0.313	0.296	0.302	0.329	0.273	0.292	0.387	0.290	0.367	0.283	0.289	**0.914**

注:粗体数值为各变量的 AVE 平方根,其余数据为变量之间的相关系数。

表 6-8　区别效度:heterotrsait-monotrait(HTMT)

	BK	CI	CS	DP	OC	OM	PD	PG	PM	RF	SM	WP
BK												
CI	0.327											
CS	0.408	0.384										
DP	0.411	0.328	0.394									
OC	0.474	0.413	0.447	0.455								
OM	0.490	0.344	0.432	0.475	0.556							
PD	0.497	0.458	0.686	0.497	0.570	0.544						
PG	0.392	0.287	0.411	0.320	0.469	0.517	0.559					
PM	0.465	0.377	0.448	0.428	0.546	0.512	0.542	0.412				
RF	0.362	0.317	0.328	0.363	0.602	0.460	0.509	0.398	0.536			
SM	0.420	0.352	0.363	0.488	0.513	0.688	0.551	0.453	0.472	0.297		
WP	0.341	0.324	0.364	0.369	0.335	0.362	0.461	0.327	0.413	0.339	0.354	

6.4　模型检验

本研究使用 SmartPLS 4.0 软件对结构方程模型进行验证,验证结果如图 6-1 所示,假设检验结果如表 6-9 所示,发现用户参与图书馆创客空间的意愿主要受到基础知识、创新精神、心理诉求、资源设施、保护机制、发展前景和思想碰撞的影响,这些变量对用户参与图书馆创客空间意愿的解释力度为 24.1%。

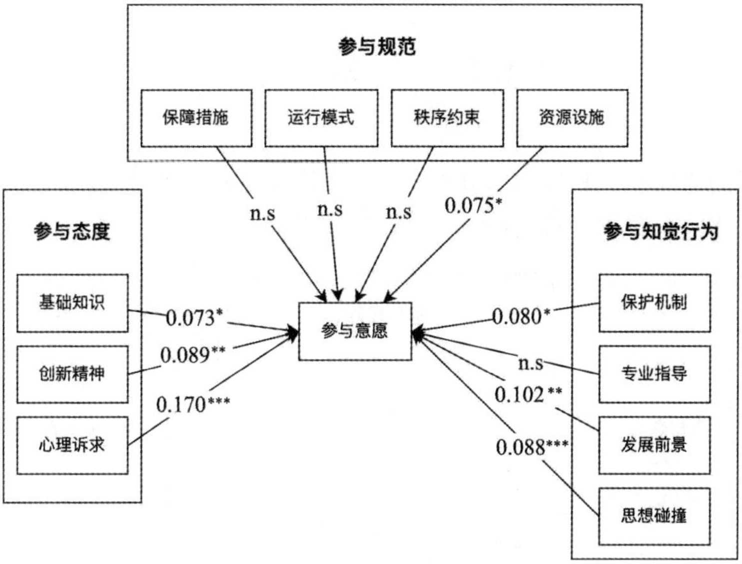

图 6-1 结构方程模型验证结果

注：* 表示 $p<0.05$；** 表示 $p<0.01$；*** 表示 $p<0.001$；n. s 表示假设不成立。

表 6-9 假设检验结果

假设	路径	路径系数值	t statistics	p values	假设是否成立
H1a	BK→WP	0.073*	2.136	0.033	成立
H1b	CS→WP	0.089**	3.014	0.003	成立
H1c	PD→WP	0.170***	5.236	0.000	成立
H2a	SM→WP	0.064	1.914	0.056	不成立
H2b	OM→WP	0.035	1.071	0.284	不成立
H2c	OC→WP	−0.001	0.036	0.971	不成立
H2d	RF→WP	0.075*	2.457	0.014	成立
H3a	PM→WP	0.080*	2.553	0.011	成立
H3b	PG→WP	0.061	1.820	0.069	不成立
H3c	DP→WP	0.102**	2.834	0.005	成立
H3d	CI→WP	0.088**	2.932	0.003	成立

注：*** 表示 $p<0.001$；** 表示 $p<0.01$；* 表示 $p<0.05$。

6.5 结果分析

通过对结构方程模型的分析,可对图书馆创客空间用户参与意愿影响因素模型进行修正,修正后的模型如图6-2所示。

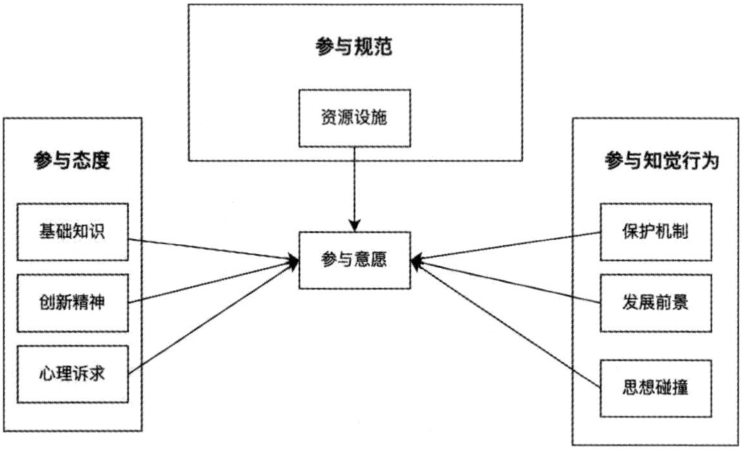

图6-2 修正后的模型

6.5.1 用户参与意愿受到参与态度的影响

在参与态度方面,基础知识、创新精神和心理诉求显著正向影响图书馆创客空间用户参与意愿。

① 随着我国创客空间的不断发展,用户对创客空间的了解越来越多,这更能够吸引用户参与到创客空间当中,因此基础知识对图书馆创客空间用户参与意愿产生正向影响。

② 党的二十大报告指出,要完善科技创新体系,培育创新文化,弘扬科学家精神,涵养优良学风,营造创新氛围[①]。创客空间作为创新创业实践的

① 新华社. 习近平:高举中国特色社会主义伟大旗帜 为全面建设社会主义现代化国家而团结奋斗——在中国共产党第二十次全国代表大会上的报告[EB/OL]. [2023-04-06]. https://www.gov.cn/xinwen/2022-10/25/content_5721685.htm.

前沿阵地[①],吸引具有创新精神的用户参与并构建,因此,用户的创新精神对参与创客空间的意愿具有正向影响。

③ 在用户参与创客空间的过程中,如果其能够与其他用户及导师进行交流,培养创新意识,提高学习能力,那么用户参与创客空间的意愿将更加强烈,即心理诉求对用户参与意愿具有正向影响。

6.5.2 用户参与意愿受到参与规范的影响

在参与规范方面,资源设施显著正向影响图书馆创客空间用户参与意愿。如果创客空间能够为用户提供足够的空间及充足的资源和设备等,可以满足用户开展创客活动的要求,无须用户自己准备相关设备就可以开展相应实践活动,那么,用户参与创客空间的意愿就高。

保障措施、运行模式和秩序约束对用户参与意愿的影响不显著,可能是因为:

① 当前,我国创客空间的发展仍在起步阶段,用户对创客空间的运行模式并不熟悉,图书馆是否选取适合本馆特色的创客空间运行模式对用户参与意愿的影响不显著。

② 用户参与创客空间,在实践的过程中将创意转化为现实,更多地关注创客空间是否可以为其创意的实现提供资源和设施,而对保障措施和秩序的关注较少,因此保障措施和秩序约束对用户参与意愿的影响不显著。

6.5.3 用户参与意愿受到参与知觉行为的影响

在参与知觉行为方面,保护机制、发展前景和思想碰撞对图书馆创客空间用户参与意愿具有正向影响。

① 创客空间针对用户创意设立了一定的保护机制,用户的创意及想法越能够得到保障,用户参与创客空间的意愿越强烈。因此,保护机制对用户参与意愿具有正向影响。

② 用户在参与创客空间的过程中,以市场产品为导向,了解市场需求,推进产品市场化。因此,创客空间发展前景对用户参与意愿具有正向影响。

③ 用户在创客空间与其他用户进行思想碰撞,共同学习,在一定程度上

---

① 张小远,王华,崔源. 产教融合视域下高校创客空间的建设与运营[J]. 实验技术与管理,2022,39(10):239-243.

影响用户参与创客空间的意愿。

用户参与创客空间更多的是希望将自己的创意转变为现实，尽管专业的指导有利于这种转变，但驱使用户参与的直接动因是其自身想将自己的创意转变为现实的内在驱动力。因此，专业指导对用户参与意愿的影响不显著。

7 图书馆创客空间用户持续使用意愿影响因素分析

图书馆创客空间作为用户学习、合作、交流的平台，根据用户需要提供多种设备和工具，为用户更好地进行创客活动营造良好的环境和氛围[①]。但是，目前我国图书馆创客空间建设水平和服务质量不高，利用率较低[②]。为了促进创客空间持续发展，提高创客空间利用率，不仅要关注创客空间的建设情况以及用户的参与意愿，还需要进一步关注用户是否愿意持续使用创客空间。用户对创客空间的持续使用意愿不仅受到用户满意度的影响，也受到创客空间自身建设发展情况、用户对创客空间的感受和环境的影响。因此，本书基于期望确认模型，构建图书馆创客空间用户持续使用意愿影响因素模型，分别从图书馆创客空间、用户和环境三个角度探析如何促进用户持续使用创客空间，充分发挥创客空间的价值。

7.1 研究假设与研究模型构建

7.1.1 研究假设

7.1.1.1 基于期望确认模型的假设

2001年，Bhattacherjee 提出期望确认模型（expectation confirmation model，ECM）[③]，认为用户期望确认正向影响感知有用性和满意度，同时，用户的感知有用性和满意度对其持续使用意愿具有正向影响，期望确认模型如图7-1所示。在研究过程中，针对不同的情境，各学者在期望确认模型的基础上引入其他不同变量，在研究的过程中充分验证了该模型对用户持续使用行为的有效解释。

(1)期望确认

期望确认是指用户在使用系统或服务前后，预期与实际使用效果之间

---

① 明均仁，张俊，张玄玄．美国移动创客空间建设现状及启示[J]．国家图书馆学刊，2018，27(3)：48-55.

② 陈婧，谭丰隆，刘洋阳．高校图书馆创客空间建设路径研究[J]．图书馆，2021(7)：77-81.

③ Bhattacherjee A. Understanding information systems continuance: an expectation-confirmation model[J]. MIS Quarterly，2001，25(3)：351-370.

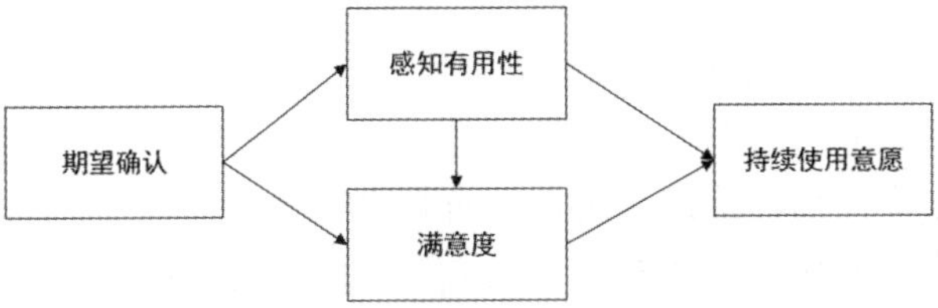

图 7-1 期望确认模型

的认知落差[①]。Stone 和 Baker-Eveleth 使用期望确认模型研究学生对电子教科书的持续使用意愿，实证验证了期望确认模型解释的有效性[②]。曹高辉等在期望确认模型的基础上，实证发现期望确认度显著影响用户对线上评论的感知有用性[③]。本书中，期望确认是指用户在使用创客空间后的实际感受与使用前期望的一致程度。用户在使用创客空间前对其具有一定的期望，如将创意转变为现实、增进与他人的交流等，用户在使用创客空间后期望确认较高，则用户未来继续使用创客空间的概率也较高。因此，提出如下假设。

H1：创客空间用户期望确认正向影响感知有用性。

H2：创客空间用户期望确认正向影响满意度。

(2)感知有用性

感知有用性是指用户在使用新技术或服务时，认为该技术或服务能够提升工作绩效的程度[④]。张哲等以期望确认模型为基础，实证分析发现在 MOOC 持续学习过程中，感知有用性对用户满意度和使用意愿具有积极影响[⑤]。谭春辉等结合期望确认模型和 PPM 模型，实证发现用户使用学术微信公众号时，对公众号的感知有用性正向影响满意度[⑥]。在本书中，感知有

① Bhattacherjee A. Understanding information systems continuance: an expectation-confirmation model[J]. MIS Quarterly, 2001, 25(3): 351-370.

② Stone R W, Baker-Eveleth L. Students' expectation, confirmation, and continuance intention to use electronic textbooks[J]. Computer in Human Behavior, 2013, 34(10): 992-1004.

③ 曹高辉，虞松涛，张煜轩，等. 消费者持续参与在线评论意愿实证研究[J]. 管理评论，2017，29(11)：148-158.

④ 曹芬芳，王涵，黄倩. 图书馆创客空间用户使用影响因素实证研究[J]. 图书馆建设，2017(10)：21-28.

⑤ 张哲，王以宁，陈晓慧，等. MOOC 持续学习意向影响因素的实证研究——基于改进的期望确认模型[J]. 电化教育研究，2016，37(5)：30-36.

⑥ 谭春辉，易亚，李莉. 学术微信公众号用户持续使用意愿影响因素研究[J]. 现代情报，2021，41(1)：50-59.

用性是指用户使用创客空间提高工作、学习绩效的程度。当用户认为使用创客空间可以明显提高学习和工作效率时,会产生持续使用创客空间的意愿。基于以上分析,提出如下假设。

H3:创客空间用户感知有用性正向影响满意度。

H4:创客空间用户感知有用性正向影响持续使用意愿。

(3)满意度

满意度是用户使用技术或服务前后的期望与实际感受相比较的一种主观评价[①],是期望确认模型中重要的中介变量。关磊基于整合的期望确认模型,建立高校数字图书馆网站用户持续使用意愿模型,采用结构方程模型进行验证,发现高校数字图书馆网站用户的满意度对持续使用意愿具有显著正向影响[②]。周沛等将满意度作为中介变量,实证研究发现用户在使用购物类 APP 时的满意度对持续使用意愿具有积极影响[③]。郭财强和明均仁在期望确认模型的基础上,分别通过三个不同的时间点获取样本数据,实证发现满意度正向影响用户对移动图书馆的持续使用意愿[④]。在本书中,满意度是当用户在使用创客空间的过程中感到满意的程度,将影响用户继续使用创客空间。基于此,提出如下假设。

H5:创客空间用户满意度正向影响持续使用意愿。

7.1.1.2 图书馆创客空间维度的假设

在第 6 章的基础上,本章选择资源设施和保障措施两个变量作为图书馆创客空间维度的变量。资源设施指高校图书馆创客空间提供的各种设备与资源,如电脑、网络、3D 打印设备等;保障措施指高校图书馆创客空间为用户提供的各种保障,如提供信息与技术支持、成果转化支撑等。高校图书馆创客空间的设备越齐全、资源越丰富,就越能为创客空间用户实现创意、工作或学习提供便利,用户就越能感知到创客空间的有用性;用户在使用创客空

① 钱蔚蔚,高洁,李理. 高校图书馆用户感知服务质量满意度调查研究[J]. 图书馆工作与研究, 2011(6): 26-31.

② 关磊. 高校数字图书馆网站用户持续使用意愿研究——基于用户体验、TAM 和 ECM 的整合模型[J]. 图书馆工作与研究, 2020(2): 48-59.

③ 周沛,伏苏云,赵越春. 购物类 APP 用户持续使用影响因素的实证研究[J]. 南京师大学报(自然科学版), 2020, 43(2): 140-148.

④ 郭财强,明均仁. 移动图书馆用户持续使用意愿整合模型及其实证研究[J]. 现代情报, 2020, 40(9): 79-89.

间的过程中，如果可以获得创客空间提供的技术与信息支持，创客空间可以为用户成果转化提供帮助，用户就会感知到创客空间的有用性。因此，提出如下假设。

H6：资源设施正向影响创客空间用户的感知有用性。

H7：保障措施正向影响创客空间用户的感知有用性。

7.1.1.3　用户维度的假设

在第6章的基础上，结合已有研究[①]及创客空间用户持续使用行为的特点，选择感知愉悦性、自我效能、领域知识和个体创新四个变量作为用户维度的变量。感知愉悦性指用户使用创客空间的过程中感到愉悦、满意；自我效能是用户的一种自我判断，自我效能感高的用户会感觉更有信心和能力完成创客空间中的各种活动；领域知识指用户自己所掌握的知识，图书馆创客空间为用户提供的各种专业知识、技能培训等；个体创新指用户自己的创新精神及图书馆创客空间为用户创新所提供的各种支持。如果用户在使用创客空间的过程中感觉愉悦、满意，这将提升用户的期望确认，增强用户的感知有用性；自我效能感高的用户认为自己有能力、有信心完成创客空间的任务、活动，这将提高他们的期望确认和感知有用性；个体所掌握的知识及图书馆创客空间所提供的专业知识有助于增强用户对图书馆创客空间有用性的感知；当个体具备创新精神，且图书馆创客空间可以为个体创新提供支持时，用户对创客空间有用性的感知将会提高。因此，提出如下假设。

H8：感知愉悦性正向影响创客空间用户的期望确认。

H9：感知愉悦性正向影响创客空间用户的感知有用性。

H10：自我效能正向影响创客空间用户的期望确认。

H11：自我效能正向影响创客空间用户的感知有用性。

H12：领域知识正向影响创客空间用户的感知有用性。

H13：个体创新正向影响创客空间用户的感知有用性。

7.1.1.4　环境维度的假设

在第6章的基础上，本章选择保护机制、系统帮助、思想碰撞三个变量作为环境维度的变量。保护机制指创客空间为用户创意、作品、隐私等方面提

---

① 陶继华. 基于扎根理论的创客空间环境下馆员服务的机制构建与机理分析[J]. 图书馆学研究，2021(6)：18-26.

供的各种保护措施;系统帮助指创客空间利用线上线下平台为用户提供的各种帮助,如提供培训、咨询服务等;思想碰撞指用户在创客空间中可以与他人进行自由交流,进而催生新的创意或想法,或促进自己创意的实现。创客空间用户在参与创客空间活动的过程中,希望自己的创意、作品等可以得到相应保护,如果创客空间可以提供相应保护措施,那么将提升用户对创客空间的满意度;当创客空间可以为用户提供及时的线上线下服务时,用户对创客空间的满意度将得以提升;用户参与创客空间主要是希望将自己的创意转变为现实,如果在这个过程中可以获得额外的灵感或创意,那么用户的持续使用意愿将得到增强。因此,提出如下假设。

H14:保护机制正向影响创客空间用户的满意度。

H15:系统帮助正向影响创客空间用户的满意度。

H16:思想碰撞正向影响创客空间用户的持续使用意愿。

7.1.2 研究模型构建

本书基于上面提出的研究假设,以期望确认模型为基础理论模型,分别从图书馆创客空间、用户及环境三个角度,引入资源设施、保障措施、感知愉悦性、自我效能、领域知识、个体创新、保护机制、系统帮助和思想碰撞等变量,面向图书馆创客空间用户,构建图书馆创客空间用户持续使用意愿影响因素模型,如图7-2所示。

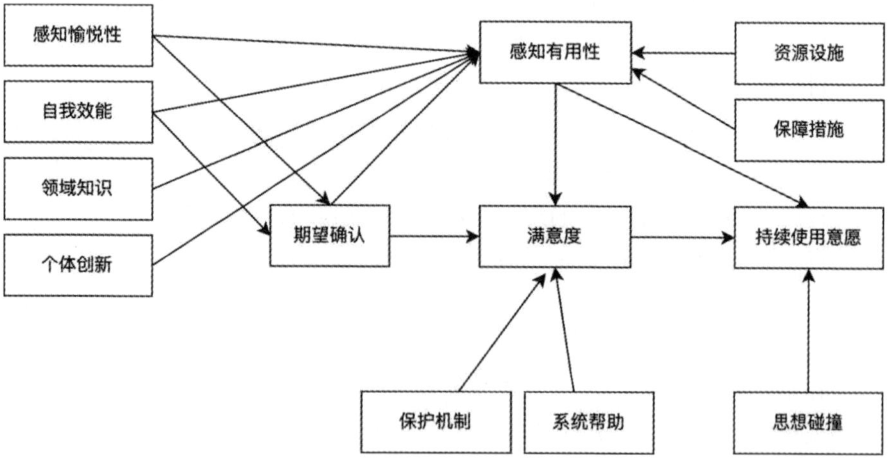

图7-2 图书馆创客空间用户持续使用意愿影响因素模型

7.2 问卷设计与数据收集

7.2.1 量表设计

本书以问卷的形式收集有关图书馆创客空间用户持续使用意愿影响因素的数据，借鉴国内外相关文献中的成熟量表，采用李克特五级量表进行测量，并根据用户持续使用图书馆创客空间的特定情境，对量表进行修改和完善，以保证问卷的有效性和可靠性。问卷主要分为两个部分，第一部分为被调查者的基本信息，第二部分为变量测量题项。变量及其对应题项如表7-1所示。

表7-1 变量测量题项及来源

变量	题项	来源
领域知识（DK）	DK1：图书馆创客空间提供的学术资源涵盖了大量的行业	文献①
	DK2：图书馆创客空间提供的学术资源是新颖的、先进的	
	DK3：图书馆创客空间经常举办不同专业相关的学术活动（至少每月一次），如讲座、展览或研讨会等	
	DK4：图书馆创客空间的资源和活动有助于提升我的知识素养，如信息检索能力、信息整合能力等	
个体创新（II）	II1：图书馆创客空间鼓励并支持我的创新思维和创造力	文献②
	II2：图书馆创客空间内的资源和工具对我的创新活动非常重要	
	II3：创客空间鼓励并支持分享创新成果或经验	
感知愉悦性（PP）	PP1：我对图书馆创客空间的整体环境和氛围感到满意	文献③
	PP2：在使用图书馆创客空间时，我感到愉悦	
	PP3：我愿意在图书馆创客空间完成大部分的工作/学习任务	

① 余世英，明均仁. 移动图书馆的用户接受模型实证研究[J]. 图书馆建设，2014(1):21-27,32.

② 陈鹤阳. 移动图书馆用户采纳行为影响因素Meta分析[J]. 现代情报，2017,37(7):70-78.

③ 张大伟，陈彦馨，王敏. 期望与确认:短视频平台持续使用影响因素初探——基于SEM与fsQCA的研究[J]. 现代传播(中国传媒大学学报)，2020,42(8):133-140.

续表

变量	题项	来源
自我效能(SE)	SE1:在使用图书馆创客空间期间,我感到更有信心和能力完成任务	文献①
	SE2:在图书馆创客空间中,我可以尝试一些新领域或掌握新的技能	
	SE3:从图书馆创客空间中获得的经验或知识,有助于我应对未来的挑战	
保护机制(PM)	PM1:我感到自己的隐私和安全在图书馆创客空间内得到了充分保护	文献②
	PM2:创客空间中产生的创意、作品在知识产权方面有保障	
	PM3:创客空间服务人员提供关于如何保护自我权益的指引或培训	
系统帮助(SH)	SH1:创客空间中有专业人员指导我们使用相关设备	文献③④
	SH2:遇到不懂的知识时,可以随时咨询创客空间的服务人员	
	SH3:创客空间定期开展培训课程	
思想碰撞(IC)	IC1:我可以在创客空间中找到志同道合的人	文献⑤
	IC2:我可以和不同专业的人进行思想碰撞	
	IC3:创客空间提供了很好的交流平台	
保障措施(SM)	SM1:为了维持公共秩序以及保护用户权益,创客空间有清晰、合理、全面的行为准则和规定	
	SM2:图书馆创客空间提供信息和技术支持	

① 宋慧玲，帅传敏，李文静. 生态学习观视角下虚拟学习社区用户满意度模型构建与验证[J]. 中国电化教育，2019(12):68-77.

② 陈蓉，陈晓禹，朱君妍，等. 基于ISM的移动图书馆用户持续使用意愿影响因素的结构关系研究[J]. 图书馆学研究，2021(21):93-101,31.

③ 严安，严亚兰. 高校图书馆电子资源持续使用意愿影响因素实证研究[J]. 图书馆论坛，2013，33(3):43-50,30.

④ 余世英，明均仁. 移动图书馆的用户接受模型实证研究[J]. 图书馆建设，2014(1):21-27,32.

⑤ 陈鹤阳. 移动图书馆用户采纳行为影响因素Meta分析[J]. 现代情报，2017,37(7):70-78.

续表

变量	题项	来源
保障措施(SM)	SM3:图书馆创客空间为后续技术成果转化提供帮助	文献[1]
	SM4:对于我遇到的工作和学习上的问题,图书馆创客空间均能提供帮助	
资源设施(RF)	RF1:创客空间提供的设施可以自由使用	文献[2]
	RF2:创客空间中设备齐全,电脑、3D打印设备等足够先进,能够满足用户的使用需求	
	RF3:创客空间中的设备使用成本低,如时间成本、经济成本等	
期望确认(EC)	EC1:创客空间的功能符合我使用前的设想	文献[3]
	EC2:通过创客空间,我实现了一直以来未能实现的想法	
	EC3:使用创客空间的收获比我预想中的要大	
感知有用性(PU)	PU1:使用创客空间有助于提高我的学习效率	文献[4][5]
	PU2:使用创客空间有助于发挥我的创造力	
	PU3:总体来说,我认为创客空间是很有用的	
满意度(SA)	SA1:我对创客空间总体感到满意	文献[6][7]
	SA2:我对创客空间的使用过程感到满意	
	SA3:我对创客空间的使用效果感到满意	
	SA4:创客空间满足了我的需求,我感到非常满意	

① 陈蓉,陈晓禹,朱君妍,等.基于ISM的移动图书馆用户持续使用意愿影响因素的结构关系研究[J].图书馆学研究,2021(21):93-101,31.

② 关磊.高校数字图书馆网站用户持续使用意愿研究——基于用户体验、TAM和ECM的整合模型[J].图书馆工作与研究,2020(2):48-59.

③ 谭春辉,易亚,李莉.学术微信公众号用户持续使用意愿影响因素研究[J].现代情报,2021,41(1):50-59.

④ Davis DF. Perceived usefulness, perceived ease of use, and user acceptance of information technology[J]. MIS Quarterly, 1989,13(3):319-340.

⑤ 谭春辉,易亚,李莉.学术微信公众号用户持续使用意愿影响因素研究[J].现代情报,2021,41(1):50-59.

⑥ 郭财强,明均仁.移动图书馆用户持续使用意愿整合模型及其实证研究[J].现代情报,2020,40(9):79-89.

⑦ Bhattacherjee A . Understanding information systems continuance: an expectation-confirmation model[J]. MIS Quaterly, 2001,25(3):351-370.

续表

变量	题项	来源
持续使用意愿(BI)	BI1:我愿意未来参与并使用创客空间	文献①②
	BI2:我愿意未来经常使用创客空间	
	BI3:我愿意向其他人推荐创客空间	

7.2.2 数据收集

本研究采用网络问卷的形式,面向高校图书馆创客空间的用户发放问卷,共收回问卷 397 份,其中有效问卷 381 份,问卷有效率为 95.97%。剔除无效问卷的标准是:① 所有题项得分相同或连续 8 个题项得分相同时,该问卷无效[3];② 多个题项未得分,则该问卷无效。问卷填写者中女性较多,年龄集中在 21~25 岁,多为硕士及以上学历,具体如表 7-2 所示。

表 7-2 问卷填写者基本信息表

类别	选项	样本量	占比/(%)
性别	男	109	28.61
	女	272	71.39
年龄	20 岁及以下	56	14.70
	21~25 岁	249	65.35
	26~30 岁	72	18.90
	31~35 岁	4	1.05
受教育程度	本科	107	28.08
	硕士及以上	274	71.92

① 曹树金,王灵.国家公共文化云平台导航系统使用意愿的影响因素[J]. 图书馆论坛,2023,43(5):34-44.

② Venkatesh V, Bala H. Technology acceptance model 3 and a research agenda on interventions[J]. Decision Sciences,2008,39(2):273-315.

③ 明均仁,张俊. 高校图书馆创客空间用户参与意愿影响因素研究[J]. 数字图书馆论坛,2018(4):21-27.

7.3　数据分析

本研究采用 SmartPLS 4.0 软件对收集到的样本数据进行信度和效度分析，并进行结构方程模型验证。

7.3.1　信度效度分析

问卷的信度和效度结果如表 7-3 所示。信度反映的是变量测度项内部的一致性程度，使用 Cronbach′s α 和组合信度（composite reliability，CR）来评估内部一致性程度。由表 7-3 可知，各变量的 Cronbach's α 系数值在 0.691～0.825，CR 值为 0.699～0.826，表明问卷信度较好。效度反映的是变量测度项的有效性程度，可通过收敛效度和区分效度进行测量。收敛效度使用平均方差提取量（average variance extracted，AVE）来评估，由表 7-3 可知，各变量的 AVE 值均大于可接受的最小值 0.5①，说明问卷的收敛效度较好。Hair 等建议因子载荷应大于 0.708，因为这表明测度项解释了指标方差的 50%以上，从而提供了可接受的项目可靠性②。表 7-3 显示 DK3、SM4 的因子载荷分别为 0.694、0.598，均小于 0.708，因此，在后续分析中予以删除，其他各测度项的因子载荷均大于 0.708，表示问卷收敛效度较好。

表 7-3　问卷的信度和效度

变量	测度项	Cronbach′s α	因子载荷	CR	AVE
BI	BI1	0.757	0.822	0.758	0.673
	BI2		0.827		
	BI3		0.812		

① Straub D, Boudreau M C, Gefen D. Validation guidelines for IS positivist research[J]. Communications of the Association for Information Systems, 2004, 13(1): 380-427.

② Hair J F, Risher J J, Sarstedt M, et al. When to use and how to report the results of PLS-SEM[J]. European Business Review, 2019, 31(1):2-24.

续表

变量	测度项	Cronbach's α	因子载荷	CR	AVE
DK	DK1	0.755	0.806	0.765	0.575
	DK2		0.758		
	DK3		0.694		
	DK4		0.771		
EC	EC1	0.741	0.812	0.743	0.659
	EC2		0.796		
	EC3		0.826		
IC	IC1	0.76	0.779	0.774	0.674
	IC2		0.830		
	IC3		0.852		
II	II1	0.72	0.818	0.724	0.641
	II2		0.824		
	II3		0.759		
PM	PM1	0.768	0.820	0.770	0.683
	PM2		0.852		
	PM3		0.806		
PP	PP1	0.694	0.745	0.703	0.619
	PP2		0.808		
	PP3		0.805		
PU	PU1	0.691	0.743	0.699	0.618
	PU2		0.812		
	PU3		0.801		
RF	RF1	0.712	0.847	0.735	0.632
	RF2		0.779		
	RF3		0.758		

续表

变量	测度项	Cronbach's α	因子载荷	CR	AVE
SA	SA1	0.825	0.792	0.826	0.656
	SA2		0.809		
	SA3		0.833		
	SA4		0.806		
SE	SE1	0.726	0.774	0.726	0.646
	SE2		0.819		
	SE3		0.818		
SH	SH1	0.704	0.847	0.719	0.628
	SH2		0.786		
	SH3		0.740		
SM	SM1	0.771	0.799	0.797	0.597
	SM2		0.816		
	SM3		0.853		
	SM4		0.598		

采用 Fornell-Larcker 准则对区分效度进行评估。Fornell-Larcker 准则通过比较各变量测度项的 AVE 平方根与其他变量之间的相关系数来评估区分效度，当 AVE 的平方根值大于其他变量之间的相关系数时，则认为该量表的区分效度显著①②。从表 7-4 可知，各变量的 AVE 平方根均大于其他变量之间的相关系数，且各变量的 AVE 平方根均大于 0.7，说明研究模型中的所有变量都具有一定区分效度。因此，可对问卷数据做进一步的分析。

表 7-4 Fornell-Larcker 准则评估区分效度

	BI	DK	EC	IC	II	PM	PP	PU	RF	SA	SE	SH	SM
BI	**0.820**												

① Fornell C, Larcker D F. Evaluating structural equation models with unobservable variables and measurement error[J]. Journal of Marketing Research, 1981, 18(1): 39-50.

② Hair J F, Ringle C M, Sarstedt M. PLS-SEM: indeed a silver bullet[J]. Journal of Marketing Theory and Practice, 2011, 19(2): 139-152.

续表

	BI	DK	EC	IC	II	PM	PP	PU	RF	SA	SE	SH	SM
DK	0.378	**0.759**											
EC	0.325	0.425	**0.812**										
IC	0.427	0.355	0.382	**0.821**									
II	0.393	0.689	0.426	0.443	**0.801**								
PM	0.425	0.481	0.536	0.483	0.497	**0.826**							
PP	0.406	0.491	0.563	0.324	0.539	0.498	**0.787**						
PU	0.510	0.481	0.512	0.495	0.523	0.550	0.543	**0.786**					
RF	0.490	0.427	0.486	0.504	0.425	0.555	0.412	0.450	**0.795**				
SA	0.539	0.526	0.585	0.469	0.472	0.614	0.586	0.657	0.555	**0.810**			
SE	0.389	0.557	0.543	0.409	0.577	0.458	0.605	0.603	0.423	0.561	**0.804**		
SH	0.420	0.454	0.454	0.515	0.453	0.636	0.390	0.459	0.574	0.593	0.429	**0.792**	
SM	0.536	0.463	0.405	0.590	0.473	0.576	0.418	0.516	0.661	0.581	0.442	0.598	**0.773**

注：粗体数值为各变量的 AVE 平方根。

7.3.2 模型验证

使用 SmartPLS 4.0 软件对结构方程模型进行验证，验证结果如图 7-3 所示，假设验证结果如表 7-5 所示。由表 7-5 可知，16 个假设中 13 个假设成立，而剩余的 3 个假设 H6、H12、H13 不成立。变量 H6、H12、H13 对创客空间用户满意度和持续使用意愿的解释力度分别为 59.3%、35.4%。

表 7-5 结构方程模型分析结果

假设	路径	路径系数值及显著性	t 值	p 值	假设是否成立
H1	EC→PU	0.145*	2.319	0.02	成立
H2	EC→SA	0.214***	4.233	0	成立
H3	PU→SA	0.355***	6.891	0	成立
H4	PU→BI	0.218**	2.873	0.004	成立
H5	SA→BI	0.314***	4.648	0	成立
H6	RF→PU	0.02	0.329	0.742	不成立

续表

假设	路径	路径系数值及显著性	t 值	p 值	假设是否成立
H7	SM→PU	0.226**	3.107	0.002	成立
H8	PP→EC	0.369***	5.952	0	成立
H9	PP→PU	0.134*	2.131	0.033	成立
H10	SE→EC	0.32***	4.953	0	成立
H11	SE→PU	0.262***	3.811	0	成立
H12	DK→PU	0.031	0.573	0.567	不成立
H13	II→PU	0.108	1.417	0.157	不成立
H14	PM→SA	0.155**	2.685	0.007	成立
H15	SH→SA	0.234***	4.406	0	成立
H16	IC→BI	0.172**	2.693	0.007	成立

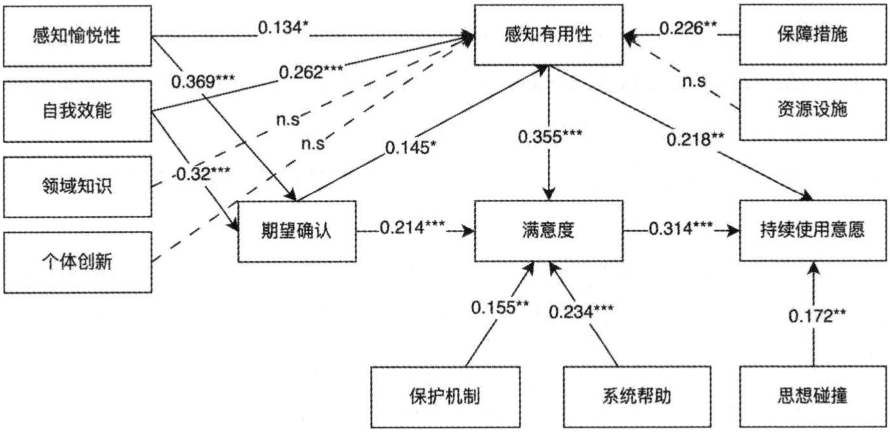

图 7-3　结构方程模型验证结果

注：* 表示 $p<0.05$；** 表示 $p<0.01$；*** 表示 $p<0.001$；n.s 表示假设不成立。

7.4　结果分析

① 假设 H1、H2、H3、H4 和 H5 均成立，即期望确认显著正向影响感知

有用性($\beta=0.145$，$p<0.05$)和满意度($\beta=0.214$，$p<0.001$)，感知有用性显著正向影响满意度($\beta=0.355$，$p<0.001$)和持续使用意愿($\beta=0.218$，$p<0.01$)，满意度显著正向影响持续使用意愿($\beta=0.314$，$p<0.001$)，这与以往类似研究的结论相一致[①]，进一步证明了期望确认模型的普适性。用户出于一定目的(如将创意转变为现实、提高学习或工作效率等)而使用创客空间，在使用创客空间后，会得到他们感知到使用效果超过了预期，那么用户对创客空间有用性的感知会得到增强，此时用户的期望确认较高，也会提升用户对创客空间的满意度，进而提升其持续使用意愿。

② 假设 H6 不成立，即资源设施对感知有用性的影响不显著；假设 H7 成立，即保障措施显著正向影响感知有用性($\beta=0.226$，$p<0.01$)。第 6 章的实证结果显示资源设施正向影响创客空间用户的参与意愿，而保障措施对参与意愿的影响不显著，但在持续使用情境下的实证结果刚好相反。这可能是因为资源设施是促使用户使用创客空间的基础，其在吸引用户参与创客空间时发挥了一定作用，同时，由于用户还未深入使用创客空间，对保障措施没有要求或要求不高。但随着用户使用创客空间时间的增加，创客空间所提供的基本的资源设施已不能满足用户的需求，正如马斯洛需求层次理论所说的那样，在基本需求得到满足后，用户往往会追求更高层次的需求，此时用户对保障措施的要求提高，创客空间所提供的保障措施直接影响用户对创客空间有用性的感知。

③ 假设 H8、H9、H10 和 H11 成立，即感知愉悦性显著正向影响期望确认($\beta=0.369$，$p<0.001$)和感知有用性($\beta=0.134$，$p<0.05$)，自我效能显著正向影响期望确认($\beta=0.32$，$p<0.001$)和感知有用性($\beta=0.262$，$p<0.001$)；假设 H12 和 H13 不成立，即领域知识和个体创新对感知有用性的影响不显著。领域知识和个体创新在促使用户参与创客空间方面发挥了重要作用，第 6 章的实证结果也显示基础知识和创新精神显著正向影响创客空间用户的参与意愿，但在持续使用情境下，领域知识和个体创新对感知有用性的影响不显著，这可能是因为用户更加注重使用创客空间时的体验(即感知愉悦性)。如果用户在使用创客空间的过程中感到愉悦和满意，将增强

① Bhattacherjee A. Understanding information systems continuance: an expectation-confirmation model[J]. MIS Quarterly, 2001, 25(3): 351-370.

其愉悦性感知，进而提升用户期望确认水平和感知有用性。用户在使用创客空间时，需要将自身创意转变为现实，这依赖于用户自身的动手能力，此时自我效能显著影响其使用创客空间的效果，自我效能感高的用户相信自己有能力将自己的创意转变为现实，这将增强用户在使用创客空间过程中的期望确认水平和感知有用性。

④ 假设 H14、H15 和 H16 均成立，即保护机制显著正向影响满意度（$\beta=0.155, p<0.01$），系统帮助显著正向影响满意度（$\beta=0.234, p<0.001$），思想碰撞显著正向影响持续使用意愿（$\beta=0.172, p<0.01$）。第 6 章实证结果也显示保护机制和思想碰撞显著正向影响用户的参与意愿。本章的结果进一步说明了用户在使用创客空间的过程中非常注重创客空间设立的保护机制，希望自己的创意、作品、专利等得到保护，图书馆及创客空间提供完备的保护机制将显著提高用户的满意度。另外，用户在使用创客空间的过程中如果可以获得及时的线上线下服务，将提升用户的使用体验，进而提升其满意度。创客空间为用户与志同道合的人进行交流和合作提供了很好的平台，实践合作或思想的碰撞都有助于用户将自己的创意转变为现实，进而提升其持续使用意愿。

8 图书馆创客空间服务质量评价

高校图书馆创客空间为学生提供了创新、创造和合作的空间，以促进他们在学术、技术和创新方面的发展。创客空间通常提供多样化的设施和学习资源，使学生能够将自己的想法转化为实际的作品或项目。高校图书馆创客空间服务质量评价是衡量创客空间用户对该空间提供的服务和资源满意程度的重要内容。本章首先构建高校图书馆创客空间服务质量评价指标体系，然后采用AHP层次分析法求出各指标权重，最后基于此权重运用模糊综合评价实证方法进行服务质量评价。

8.1 评价指标体系构建

对高校图书馆创客空间服务质量进行评价需要构建全面的评价指标体系，本部分基于指标体系构建原则，并参考SERVPERF服务质量模型构建评价指标体系，根据相关文献以及第4章归纳的图书馆创客空间服务推进的核心要素确定二级子指标，从而建立完整的评价指标体系。构建高校图书馆创客空间服务质量评价指标体系有助于深入了解创客空间使用者的使用意向，从而更好地优化基于用户方面的图书馆创客空间服务。

8.1.1 构建原则

构建高校图书馆创客空间服务质量评价指标体系时应遵循以下原则：

① 全面性原则。构建高校图书馆创客空间服务质量评价体系时应兼顾全面性，包括垂直全面性和横向全面性。横向全面性是指高校图书馆创客空间服务质量评价指标体系的构建应该涵盖不同的方面，比如不同的评价维度。垂直全面性指在构建评价指标体系时应注意每一个环节所属的下一级指标，比如不同维度下的子指标。总之，整个评价指标体系的建立要做到全面具体。

② 独立性原则。独立性原则是指在构建高校图书馆创客空间服务质量评价指标体系时，评价指标应该是相互独立的，即一个指标的变化不应该受到其他指标的影响，这个原则确保了评价指标体系的客观性和准确性。尽管每个指标都是独立的，但在最终评价服务质量时，可以综合考虑各个指标

的结果，这样可以得出一个综合的评价结论，反映创客空间的整体服务表现。然而，在进行综合评价时，仍然需要确保各个指标的独立性，并且给它们赋予适当的权重。

③ 层次性原则。层次性原则是指在构建高校图书馆创客空间服务质量评价指标体系时要逐层划分，先识别一级指标，在构建过程中，在一级指标下设置二级指标。遵循此原则可以使构建的体系结构层次分明、脉络清晰。在构建高校图书馆创客空间服务质量评价指标体系时，在保证层次性的同时还要注意各层级之间的衔接，从而更全面地评价高校图书馆创客空间的服务质量。

以上原则可以为高校图书馆创客空间服务质量评价指标体系的构建提供指导，从而更好地为用户优化创客空间服务。

8.1.2 构建评价维度

本部分以服务质量评价模型为依据，借鉴 SERVPERF 模型而不是 SERVQUAL 模型来度量高校图书馆创客空间的服务质量。SERVPERF 模型作为一种服务质量度量模型，国内外大量实证发现，具有一定的稳定性，相较于 SERVQUAL 模型有着更好的预测能力，且简单高效，能够更好地度量服务质量①。高校图书馆创客空间服务质量的五个评价维度如下。

(1)服务有形性

服务有形性是指服务环境的外在表现形式。高校图书馆创客空间的服务有形性指的是其建筑空间以及布局、所处的位置环境以及软硬件设备等外在表现。

(2)服务可靠性

服务可靠性是指向用户提供的服务精准且可靠。高校图书馆创客空间的服务可靠性是指其可提供清晰的资源指引、准确的活动信息以及信息化、数字化程度高等，使用户可以享受可靠的服务。

(3)服务保证性

服务保证性是指服务人员需要具备专业能力及素养，从而可以为用户

---

① 张浩东. 高校图书馆创客空间服务质量评价研究[D]. 武汉：华中师范大学，2020：18.

提供相关信息。高校图书馆创客空间的服务保证性指的是馆员需要具备良好的沟通能力和专业技能，同时要保证各种赛事和活动可以定期开展。

(4)服务响应性

服务响应性是指帮助用户及时解决问题的能力。这里指的是图书馆创客空间工作人员能保持积极的服务态度且可以随时为用户解答问题。

(5)服务移情性

服务移情性指的是关注用户的需求且可以为用户提供个性化服务。这里指的是高校图书馆创客空间立足于创客需求，为创客空间用户提供人文关怀和定制化服务。

8.1.3　确定评价指标体系

本部分根据评价指标构建原则，通过 SERVPERF 下的五个服务维度，并结合 4.5 小节“图书馆创客空间服务推进的核心要素”中的具体内容，参考相关文献资料构建了高校图书馆创客空间服务质量评价指标体系层次结构模型，如图 8-1 所示，具体指标体系如表 8-1 所示。

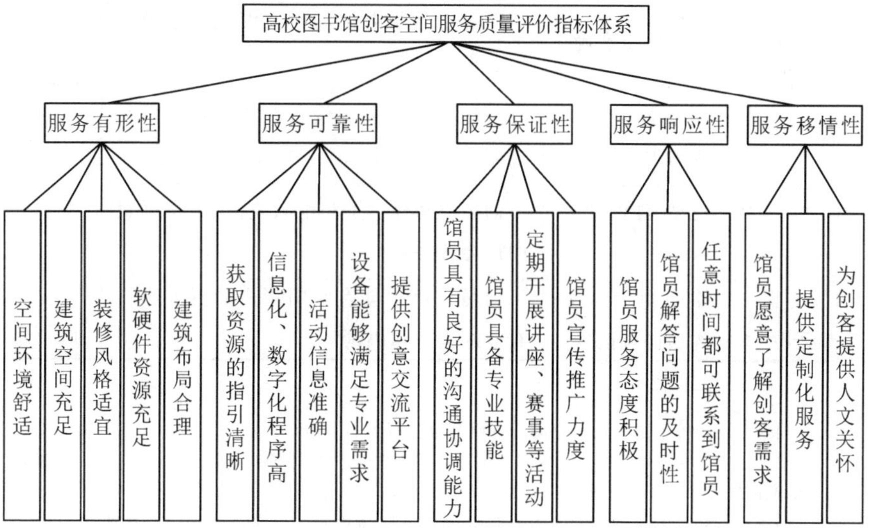

图 8-1　高校图书馆创客空间服务质量评价指标体系层次结构模型

表 8-1　高校图书馆创客空间服务质量评价指标体系

目标层	主维度	子指标	指标说明	参考来源
高校图书馆创客空间服务质量	服务有形性	建筑空间充足	创客空间内部空间足够宽敞	文献①②③
		建筑布局合理	创客空间设有专门的创客活动区域且布局得当	
		空间环境舒适	创客空间内的温度、通风、采光等环境条件适宜	
		装修风格适宜	创客空间内部装修干净整洁	
		软硬件资源充足	创客空间提供丰富的软硬件资源，比如3D打印机、计算机等	
	服务可靠性	获取资源的指引清晰	能够轻松找到和获取所需的资源，如图书、工具等	文献④⑤
		信息化、数字化程度高	在信息化和数字化方面提供了先进的设备和技术支持	
		活动信息准确	创客空间举办活动时能够发布准确的信息资讯	
		设备能够满足专业需求	创客空间提供的设备能够满足用户在专业领域的创作和学习需求	
		提供创意交流平台	创客空间提供了与他人交流、分享创意的机会和平台	
	服务保证性	馆员具有良好的沟通协调能力	馆员能够就创客空间用户的诉求进行有效的沟通和协调	

① 闫淑萍. 高校图书馆创客空间服务研究[J]. 河南图书馆学刊，2018,38(3):53-55.

② 柴源，杜文龙，刘晓东. 高校图书馆创客空间服务质量评价指标的建构与应用—以西安航空学院图书馆为例[J]. 图书馆研究，2016,46(2):46-50.

③ 刘哲. 高校图书馆创客空间服务质量评价指标的构建—以沈阳工业大学图书馆为例[J]. 农业图书情报学刊,2018,30(7):155-158.

④ 王岚. 图书馆创客空间用户信息服务需求分析与服务策略[J]. 图书情报工作，2018,62(12):39-45.

⑤ 刘新民，王译晨，范柳. 潜在创客需求与创客空间服务供给侧的改革研究[J]. 科技管理研究，2018,38(20):55-61.

续表

目标层	主维度	子指标	指标说明	参考来源
高校图书馆创客空间服务质量	服务保证性	馆员具备专业技能	馆员具备足够的专业知识，可以有效启发创客空间用户进行创造	文献①②
		定期开展讲座、赛事等活动	创客空间定期举办各种讲座、赛事等活动	
		馆员宣传推广力度	馆员在宣传创客空间活动和资源方面积极主动	
	服务响应性	馆员服务态度积极	馆员在为创客空间用户提供服务时态度友好、积极	文献③
		馆员解答问题的及时性	馆员为创客空间用户解答问题时速度快、效率高	
		任意时间都可联系到馆员	用户在需要帮助时能随时联系到馆员	
	服务移情性	馆员愿意了解创客需求	馆员愿意倾听用户的需求和想法	文献④
		提供定制化服务	创客空间能够为用户提供个性化的服务	
		为创客提供人文关怀	创客空间能够关心和照顾用户的情感和情绪	

① 吴瑾. 创客空间环境下高校图书馆员的作用与能力提升[J]. 图书情报工作，2018,62(2)：24-28.

② 张浩东. 高校图书馆创客空间服务质量评价研究[D]. 武汉：华中师范大学，2020.

③ 宁培然. 众创空间服务质量评价研究[D]. 郑州：郑州航空工业管理学院，2018.

④ 陶继华. 基于扎根理论的创客空间环境下馆员服务的机制构建与机理分析[J]. 图书馆学研究，2021(6)：18-26.

8.2 基于层次分析法确定评价体系指标权重

8.2.1 构造判断矩阵

在确定各层次各因素之间的权重时，如果只是定性的结果，则常常不容易被别人接受，因而 Saaty① 等人提出一致矩阵法，即不把所有因素放在一起比较，而是两两相互比较，对比时采用相对尺度，以尽可能减少性质不同的诸因素相互比较的困难，从而提高准确度。如对某一准则，对其下的各方案进行两两对比，并按其重要性程度评定等级。a_{ij} 为要素 i 与要素 j 的重要性比较结果，按两两比较结果构成的矩阵称作判断矩阵。判断矩阵具有如下性质：

$$a_{ij}=\frac{1}{a_{ji}}$$

判断矩阵元素 a_{ij} 的标度方法如表 8-2 所示：

表 8-2　比例标度表

标度	含义
1	因素 i 与因素 j 相比，具有相同重要性
3	因素 i 与因素 j 相比，因素 i 比因素 j 强
5	因素 i 与因素 j 相比，因素 i 比因素 j 稍强
7	因素 i 与因素 j 相比，因素 i 明显比因素 j 强
9	因素 i 与因素 j 相比，因素 i 绝对比因素 j 强
2,4,6,8	因素 i 相对于因素 j 的重要性介于上述相邻判断之间
倒数	若因素 i 与因素 j 的重要性为 a_{ij}，则因素 j 与 i 的重要性 $a_{ji}=1/a_{ij}$

可通过德尔菲法（专家调查法）来判断各层级指标的相对重要性。本次研究通过调查问卷的形式，请 10 位专家为高校图书馆创客空间服务质量评价体系各层级指标相对重要性进行赋分，并对每位专家的赋分结果进行一

① Saaty T L. Decision making with the analytic hierarchy process[J]. International Journal of Services Sciences, 2008(1):83-98.

致性检验,结果均通过。由于每位专家的研究方向、工作经验等不尽相同,因此对此体系各层次指标相对重要性的赋分存在一定程度的差异。最后以几何平均值的方式汇总10位专家的判断结果,得出最终判断矩阵,现列举第一层级五个维度的判断矩阵数据,如表8-3所示。

表 8-3 一级指标判断矩阵

	服务有形性	服务可靠性	服务保证性	服务响应性	服务移情性
服务有形性	1	0.38	0.35	0.29	0.56
服务可靠性	2.632	1	2.09	1.36	3.43
服务保证性	2.857	0.478	1	1.78	2.36
服务响应性	3.448	0.735	0.562	1	2.18
服务移情性	1.786	0.292	0.424	0.459	1

8.2.2 层次单排序及一致性检验

(1)层次单排序及一致性检验方法

对应于判断矩阵最大特征根 λ_{max} 的特征向量,经归一化(使向量中各元素之和等于1)后记为 $\boldsymbol{W}$。$\boldsymbol{W}$ 的元素为同一层次因素对于上一层次某因素相对重要性的排序权值,这一过程称为层次单排序。能否确认层次单排序,则需要进行一致性检验,所谓一致性检验,是指对判断矩阵 $\boldsymbol{A}$ 确定不一致的允许范围。其中,n 阶一致矩阵的唯一非零特征根为 n;n 阶正互反阵 $\boldsymbol{A}$ 的最大特征根 $\lambda \geqslant n$,当且仅当 $\lambda = n$ 时,$\boldsymbol{A}$ 为一致矩阵。

由于 λ 连续地依赖于 a_{ij},则 λ 比 n 大得越多,$\boldsymbol{A}$ 的不一致性越严重,一致性指标用CI计算,CI越小,说明一致性越好。用最大特征值对应的特征向量作为被比较因素对上层某因素影响程度的权向量,其不一致程度越大,引起的判断误差越大。因而可以用 $\lambda - n$ 数值的大小来衡量 $\boldsymbol{A}$ 的不一致程度,定义一致性指标为:

$$\mathrm{CI} = \frac{\lambda_{max} - n}{n - 1}$$

$$\lambda_{max} = \frac{1}{n} \sum_{i=1}^{n} \frac{(\boldsymbol{AW})_i}{w_i}$$

CI=0,有完全的一致性;CI接近于0,有满意的一致性;CI越大,不一致

性越严重。为衡量 CI 的大小,引入随机一致性指标 RI:

$$RI=\frac{CI_1+CI_2+\cdots+CI_n}{n}$$

其中,随机一致性指标 RI 和判断矩阵的阶数有关,一般情况下,矩阵阶数越大,则出现一致性随机偏离的可能性也越大,其对应关系如表 8-4 所示。

表 8-4　随机一致性指标 RI 标准值

矩阵阶数	1	2	3	4	5	6	7	8	9	10
RI	0	0	0.52	0.89	1.12	1.26	1.36	1.41	1.46	1.49

注:标准不同,RI 的值也会有微小的差异。

考虑到一致性的偏离可能是由随机原因造成的,因此在检验判断矩阵是否具有令人满意的一致性时,还需将 CI 和随机一致性指标 RI 进行比较,得出检验系数 CR,公式如下:

$$CR=\frac{CI}{RI}$$

一般来说,如果 CR<0.1 ,则认为该判断矩阵通过一致性检验,否则就不具有令人满意的一致性。

(2)创客空间服务质量评价体系指标层次单排序及一致性检验

对专家针对图书馆创客空间服务质量评价体系所构造的判断矩阵进行一致性检验,结果均通过。现列举对一级指标所构造的判断矩阵的层次单排序及一致性检验结果,如表 8-5 所示。

表 8-5　一级指标层次单排序及一致性检验

	服务有形性	服务可靠性	服务保证性	服务响应性	服务移情性	权重
服务有形性	1	0.38	0.35	0.29	0.56	0.0828
服务可靠性	2.632	1	2.09	1.36	3.43	0.3363
服务保证性	2.857	0.478	1	1.78	2.36	0.2495
服务响应性	3.448	0.735	0.562	1	2.18	0.2219
服务移情性	1.786	0.292	0.424	0.459	1	0.1096
$\lambda_{max}=5.158$,CI=0.039,RI=1.12,CR=0.035<0.1,符合一致性检验						

8.2.3　最终权重配置

计算某一层次所有因素对于最高层(总目标)相对重要性的权值,称为层次总排序。这一过程是从最高层次到最低层次依次进行的。上面已对高校图书馆创客空间服务质量评价体系指标构造的判断矩阵进行了层次单排序且均通过一致性检验。现计算高校图书馆创客空间服务质量评价体系最终指标权重配置,如表 8-6 所示。

表 8-6　高校图书馆创客空间服务质量评价体系指标权重表

一级指标	一级指标权重	二级指标	二级指标权重	综合权重
服务有形性	0.0828	建筑空间充足	0.1381	0.0114
		建筑布局合理	0.2064	0.0171
		空间环境舒适	0.1753	0.0145
		装修风格适宜	0.1215	0.0101
		软硬件资源充足	0.3588	0.0297
服务可靠性	0.3363	获取资源的指引清晰	0.3275	0.1101
		信息化、数字化程度高	0.1265	0.0425
		活动信息准确	0.2329	0.0783
		设备能够满足专业需求	0.2079	0.0699
		提供创意交流平台	0.1052	0.0354
服务保证性	0.2495	馆员具有良好的沟通协调能力	0.3425	0.0855
		馆员具备专业技能	0.3458	0.0863
		定期开展讲座、赛事等活动	0.1607	0.0401
		馆员宣传推广力度	0.151	0.0377
服务响应性	0.2219	馆员服务态度积极	0.2807	0.0623
		馆员解答问题及时	0.4388	0.0974
		任意时间都可联系到馆员	0.2805	0.0622
服务移情性	0.1096	馆员愿意了解创客需求	0.4335	0.0475
		提供定制化服务	0.3112	0.0341
		为创客提供人文关怀	0.2553	0.0280

8.3 基于模糊综合评价法的服务质量评价

8.3.1 建立评语集

评语集是评判人员对被评估的对象做出主观性评价结果的集合，通常用V表示。本小节在上面提到的20个指标的权重评价的基础上，建立了评语集$V=\{V_1,V_2,\cdots,V_n\}$，并将评语集分为{十分满意，满意，中立，不满意，非常不满意}5个等级。模糊综合评价考虑了各种影响因素，建立评语集以得到被评估对象定量的综合评价结果。根据上述评价标准，我们首先选择以问卷调查的形式获得数据，随机邀请了220名在近一个月中使用本校图书馆创客空间超过15天的用户，对评价图书馆创客空间满意度的各项指标进行打分。本书采用李克特五级量表设计了服务有形性(T)、服务可靠性(Rl)、服务保证性(A)、服务响应性(Rs)、服务移情性(E)5个维度的调查问卷(见附录D)，收回问卷220份，剔除填写时间较短、所有答案均一致的问卷27份，得到有效问卷193份，问卷有效率为87.73%。问卷的描述性统计分析结果如表8-7所示。

表8-7 问卷描述性统计分析结果

类别	选项	样本量	占比/(%)
性别	男	80	41.45
	女	113	58.55
年龄	20岁及以下	7	3.63
	21～25岁	165	85.49
	26～30岁	16	8.29
	31～35岁	5	2.59
受教育程度	本科	54	27.98
	硕士及以上	139	72.02

从表8-7中可以直观地看出，本次调研所得到的193份有效问卷中，男性占比为41.45%，女性占比为58.55%。因为调查对象为在校学生，故年龄

分布较为集中，受访者的年龄集中在 21～25 岁，占比 85.49%。72.02%的受访者为硕士及以上学历。

8.3.2 建立因素集

因素集是影响被评估对象的各种因素的集合，用 U 表示，设 $U=\{U_1,U_2,\cdots,U_n\}$为图书馆创客空间服务质量评价模型的一级因素集。本书将影响被评估对象的各种因素设定为 SERVPERF 的 5 个维度，分别为服务有形性(T)、服务可靠性(Rl)、服务保证性(A)、服务响应性(Rs)、服务移情性(E)，故相应的权重集为 $W=\{W_1,W_2,\cdots,W_5\}$。

根据上文中专家打分得出的二级指标，即子因素层，将二级指标集定义为 $u=\{u_1,u_2,\cdots,u_i\}$，本书中 $i=20$，相应的权重集为 $W_i=\{W_1,W_2,\cdots,W_{20}\}$。

8.3.3 确定隶属度

对于评语集的 5 个等级{十分满意，满意，中立，不满意，十分不满意}，参照李克特五级量表法分别赋予 5 分、4 分、3 分、2 分、1 分，分数越高，表示满意程度越高，反之越低。隶属度矩阵的构建需要计算出每个指标在评价论域下的隶属度，首先需要根据问卷数据，提取 193 个样本中 20 个量表题的答题结果，如表 8-8 所示，其中满意度差异=大于等于 4 分的评价数－小于等于 2 分的评价数，如数值为正，则表示受访者对于对应因素或维度普遍满意，反之则表示普遍不满意。根据表 8-8 中的结果，可以得出用户评价指标隶属度统计表(见表 8-9)。

表 8-8 各维度得分结果统计

维度	题项	≤2 分	3 分	≥4 分	满意度差异	
服务有形性(T)	T1	29	89	75	46	447
	T2	22	70	101	79	
	T3	15	46	132	117	
	T4	13	42	138	125	
	T5	24	65	104	80	

续表

维度	题项	≤2分	3分	≥4分	满意度差异	
服务可靠性（Rl）	Rl1	22	65	106	84	538
	Rl2	18	51	124	106	
	Rl3	16	56	121	105	
	Rl4	15	53	125	110	
	Rl5	10	40	143	133	
服务保证性（A）	A1	17	47	129	112	489
	A2	10	49	134	124	
	A3	6	50	137	131	
	A4	10	51	132	122	
服务响应性（Rs）	Rs1	5	46	142	137	408
	Rs2	2	45	146	144	
	Rs3	9	48	136	127	
服务移情性（E）	E1	10	48	135	125	368
	E2	10	53	130	120	
	E3	8	54	131	123	

表 8-9　隶属度统计表

维度	题项	5分	4分	3分	2分	1分
服务有形性（T）	T1	0.05	0.34	0.46	0.12	0.03
	T2	0.11	0.41	0.36	0.11	0.00
	T3	0.16	0.52	0.24	0.07	0.01
	T4	0.23	0.49	0.22	0.04	0.03
	T5	0.14	0.40	0.34	0.10	0.02

续表

维度	题项	5分	4分	3分	2分	1分
服务可靠性(Rl)	Rl1	0.14	0.41	0.34	0.08	0.03
	Rl2	0.13	0.51	0.26	0.08	0.01
	Rl3	0.15	0.48	0.29	0.08	0.01
	Rl4	0.14	0.51	0.27	0.07	0.01
	Rl5	0.21	0.53	0.21	0.05	0.01
服务保证性(A)	A1	0.13	0.54	0.24	0.08	0.01
	A2	0.14	0.55	0.25	0.04	0.01
	A3	0.12	0.59	0.26	0.03	0.01
	A4	0.15	0.53	0.26	0.04	0.01
服务响应性(Rs)	Rs1	0.17	0.57	0.24	0.02	0.01
	Rs2	0.17	0.59	0.23	0.01	0.00
	Rs3	0.13	0.57	0.25	0.04	0.01
服务移情性(E)	E1	0.15	0.55	0.25	0.05	0.01
	E2	0.13	0.54	0.27	0.04	0.01
	E3	0.13	0.55	0.28	0.04	0.00

根据表8-9，我们可以得出服务有形性(T)中5个指标所构造的矩阵为：

$$\boldsymbol{R}_1=\begin{bmatrix}0.05,0.34,0.46,0.12,0.03\\0.11,0.41,0.36,0.11,0.00\\0.16,0.52,0.24,0.07,0.01\\0.23,0.49,0.22,0.04,0.03\\0.14,0.40,0.34,0.10,0.02\end{bmatrix}\#(1)$$

同理，可得服务可靠性(Rl)的判断矩阵：

$$\boldsymbol{R}_2=\begin{bmatrix}0.14,0.41,0.34,0.08,0.03\\0.13,0.51,0.26,0.08,0.01\\0.15,0.48,0.29,0.08,0.01\\0.14,0.51,0.27,0.07,0.01\\0.21,0.53,0.21,0.05,0.01\end{bmatrix}\#(2)$$

服务保证性(A)的判断矩阵：

$$\boldsymbol{R}_3=\begin{bmatrix}0.13,0.54,0.24,0.08,0.01\\0.14,0.55,0.25,0.04,0.01\\0.12,0.59,0.26,0.03,0.01\\0.15,0.53,0.26,0.04,0.01\end{bmatrix}\#(3)$$

服务响应性(Rs)的判断矩阵：

$$\boldsymbol{R}_4=\begin{bmatrix}0.17,0.57,0.24,0.02,0.01\\0.17,0.59,0.23,0.01,0.00\\0.13,0.57,0.25,0.04,0.01\end{bmatrix}\#(4)$$

服务移情性(E)的判断矩阵：

$$\boldsymbol{R}_5=\begin{bmatrix}0.15,0.55,0.25,0.05,0.01\\0.13,0.54,0.27,0.04,0.01\\0.13,0.55,0.28,0.04,0.00\end{bmatrix}\#(5)$$

8.3.4　综合评价结果

先对各二级因素层指标 u_i 的评价矩阵 $\boldsymbol{R}_i$ 做模糊矩阵运算，得到二级因素层指标 u_i 对于评语集 V 的隶属向量 $\boldsymbol{B}_i=u_i\times\boldsymbol{R}_i$，根据最大隶属度原则，最大的 $\boldsymbol{B}_i$ 就是对应的评估结果。

根据表 8-6 及表 8-8 中的数据，可以得出服务有形性(T)的权重向量 $\boldsymbol{W}_1=(0.0114,0.0171,0.0145,0.0101,0.0297)$则

$$\boldsymbol{B}_1=\boldsymbol{W}_1\times\boldsymbol{R}_1=(0.0114,0.0171,0.0145,0.0101,0.0297)\times\begin{bmatrix}0.05,0.34,0.46,0.12,0.03\\0.11,0.41,0.36,0.11,0.00\\0.16,0.52,0.24,0.07,0.01\\0.23,0.49,0.22,0.04,0.03\\0.14,0.40,0.34,0.10,0.02\end{bmatrix}=(0.011322,0.035195,0.027126,0.007843,0.001323)$$

同理，可求得：

$$\boldsymbol{B}_2=\boldsymbol{W}_2\times\boldsymbol{R}_2=(0.050021,0.158403,0.097593,0.025104,0.005178)$$

$$\boldsymbol{B}_3=\boldsymbol{W}_3\times\boldsymbol{R}_3=(0.033578,0.137669,0.063057,0.012818,0.002378)$$

$$\boldsymbol{B}_4=\boldsymbol{W}_4\times\boldsymbol{R}_4=(0.034857,0.128490,0.053029,0.004557,0.000968)$$

$$\boldsymbol{B}_5=\boldsymbol{W}_5\times\boldsymbol{R}_5=(0.015098,0.060033,0.028985,0.004785,0.000599)$$

将上述各维度模糊评价向量相结合，可以得到总体模糊关系矩阵

$$\boldsymbol{R}=\begin{bmatrix}\boldsymbol{B}_1\\\boldsymbol{B}_2\\\boldsymbol{B}_3\\\boldsymbol{B}_4\\\boldsymbol{B}_5\end{bmatrix}=\begin{bmatrix}0.011322,0.035195,0.027126,0.007843,0.001323\\0.050021,0.158403,0.097593,0.025104,0.005178\\0.033578,0.137669,0.063057,0.012818,0.002378\\0.034857,0.128490,0.053029,0.004557,0.000968\\0.015098,0.060033,0.028985,0.004785,0.000599\end{bmatrix}$$

最终可得到评估的隶属度为：

$$\begin{aligned}\boldsymbol{B}&=\boldsymbol{W}\times\boldsymbol{R}=(0.0828,0.3363,0.2495,0.2219,0.1096)\times\boldsymbol{R}\\&=(0.035525,0.125619,0.065740,0.013825,0.002725)\end{aligned}$$

根据最大隶属度原则，图书馆创客空间服务满意度评分表现为“满意”。

8.4 结果分析

根据上述分析，193 名受访者对图书馆创客空间服务整体“满意”，我们对该结果做出如下解读：

① 通过表 8-8 可以发现，使用者对图书馆创客空间的负面评价主要集中在服务有形性、服务可靠性维度。其中服务有形性维度中，使用者对建筑空间充足、建筑布局合理、软硬件资源充足三个因素相对更不满意；服务可靠性维度中，使用者对获取资源的指引清晰这个因素更不满意。一方面，不同的使用者对建筑的空间布局的喜好是主观的。可能有些使用者希望空间更加开阔，而现有的空间布局不能满足他们的期望。图书馆创客空间的规划可能没有充分考虑到不同用户群体的需求，例如，一些用户可能需要更多的私人空间，而另一些用户可能更喜欢集体协作的环境。如果空间规划不足以满足各种需求，就会导致使用者的不满。此外，不同的使用者对软硬件资源的要求可能不同，软硬件资源不够充足，不能满足所有使用者的需求，就会导致部分使用者不满意。另一方面，由于创客空间中的资源有一定布局，如果使用者在使用创客空间的过程中不能很方便地获取资源的布局信息，就会感到不满意。

② 使用者对服务保证性、服务响应性和服务移情性三个维度显示出了较高的满意程度，可能源自图书馆在服务流程、员工素质、反馈机制等多个

方面的综合努力。一方面，图书馆创客空间在问题解答、活动组织、宣传推广等方面建立了有效的服务流程，使用户能够获得及时响应；同时，馆员良好的执行力能够保证创客空间按照承诺的标准提供服务，从而增强用户对创客空间的信任感。另一方面，创客空间为服务设定了一定的标准，确保每次提供的服务都能达到一定的质量水平，这种保障会提升用户对创客空间的信任度，从而提升满意度。此外，图书馆还与用户保持定期的沟通，了解用户的需求和意见并及时给予反馈，这可以帮助图书馆不断改进和优化服务，提高用户满意度。

总的来说，目前使用者对图书馆创客空间的现状较为满意，表明图书馆创客空间在多个方面提供了良好的服务，使用户获得了良好的体验，这也是后续运营的重要支撑点。

9　优化图书馆创客空间服务的建议

9.1 普及创新知识教育，加强创新文化培育

9.1.1 推广创客教育，加强理论实践

创客教育作为图书馆创客空间服务推进的核心要素之一，在很大程度上影响着创客空间服务的整体质量。创客空间强调发展用户个性，在用户的自主探索与实践中，为其提供跨学科、跨领域的学习机会，鼓励原创性的知识探索①，培养用户理论与实践结合的能力、创新创造能力、开放学习能力。这需要其蕴含先进的教育理念，然而我国高校的教育模式与此教育理念并不完全匹配，在一定程度上导致了创客教育体系发展不完善。因此，优化创客空间服务，首先应通过知识学习、创新体验、DIY 等方式开展创客教育②，在此过程中则要求教育推广与实践二者相结合。

创客教育的推广需要从课程设置以及教学两方面进行。课程设置方面，首先，课程开设应与人才培养和学科建设战略相契合，在授课过程中应该明确课程服务的目标定位，以保证课程的实施能够达到预期效果。其次，课程应涵盖不同领域的知识和技能，如编程、电子制作、手工艺等。创客课程可分为核心课程和拓展课程。核心课程决定着创客空间教育的目标方向，设置上要以通用课程为基础，以确保能够满足大众化的需求；拓展课程则是在创客空间运行的过程中根据用户的兴趣衍生出来的，立足于用户的个性化需求。教学方面，创客空间的教学老师应讲授多领域多形式的教育知识，帮助创客空间使用者更好地认识和使用创客空间的高新技术与设备，从而达到更好的推广效果。一般来说，创客教师应具备的能力有：① 拥有丰富的教育知识，能激发不同年龄段学生的学习兴趣；② 能与团队协作进行课程设计，为学生提供个性化课程；③ 能熟练使用各种工具和技术，包括但不限于机器人、3D 打印、编程以及工程等相关知识与技能；④ 有丰富的创客实

---

① 王志强，熊顺顺，杨庆梅. 孕育未来的造物者：美国教育创客空间的理念、实践与借鉴[J]. 全球教育展望，2021，50(7)：64-76.

② 张云玲，章忠平. 公共图书馆开展创客教育的多维思考[J]. 图书馆理论与实践，2016(9)：70-75，112.

践经历和经验[①]。

创客教育的最终目的不是知识的掌握，而在于培养用户动手操作、自主体验与创造的能力。所以创客教育不仅仅是课堂上知识的“置换”，更要注重学生的“亲身经历”，让学生在自主参与的过程中享受到体验式教学。在进行理论实践时，首先，相关专业老师要在学生实践操作的过程中给予指导，激发学生的创造灵感，当学生的创新思维得到开拓后，才可以更高的效率实施创新活动，其中实践指导可以通过组织学生参加知识技能讲座、培训等活动展开。之后，学生自主“DIY”可以最大限度地激发学生在某一领域的实践创新能力。创客空间可以为用户提供“DIY”所需的计算机、3D 打印机等设备以及专业化创新场所，为用户开展实践提供支持与服务。

9.1.2 培育创新精神，营造创新文化氛围

创客文化作为创客空间服务推进的核心要素之一，可以促进创客空间可持续发展。创客文化起源于西方，着重于培育用户的创新实践精神，诠释了国外创客空间所秉承的协同创新的创新理念，其在国外具有广泛的群众基础，而国内创客文化底蕴稍显不足。创新精神为创客空间创新文化的发展提供动力来源与智力支撑[②]，创客空间内一切文化活动的开展又孕育出创新精神，两者具有共通的创新价值理念，相互促进、协调发展。因此，优化图书馆创客空间服务应着眼于二者间的相互促进作用，培育创新精神，营造创新文化氛围。

在对图书馆创客空间用户参与意愿影响因素的分析中发现，创新精神作为参与态度组成之一，正向影响用户参与创客空间的意愿。因此，培育创新精神对增强图书馆创客空间用户参与意愿，从而进一步优化创客空间服务质量起着积极作用。创新精神的培育需要发挥各要素的协同作用，是学校、家庭、社会、创客空间、用户自身协同作用的结果。学校方面，应倡导正确的创新理念，同时倡导创新转化实践的理念；家庭方面，家庭成员之间应相互交流，共同分享创新型知识与技术；社会方面，要加强对创新精神培育

---

① 陶继华，龙耀华. 图书馆创客空间特色服务的构建与分析——以长沙图书馆“新三角创客空间”为例[J]. 国家图书馆学刊，2020，29(3)：31-40.

② 王宁. 创客精神培育与空间创新发展耦合路径与保障机制研究[J]. 图书馆工作与研究，2021(3):5-14.

的扶持力度，积极引导公众加入创新行列；创客空间需要提供创意指导、科技查新、知识产权指导等多样化服务，只有嵌入不同类型的创新服务，才能有效提高其服务质量①。同时，创客活动涉及多方主体，用户的权益在创新创造过程中应受到保护，因此可以根据创客群体多样化的特征制定合理的发展规划与制度保障，兼顾基础创新与高技术创新，使得创客空间的制度成为培养创新精神的基石；用户自身要积极学习理论与实践知识，基于“构建主义”完善自我知识框架，勇于探索和尝试全新的领域。

之前在图书馆创客空间构建运营的注意事项中提到，要不断宣扬创客文化，营造创新文化氛围，营造出利于培养学生实践能力和跨学科创新意识的环境。在营造创新文化氛围方面，应加大创客空间创新文化宣传力度，多渠道进行宣传。可以充分利用网络环境进行创客空间的宣传，在高校图书馆主页嵌入创客空间创新服务板块，便于用户了解与使用创客空间。创客空间可以创建官方账号，进行创客内容与创新成果展示，吸引感兴趣的潜在创新创业用户加入，同时向公众普及创客空间知识，使其理解创客文化内涵；营造具备高包容性与开放性的文化氛围，参与群体不局限于有创意的创客，还要面向对创造感兴趣，但是缺乏创新创造灵感的人群。作为学习中心、交流中心、创新中心，创客空间要充分考察用户的实际需求和接受程度，以吸引不同教育背景的用户参与，营造独特的创新文化氛围。

9.1.3　搭建创新文化平台，协同推广创客文化

创客文化可以向平台化发展，将已有的创客资源、创客成果、创客故事等一系列创客文化产物集成在一个平台中，有助于外界对创客文化的全方位了解。同时，平台的搭建能够连接众多创客文化的关注者，彼此提供信息渠道和资源优势，放大平台优势，充分发挥协同效应，助力创客文化推广。

图书馆创新文化平台包括线下平台与线上平台。创新文化线下平台的搭建要与国家战略、高等教育目标相结合②。目前，高校图书馆创客空间应与国家“双创”战略、全民素养提升目标相契合，与社会各方比如研究院、双

---

① 刘静. 基于创客空间的高校图书馆服务创新提升路径实证研究[J]. 图书馆工作与研究，2020(4):39-47.

② 曾粤亮，陆欣仪. 基于SERVQUAL模型的高校图书馆创客空间服务质量评价研究[J]. 大学图书馆学报，2023,41(3):51-62.

创孵化基地等联合打造创新文化基地，为培育创新文化提供平台；还可以定期组织创新竞赛、研讨会等各类活动，鼓励图书馆创客空间用户积极参与，激发用户的创新激情，为用户提供实施创意、开展创新的线下平台空间。线上创新文化平台的建设可以利用“互联网+”新技术，多方位促进其与创新创意的全方位融合。图书馆创客空间工作人员可以利用“云空间”作为在线交流平台，将其用于推广创意项目，提供支持服务，并提供在线反馈，根据用户反馈，及时调整和优化相关创新流程，推动创新平台的可持续发展；还可以注册微博、微信，以便于发布实时动态，并实行专人负责的管理制度。比如，湖南省长沙图书馆新三角创新空间对图书馆主页进行规划设置，涵盖了创客资讯、参与项目、交流活动、创客社区、关于我们、声音图书馆介绍等板块①。

协同推广创客文化是图书馆创客空间创新发展的理性选择，是取长补短、赢得支持与帮助的一大法宝，还具有扩大社会影响、提升创客效应的现实功能②。具体而言，要选择多样化的推广合作对象。可以与当地学校合作，将创客空间的创新文化融入学校的课程中，开设创客课程，吸引更多学生和家长关注和参与；与创业孵化器、科技教育公司等组织建立合作伙伴关系，共同开展创新活动，并利用合作伙伴的渠道和资源进行宣传推广，扩大创客空间的知名度。如田纳西查特诺加公共图书馆 2013 年夏天与技术/教育企业——Engage 3D、田纳西查特诺加的新测试空间——4th Floor、国际组织——AIGA Chattanooga 和提供机器人材料制作的 Benwood 基金会这 4 个组织合作举办了 DevDev（培养开发者）夏令营③，此活动为青少年传授 HTML、CSS、机器人计算机编程等多样性技能④。可以与社区组织合作，组织社区创意分享会、创新交流会，向社区群众推介创新文化，努力打造契合组织特色的创新主题。通过以上多方协同合作来推广创客文化，进一步推进创客空间服务可持续发展。

---

① 龚雪竹. 国内公共图书馆创客空间发展现状调查研究[J]. 图书馆学研究，2017(24)：60-66.

② 周玲玲. 美国图书馆创客空间建设成功因素分析及启示[J]. 图书馆学研究，2016(7)：97-101.

③ 尤越，贾苹. 图书馆创客空间发展实践研究及建议[J]. 图书馆杂志，2015，34(5)：95-101.

④ 屈华. 图书馆创客空间：价值、影响因素与发展对策[J]. 图书馆学刊，2016，38(5)：39-41.

9.2 面向用户体验,精准对接需求

9.2.1 增强用户需求分析,提供用户支持和培训

从共享空间发展到创客空间,图书馆空间服务的发展历史体现了用户需求的更新迭代。创客空间的诞生与发展,昭示着图书馆需要创造更多参与式的空间服务与支持,以实现从单一化满足用户需求到引领用户需求的全面过渡,这也是图书馆空间服务优化的大趋势和主要走向[①]。只有准确把握创客需求,才能够清晰地定位现有创客空间服务的缺失点,创建更能使用户满意的创客空间[②]。

图书馆在搭建创客空间的过程中,可以通过半结构化访谈等形式深度挖掘用户需求,立足图书馆实际情况,定期进行用户需求调查,以了解用户的兴趣、技能和需求,根据创客的创新、创意及创业需求提供不同的资源与服务。对于创客的创新需求,创客空间可以提供合适的场所和设备,尽可能地将创客的各种头脑风暴转化为现实,如车间和车床、各种原料、3D 打印机、视频和音频设备等。对于不同用户群体,如学生、创业者、艺术家、工程师等,创客空间可以提供相关帮助,协助用户解决问题,提供培训和建议,定期开展差异化培训课程,帮助用户学习设备和工具的使用方法,以更好地满足他们的特定需求。对于创客的创意需求,创客空间可以提供不同领域中具有启发性和前沿性的课程,同时通过举办讲座、研讨会等方式给创客们提供讨论、展示、共享的平台,帮助创客们更深入地理解感兴趣的课程以及这些课程的应用领域和交叉领域。对于创客的创业需求,创客空间可以提供资金、知识以及各种高端的设备和先进的技术,以此为创客提供基础帮助,还可以举办创业大赛,让创客们能够互相分享、评价各自的创业想法,同时选拔出具有优秀创业想法的人才,帮助其建立自己的公司。

---

① 李武,赵星. 大学生社会化阅读 APP 持续使用意愿及发生机理研究[J]. 中国图书馆学报,2016,42(1):52-65.

② 袁顺波. 基于期望确认的移动商务用户持续使用行为元分析[J]. 情报杂志,2022,41(3):191-197.

9.2.2 提供多元化设备和工具，满足用户差异化需求

在创客空间中促进创客创新、激发其创造力，满足多样化的用户需求，提供多元化的设备和工具是至关重要的。这种多元化不仅能够吸引不同背景、兴趣和技能水平的用户，还有助于打破创新的壁垒，让更多人参与到创客社区中。

在创客空间内进行创造活动的主体是有想法、有创意且需要将其转化为发明创造的DIY爱好者。这个群体往往具备一定的技术知识基础和较强的动手实践能力，他们对生产工具有着较高要求，如需要计算机、各类机械和数字电子设备等。因而，图书馆创客空间应提供多元化的设备和工具，包括硬件设备和软件工具。图书馆创客空间常见的硬件设备有电脑、投影仪、摄像机等可视化设备，音响、麦克风等声音设备，头戴式显示器、操纵杆等VR设备。除此之外，有条件的还可以提供激光切割机、3D打印机、3D扫描仪、焊接器、木工套件等设备。在提供设备的同时，还应当制定完善的设备使用规范，做好用户设备使用培训，准备好口罩、保护手套、眼镜等物品，防止用户在使用设备过程中出现意外。由于创客开展的大部分创造工作及使用的设备需要相应的软件支持，因此，创客空间还应当配备相应的软件工具，主要包括开源软件和应用软件，如Autodesk、3D打印系统等。

提供这些设备和工具并不仅仅意味着购买和安装，还需要进行日常维护和更新，以保证其长期有效运行，包括定期维护、软件更新以及设备的定期校准，以保持最佳性能。此外，创客空间应不断跟踪相关技术进展，以确保提供的设备能够跟上新兴技术的发展，以满足用户对创新工具的需求。除了多元化的设备和工具，提供培训和支持同样至关重要，这不仅涉及设备的基本操作培训，还包括项目开发、设计思维、创新方法论等更广泛的培训内容。通过这些培训，用户可以获得必要的知识和技能，从而更好地利用创客空间提供的设备和工具。此外，相关培训还可以帮助用户更好地理解项目需求，制订项目计划，以及有效地解决可能遇到的问题。

9.2.3 定期举办创意活动，增强社交互动与合作

通过多种多样的活动促进发展是创客空间运营的基本策略。定期举办各种创意活动可以满足创客实施创意、开展创造的需求，进而实现创客空间的可持续发展。创客空间可以根据用户的需求开展有针对性、多样性的活动，如技术工坊活动、创新创意活动等。

一是开展各种技术工坊活动。如对于理工科专业、喜爱动手操作的学生，图书馆可在相应创客空间提供学生所需的钢卷尺、电子天平、电子万用表、游标卡尺等测量工具，电阻、电容、二极管、开关按钮、运放芯片等基本电子元器件，电钻、角磨机、电动螺丝刀等电动工具，电烙铁（焊台）等焊接工具以及其他用于动手实践的工具、材料，以满足用户创新创造的需求；对于喜爱艺术创作的学生，应为其提供创作话剧、音乐剧的舞台；为喜爱音乐的学生提供吉他、古筝、电子器、录音室等来支持其创作。为用户提供相应的设备可以满足用户的创作需求，有利于提高用户的创新热情，吸引更多的用户。二是开展创新创意活动，通过定期举办主题活动和比赛，增强创客空间用户的体验感、参与感、认同感。如芝加哥大学 Polsky Fab Lab 举办校友新创业挑战赛（ANVC）、风险挑战赛、私募股权案例挑战赛、大学生创新挑战赛等活动，让用户在竞赛中培养创新精神、提高创新能力；阿德莱德大学举办 ThincAg（一项农业科技创新竞赛），创客空间用户用两周的时间来处理南澳大利亚农业行业的实际问题，并向领先的农业技术创始人、研究人员和创新小组推销可行的农业科技解决方案，有助于培育创新创业精神，开拓发散性思维；清华大学基础工业训练中心举办“清华工匠”非遗技术与文创大赛，围绕非遗技术创新文化元素，有助于传播非遗文化，让用户体验非遗技术的奥妙；西安体育学院创客空间在全院开展“红色体育项目运动会”“红色体育知识竞赛”“红色体育电影展播”“红色体育演讲比赛”等活动[①]，全院师生积极融入活动中，掀起了学习红色体育精神的热潮，增强了学生为国争光的责任感和使命感。

---

① 李志杰，段小虎. 体育院校图书馆引入创客空间的探索——以西安体育学院图书馆为例[J]. 图书馆论坛，2015，35(7)：73-78.

9.3 促进资源整合，助力创客空间发展升级

9.3.1 整合馆际资源，促进全面发展

图书馆创客空间不仅是对图书馆已有功能和服务的拓展，更是集共享、创新、交流为一体，促进各方面资源跨区域、跨部门、在多个创新主体之间流动的重要场所。因此，为了促进图书馆创客空间转型升级，图书馆创客空间在提高创新能力、促进资源发展的基础上，更要鼓励和呼吁其他地域、场所的图书馆创客空间共同参与空间的建设规划。开展图书馆创客空间之间的合作，能够弥补图书馆创客空间在资源、资金、技术、设备等方面的缺陷，同时可以提升其社会化服务质量，促进可持续发展，促进创客空间的全面完善和发展。

第一，跨地区图书馆创客空间合作，例如上海图书馆、浙江图书馆、安徽省图书馆和江苏图书馆四个省级图书馆联合举办长三角地区学术交流活动[①]；西北五省（区）图书馆定期组织开展图书馆科学讨论会[②]。这些跨地区的学术交流活动彰显了图书馆之间的紧密联系，促进了图书馆学理论繁荣发展，推动了不同图书馆创客空间之间的资源共享和图书馆创客空间持续健康发展。第二，搭建图书馆创客空间交流合作平台。搭建线上线下合作平台，线上完善用户体验，不同图书馆创客空间之间相互提出整改意见，为用户提供一个较为完善的创新空间，不断推动图书馆创客空间升级。线下举办联合交流活动，积极推动创新活动实践经验的分享与馆际合作，如2017年中国图书馆学会公共图书馆分会主办了第一届公共图书馆创新创意征集推广活动[③]，全国图书馆创客空间共同参加，相互分享经验，博采众长，充分

---

① 扬子晚报. 南京图书馆举办2023年长三角地区公共图书馆智库服务联盟暨江苏省公共图书馆智库服务联盟年会. [EB/OL]. [2023-10-13]. https://baijiahao.baidu.com/s?id=1777545781953531750&wfr=spider&for=pc.

② 每日甘肃. 西北五省(区)图书馆第十五次科学讨论会在兰召开. [EB/OL]. [2023-10-13]. https://baijiahao.baidu.com/s?id=1678761458555497633&wfr=spider&for=pc.

③ 河南省图书馆. 中国图书馆学会公共图书馆分会关于举办第一届公共图书馆创新创意征集推广活动的通知. [EB/OL]. [2023-10-13]. https://www.henanlib.com/webs/show/notice/632/5568.html.

利用图书馆人的智慧，共同促进图书馆创客空间升级发展①。第三，发挥图书馆学会的引领作用。图书馆学会具有开展学术交流、举办科普讲座、组织业务培训、进行行业协调的作用②。当前我国图书馆还处于条块分割的管理体制，这就使得图书馆资源不能有效整合起来，进而不能充分利用图书馆资源促进创客空间发展。图书馆学会应发挥组织引领作用，把各类图书馆联合起来，统一开展各项交流体验活动，利用跨图书馆资源组织馆员技能与素养培训，使图书馆员在图书馆创客空间中可以妥善管理相关设备，促进创客空间设备的长久使用，为用户提供更完善更妥帖的服务。如 2016 年广东图书馆学会对外交流委员会引领组织，广州图书馆、中山大学图书馆等机构联合主办“创客空间：图书馆里的创造力——人人参与的创客空间”国际学术研讨会，以提升图书馆创新服务能力③。图书馆学会通过推动建立图书馆行业内创客大赛相关规范与监督机制，制定活动的行业标准与评价体系，可以提升图书馆创客大赛活动组织规范化水平，促进活动持续健康开展，使图书馆创客空间在发展中转型，在转型中不断升级完善，最终能为用户提供全面服务。

9.3.2 整合高校资源，提升实践体验

实证调查发现，高校作为我国各行各业人才培育的摇篮，拥有得天独厚的教育设备以及教育资源。各个高校的图书馆创客空间都为用户提供了创新创业所需的硬件和软件设备，比如不同风格的空间，包括会议室、开放式协作空间、社交空间和休闲区，以及诸如激光切割机、乙烯基切割机、线材和树脂打印机、落地锯、车床、台式铣床、开榫机等先进的制造工具。除了基本场地以及制造工具等硬件方面的支持以外，在软件方面，大部分创客平台也提供了相应的学习资源。除此之外，图书馆创客空间组织了不同类型的创新创业比赛、创客沙龙等活动，使得创客在参与活动、使用设备等实践过程中提升自己的创新创业能力。图书馆要更好地发挥空间优势，支持创新活

① 刘芳. 关于延伸图书馆学会职能的几点思考[J]. 图书馆工作与研究，2011(5)：101-103.

② 詹福瑞. 与时俱进，开拓创新，全面促进图书馆事业和谐发展——中国图书馆学会第六届理事会工作报告[J]. 中国图书馆学报，2005(5)：5-11.

③ 广州图书馆. “创客空间：图书馆里的创造力——人人参与的创客空间”国际学术研讨会在广州图书馆成功举办[EB/OL]. [2023-10-13]. https://www.gzlib.org.cn/ckkjhydt/144114.jhtml.

动，使越来越多的学生走进创客空间，这样不仅有助于加强学生间的交流沟通，碰撞思维火花，更能够促进跨学科互动，提升学生解决问题的能力。高校图书馆创客空间应该重视整合高校、各个学院和师生资源，为创客空间提供学习平台和空间，具体从以下几个方面展开。

第一，充分整合并发挥高校师生的智力资源优势。对于创新而言，人才是不可多得的优势，高校是一个人才济济的地方，并且大家都处于创新热情比较高涨的时期，不同的个体之间可以碰撞出不一样的火花。创客空间应该利用好学校图书馆给予的平台，积极组织一些竞赛或学术活动，内容上可以以创新创业为导向，形式上也可以更加丰富多样，进而激发师生的参与意愿。第二，积极发挥高校图书馆的信息资源优势。高校图书馆不仅拥有丰富的馆藏资源，而且在信息的传递上也更加具备优势，比如用户在进行创新创业的过程中，图书馆可以将知识信息服务与用户的创意实践有效衔接起来。高校图书馆在服务读者的实践过程中形成了参考咨询、文献传递、定题跟踪以及情报分析等多种文献信息服务方法，这些丰富的知识和信息服务可以方便创客空间用户进行项目实践所需的理论学习和信息整理。第三，强化相关学科及学院之间的联系。不同学科具有不同的属性，因此不同学科对学生的培养方式不同，比如文科更注重学生对理论知识的掌握及熟练程度，工科更注重学生的动手操作以及实践能力，除此之外，还有一些新兴交叉学科也更加注重学生的实际操作能力和动手能力，而这种操作性比较强的学科将会促进创新项目的产生和发展。因此，图书馆应该主动同学校创新性、应用型以及实践性比较强的学科联动，为学生提供更好的创客平台，这也可以加强各个学院和图书馆之间的关系，促进图书馆创客空间发展升级。

9.3.3 发挥政府效能，加强企业资源引进

图书馆创客空间作为一个为创客提供创新服务的平台，除了为用户提供一些软硬件方面的支持外，更应该为用户提供一些创新创业实践方法的指导。通过调研发现，图书馆创客空间提供的实践项目还有许多进步的空间，实践项目对于图书馆创客空间的发展和运行具有重要的推动作用，能够更好地激发用户的创作意愿，更好地帮助他们孵化创新成果。图书馆创客空间应该积极吸纳各种强有力的资源，特别是与政府、企业、研究所建立合作关系，共同开展创新创业指导活动。

第一，图书馆创客空间可以与外部专业的科技公司合作，借助它们在实践操作方面的成功经验，不定时邀请它们来创客空间开展相关的学习讲座，为创客空间用户提供创新实践指导。第二，图书馆创客空间可以与新兴企业合作，图书馆创客空间为新兴企业提供新的研究成果并且为其推荐优秀的人才，新兴企业为图书馆创客空间提供先进技术等支持，以此形成一个双向促进的效应。第三，图书馆创客空间可以与大型创新发展型产业合作建立大数据产业学院等现代化学院，学校引进专业指导人员，大型创新发展型产业提供核心技术，面向产业数字化转型对新一代信息技术人才的需求，共同培育高素质创新型人才。例如常州大学机器人产业学院是以常州大学为办学主体，以固高科技有限公司、松山湖国际机器人产业基地、江苏长江智能制造研究院为共同办学单位，常州市政府积极参与的一所具有独立健全运行机制的科创产业学院[①]。

在校企合作的过程中，也离不开政府的支持，图书馆创客空间应该积极争取与政府之间的合作，获取政府的政策和资金支持，政府也应该主动为图书馆创客空间的蓬勃发展提供必要的资源支持。例如 2015 年国家印发了《关于发展众创空间 推进大众创新创业的指导意见》《发展众创空间工作指引》等政策文件，从国家层面大力扶持和推动了创客空间的发展。除了宏观层面的政策支持[②]，在微观层面的政策支持中，高校"创客空间"教育政策支持是重中之重。调查发现，目前我国高校创客空间的用户存在较多缺乏创业知识背景的情况。因此，首先政府要支持增加创业课程在高校全部课程中的比重，要面向国家未来的需求，增加契合我国高质量发展要求的课程，完善创客的知识体系，拓展创客的国际视野。另外，财政政策支持也是高校创客空间蓬勃发展的关键所在。由于高校创客空间的用户即使产生了创业想法，缺乏足够的启动资金也难以将创意转化为成果，在很大程度上会阻碍创新活动顺利开展，因此政府应积极帮助高校拓宽创客空间的资金筹集渠道，从源头支持创客们的创业想法，鼓励创客们大胆展示自己的创意。

① 张小远，王华，崔源. 产教融合视域下高校创客空间的建设与运营[J]. 实验技术与管理，2022，39(10)：239-243.

② 李烜. 卓越高职院校创客空间构建策略研究[J]. 中国多媒体与网络教学学报(中旬刊)，2022(10)：177-180.

10 总结与展望

10.1 研究总结

用户是图书馆创客空间的最主要参与者,用户参与图书馆创客空间的意愿关系到图书馆创客空间的构建能否成功。以往研究中,将满意度与感知有用性作为影响用户参与意愿的因素,却忽略了更小范畴的因素,使得对图书馆创客空间用户参与意愿影响因素的研究过于抽象,在提出针对性的改善与提升服务质量的建议时,涉及要点比较宽泛,参考性不大。创客空间的服务质量决定其发展的长远性,而高校图书馆创客空间用户参与意愿能反映出用户对创客空间服务的满意度和创客空间的建设成效,对影响用户参与意愿因素的研究在一定程度上能揭示用户对创客空间的哪些方面不满意,进而为创客空间优化服务明确目标。

本书在对图书馆创客空间基本概念、价值、构建原则与构成要素进行梳理的基础上,开展网络调查,分析总结国内外创客空间特征,进一步归纳创客空间的构建原则、构建模式、构建步骤、构建设计、服务推进的核心要素及构建与运营中的注意事项。通过对深度访谈中获取的资料进行扎根理论分析,提取影响用户参与意愿的主范畴和独立范畴,并建立范畴之间的关系结构,其中主范畴为参与规范、参与态度、参与知觉行为,这三个因素对用户参与高校图书馆创客空间的意愿存在影响。基于此,构建出用户参与图书馆创客空间意愿影响因素的理论框架和模型,并通过实证研究对图书馆创客空间用户参与意愿影响因素模型进行修正。要促进创客空间持续发展,不仅要关注创客空间的建设情况和用户的参与意愿,还需要进一步关注用户是否愿意持续使用创客空间。因此,本书以期望确认模型为理论基础,构建了图书馆创客空间用户持续使用意愿影响因素模型,并提出相关假设,收集问卷数据,进行实证检验。研究发现,感知愉悦性和自我效能显著正向影响感知有用性和期望确认,感知有用性、期望确认、保护机制、系统帮助显著正向影响满意度;感知有用性、满意度、思想碰撞对用户持续使用意愿产生了显著的正向影响。为进一步探究用户对创客空间的满意度,从用户体验的角度优化图书馆创客空间服务,本书针对图书馆创客空间服务满意度进行模糊综合评价,并根据实证研究结果提出相应的优化建议,分别从普及创新知识教育,加强创新文化培育;面向用户体验,精准对接需求;促进资源整合,助力创客空间发展升级三个维度提出服务优化策略。

10.2 研究展望

本书对国内外图书馆创客空间及其特征进行分析，归纳出服务推进的核心要素，提取用户参与意愿的影响因素，并对其进行实证研究和动态追踪研究，以期指导我国高校图书馆创客空间的知识服务建设，但受时间、精力等限制，还存在一些不足，需要进一步深入分析与研究。

① 本书将研究对象限定为高校图书馆创客空间，未对公共图书馆创客空间的平台特征、具体服务情况进行调查与分析，高校图书馆创客空间用户的特征与服务推进核心要素是否与公共图书馆创客空间一致，需要进行验证。下一步将通过对国内外不同主体建设的创客空间进行抽样调查，获取平台的基本情况，分析归纳共同特征与服务推进的核心要素。

② 图书馆创客空间用户参与意愿调研数据较为集中，其数据是否具有普遍性需要扩大样本规模再次验证。下一步将把样本扩大至全国范围内的创客空间，调查参与规范、参与态度、参与知觉行为等用户参与创客空间意愿的驱动因素，以揭示影响用户参与意愿的因素，再构建用户参与意愿影响因素模型。

③ 对图书馆创客空间用户参与意愿的调查是一个动态的、持续的过程，在后续研究中应当采用跨时点的调查方式，通过纵向追踪与深度访谈相结合的方法来获取用户参与意愿影响因素。

④ 本书利用结构方程模型对影响图书馆创客空间用户持续使用意愿的因素进行了实证分析，未对影响因素间的复杂关系进行深入探究，未来将利用模糊集定性比较分析法进行分析，揭示变量间的复杂关系，明确其作用机理。

附录A
图书馆创客空间用户参与意愿调查

创客空间是一个供人们进行创意交流以及协同创造的地方，大多创建于大学、图书馆、社区中心、教育机构或是工厂的厂房。

具有不同背景的创客们因相同的兴趣而聚集在创客空间，共享设备资源，合作创造，最终实现创意落地。

创客空间中，用户可以使用3D打印机、扫描仪、激光切割机、雕刻机、摄像机、数据机床等电子工具和设施，互相交流经验，开展团队协作，动手创造属于自身的知识作品。

如果您所在的地方设立了创客空间，您是否愿意参与其中？本问卷主要用于调查用户参与图书馆创客空间的意愿，获取的数据将仅用于学术研究，不会用于任何商业目的。您的反馈对于我们改进图书馆创客空间的服务质量至关重要，感谢您的支持和参与！

一、基本信息

1.您的性别是

○男　　○女

2.您的年龄是

○20岁及以下　　○21～25岁

○26～30岁　　○31～35岁

○36岁及以上

3.您的受教育程度是

○本科　　○硕士及以上

二、图书馆创客空间用户参与意愿调查

请您根据自身实际情况填写问卷。

题项	非常不同意	不同意	一般	同意	非常同意
对创客空间了解得越多,我越会参与其中					
将创客空间建设在图书馆中是个好主意					
创客空间对于学习能力的提升具有一定帮助					
我在看书或者与别人讨论时会迸发出好的创意					
我对创新创业感兴趣					
我很乐意在图书馆创客空间中培养自己的创意					
我愿意提出详尽的计划和进度安排,使新想法得以实施					
我希望自己在创客空间中能拿出成果					
我希望能够获得物质或者精神奖励					
我不喜欢被排斥,希望融入自己感兴趣的圈子中					
我希望与其他用户相互学习和帮助					
国家政策应该支持创客空间的运行					
创客空间的持续运行需要一定的资金成本					
图书馆以及相关部门应该高度重视					
图书馆创客空间应该多举办一些比赛、活动					
与各个图书馆联合运行创客空间会更吸引人					
我愿意参加图书馆创客空间举办的活动,丰富自己的业余生活					
我喜欢管理比较规范的地方					
有一定的秩序约束将有利于创客空间的运行					
可以招募一些用户来管理创客空间					
创客空间中应该提供相关专业书籍					
我希望创客空间中设备齐全,有电脑,有 Wi-Fi					
我很乐意使用创客空间中的设备,但最好免费					
我担心自己的创意项目被人窃取					

续表

题项	非常不同意	不同意	一般	同意	非常同意
我希望最终的成果可以申请专利					
如果创客空间发布专利相关的操作指南，我会更愿意加入并使用创客空间					
我愿意通过创客空间把自己的创新想法记录和保存下来					
需要有专业人员指导我们使用相关设备					
我可能会遇到不懂的知识，希望可以随时咨询老师					
创客空间需要开展教育培训课程					
我认为图书馆创客空间会有很好的发展前景					
需要不断吸引用户的加入，为创客空间注入源源不断的活力					
我对创客空间具有一定的兴趣，并愿意参与其中					
我喜欢和别人交流					
我希望和不同专业的人进行思想碰撞					
我想在创客空间中交到志同道合的好朋友					
我愿意和不同专业的人分享彼此的方法和技术					
我乐意参与图书馆创客空间					
我会经常参与到图书馆创客空间中					
我会推荐朋友、同学一起参与图书馆创客空间					

附录B
图书馆创客空间用户持续使用意愿问卷调查

创客空间即创新型孵化器，简单来说，创客空间就是创客动手创作、交流分享的活动场地。可以把创客空间看作开放交流的实验室、工作室、机械加工室，大家在这里一起共享知识并创作作品。本问卷主要用于调查用户持续使用高校图书馆创客空间的意愿，获取的数据将仅用于学术研究，不会用于任何商业目的。您的反馈对于我们改进图书馆创客空间的服务质量至关重要，感谢您的支持和参与！

一、基本信息

1.您的性别是

○男　　○女

2.您的年龄是

○20岁及以下　　○21～25岁

○26～30岁　　○31～35岁

○36岁及以上

3.您的受教育程度是

○本科　　○硕士及以上

二、图书馆创客空间用户持续使用意愿调查

请您根据自身实际情况填写问卷。

题项	非常不同意	不同意	一般	同意	非常同意
图书馆创客空间提供的学术资源涵盖了大量的行业					
图书馆创客空间提供的学术资源是新颖的、先进的					

续表

题项	非常不同意	不同意	一般	同意	非常同意
图书馆创客空间经常举办不同专业相关的学术活动(至少每月一次),如讲座、展览或研讨会等					
图书馆创客空间的资源和活动有助于提升我的知识素养,如信息检索能力、信息整合能力等					
图书馆创客空间鼓励并支持我的创新思维和创造力					
图书馆创客空间内的资源和工具对我的创新活动非常重要					
创客空间鼓励并支持分享创新成果或经验					
我对图书馆创客空间的整体环境和氛围感到满意					
在使用图书馆创客空间时,我感到愉悦					
我愿意在图书馆创客空间完成大部分的工作/学习任务					
在使用图书馆创客空间期间,我感到更有信心和能力完成任务					
在图书馆创客空间中,我可以尝试一些新领域或掌握新的技能					
从图书馆创客空间中获得的经验或知识,有助于我应对未来的挑战					
我感到自己的隐私和安全在图书馆创客空间内得到了充分保护					
创客空间中产生的创意、作品在知识产权方面有保障					
创客空间服务人员提供关于如何保护自我权益的指引或培训					

续表

题项	非常不同意	不同意	一般	同意	非常同意
创客空间中有专业人员指导我们使用相关设备					
遇到不懂的知识时，可以随时咨询创客空间的服务人员					
创客空间定期开展培训课程					
我可以在创客空间中找到志同道合的人					
我可以和不同专业的人进行思想碰撞					
创客空间提供了很好的交流平台					
为了维持公共秩序以及保护用户权益，创客空间有清晰、合理、全面的行为准则和规定					
图书馆创客空间提供信息和技术支持					
图书馆创客空间为后续技术成果转化提供帮助					
对于我遇到的工作和学习上的问题，图书馆创客空间均能提供帮助					
创客空间提供的设施可以自由使用					
创客空间中设备齐全，电脑、3D打印设备等足够先进，能够满足用户的使用需求					
创客空间中的设备使用成本低，如时间成本、经济成本等					
创客空间的功能符合我使用前的设想					
通过创客空间，我实现了一直以来未能实现的想法					
使用创客空间的收获比我预想中的要大					
使用创客空间有助于提高我的学习效率					
使用创客空间有助于发挥我的创造力					
总体来说，我认为创客空间是很有用的					
我对创客空间总体感到满意					

续表

题项	非常不同意	不同意	一般	同意	非常同意
我对创客空间的使用过程感到满意					
我对创客空间的使用效果感到满意					
创客空间满足了我的需求,我感到非常满意					
我愿意未来参与并使用创客空间					
我愿意未来经常使用创客空间					
我愿意向其他人推荐创客空间					

附录 C
高校图书馆创客空间服务质量评价体系专家调查问卷

尊敬的专家老师，您好！

很荣幸邀请您参与本次问卷调查，本次调查的目的是确定高校图书馆创客空间服务质量评价体系中各指标权重。为保证结果的有效性，请您对问卷提到的两个指标的相对重要性加以比较，感谢您的宝贵意见！

重要性赋分采用1-9标度法，数字标度的含义及说明如下表所示：

标度	含义
1	因素 i 与因素 j 相比，具有相同重要性
3	因素 i 与因素 j 相比，因素 i 比因素 j 强
5	因素 i 与因素 j 相比，因素 i 比因素 j 稍强
7	因素 i 与因素 j 相比，因素 i 明显比因素 j 强
9	因素 i 与因素 j 相比，因素 i 绝对比因素 j 强
2,4,6,8	因素 i 相对于因素 j 的重要性介于上述相邻判断之间
倒数	若因素 i 与因素 j 的重要性为 a_{ij}，则因素 j 与 i 的重要性 $a_{ji}=1/a_{ij}$

评分说明：

(1)评分要满足同一维度因素一致性原则。

若 $A>B$，$B>C$，则有 $A>C$，否则调查无效。

(2)范例：A/B 说明 A 相对于 B 的重要性。

若 A/B(A 比 B)明显重要，则勾选数字7；若 A/B(A 比 B)明显不重要，勾选数字1/7；若 A/B(A 比 B)同等重要，勾选数字1。

相关维度注释：

(1)服务有形性：创客空间设施、设备、人员、环境等外在表现形式。

(2)服务可靠性：可靠并准确地向用户提供所承诺服务的能力。

(3)服务保证性：服务人员具备专业知识素养并且能够向用户传递相关项目信息。

(4)服务响应性:服务人员为用户提供服务并帮助用户解决问题的主动程度。

(5)服务移情性:服务人员关注用户需求,提供个性化服务。

一、请您对以下指标重要性进行两两比较(左右滑动显示更多分值)[矩阵单选题]＊

	9	8	7	6	5	4	3	2	1	1/2	1/3	1/4	1/5	1/6	1/7	1/8	1/9
服务有形性/服务可靠性	○	○	○	○	○	○	○	○	○	○	○	○	○	○	○	○	○
服务有形性/服务保证性	○	○	○	○	○	○	○	○	○	○	○	○	○	○	○	○	○
服务有形性/服务响应性	○	○	○	○	○	○	○	○	○	○	○	○	○	○	○	○	○
服务有形性/服务移情性	○	○	○	○	○	○	○	○	○	○	○	○	○	○	○	○	○
服务可靠性/服务保证性	○	○	○	○	○	○	○	○	○	○	○	○	○	○	○	○	○
服务可靠性/服务响应性	○	○	○	○	○	○	○	○	○	○	○	○	○	○	○	○	○
服务可靠性/服务移情性	○	○	○	○	○	○	○	○	○	○	○	○	○	○	○	○	○
服务保证性/服务响应性	○	○	○	○	○	○	○	○	○	○	○	○	○	○	○	○	○
服务保证性/服务移情性	○	○	○	○	○	○	○	○	○	○	○	○	○	○	○	○	○
服务响应性/服务移情性	○	○	○	○	○	○	○	○	○	○	○	○	○	○	○	○	○

二、在服务有形性维度中，请您对以下五个指标的两两相对重要程度进行判定(左右滑动显示更多分值)[矩阵单选题]*

	9	8	7	6	5	4	3	2	1	1/2	1/3	1/4	1/5	1/6	1/7	1/8	1/9
建筑空间充足/建筑布局合理	○	○	○	○	○	○	○	○	○	○	○	○	○	○	○	○	○
建筑空间充足/空间环境舒适	○	○	○	○	○	○	○	○	○	○	○	○	○	○	○	○	○
建筑空间充足/装修风格适宜	○	○	○	○	○	○	○	○	○	○	○	○	○	○	○	○	○
建筑空间充足/软硬件资源充足	○	○	○	○	○	○	○	○	○	○	○	○	○	○	○	○	○
建筑布局合理/空间环境舒适	○	○	○	○	○	○	○	○	○	○	○	○	○	○	○	○	○
建筑布局合理/装修风格适宜	○	○	○	○	○	○	○	○	○	○	○	○	○	○	○	○	○
建筑布局合理/软硬件资源充足	○	○	○	○	○	○	○	○	○	○	○	○	○	○	○	○	○
空间环境舒适/装修风格适宜	○	○	○	○	○	○	○	○	○	○	○	○	○	○	○	○	○
空间环境舒适/软硬件资源充足	○	○	○	○	○	○	○	○	○	○	○	○	○	○	○	○	○

续表

	9	8	7	6	5	4	3	2	1	1/2	1/3	1/4	1/5	1/6	1/7	1/8	1/9
装修风格适宜/软硬件资源充足	○	○	○	○	○	○	○	○	○	○	○	○	○	○	○	○	○

三、在服务可靠性维度中，请您对以下五个指标的两两相对重要程度进行判定[矩阵单选题] *

	9	8	7	6	5	4	3	2	1	1/2	1/3	1/4	1/5	1/6	1/7	1/8	1/9
获取资源的指引清晰/信息化、数字化程度高	○	○	○	○	○	○	○	○	○	○	○	○	○	○	○	○	○
获取资源的指引清晰/活动信息准确	○	○	○	○	○	○	○	○	○	○	○	○	○	○	○	○	○
获取资源的指引清晰/设备能够满足专业需求	○	○	○	○	○	○	○	○	○	○	○	○	○	○	○	○	○
获取资源的指引清晰/提供创意交流平台	○	○	○	○	○	○	○	○	○	○	○	○	○	○	○	○	○
信息化、数字化程度高/活动信息准确	○	○	○	○	○	○	○	○	○	○	○	○	○	○	○	○	○

续表

	9	8	7	6	5	4	3	2	1	1/2	1/3	1/4	1/5	1/6	1/7	1/8	1/9
信息化、数字化程度高/设备能够满足专业需求	○	○	○	○	○	○	○	○	○	○	○	○	○	○	○	○	○
信息化、数字化程度高/提供创意交流平台	○	○	○	○	○	○	○	○	○	○	○	○	○	○	○	○	○
活动信息准确/设备能够满足专业需求	○	○	○	○	○	○	○	○	○	○	○	○	○	○	○	○	○
活动信息准确/提供创意交流平台	○	○	○	○	○	○	○	○	○	○	○	○	○	○	○	○	○
设备能够满足专业需求/提供创意交流平台	○	○	○	○	○	○	○	○	○	○	○	○	○	○	○	○	○

四、在服务保证性维度中，请您对以下四个指标的两两相对重要程度进行判定[矩阵单选题]＊

	9	8	7	6	5	4	3	2	1	1/2	1/3	1/4	1/5	1/6	1/7	1/8	1/9
馆员具有良好的沟通协调能力/馆员具备专业技能	○	○	○	○	○	○	○	○	○	○	○	○	○	○	○	○	○
馆员具备良好的沟通协调能力/定期开展讲座、赛事等活动	○	○	○	○	○	○	○	○	○	○	○	○	○	○	○	○	○

续表

	9	8	7	6	5	4	3	2	1	1/2	1/3	1/4	1/5	1/6	1/7	1/8	1/9
馆员具有良好的沟通协调能力/馆员宣传推广力度	○	○	○	○	○	○	○	○	○	○	○	○	○	○	○	○	○
馆员具备专业技能/定期开展讲座、赛事等活动	○	○	○	○	○	○	○	○	○	○	○	○	○	○	○	○	○
馆员具备专业技能/馆员宣传推广力度	○	○	○	○	○	○	○	○	○	○	○	○	○	○	○	○	○
定期开展讲座、赛事等活动/馆员宣传推广力度	○	○	○	○	○	○	○	○	○	○	○	○	○	○	○	○	○

五、在服务响应性维度中，请您对以下三个指标的两两相对重要程度进行判定[矩阵单选题] *

	9	8	7	6	5	4	3	2	1	1/2	1/3	1/4	1/5	1/6	1/7	1/8	1/9
馆员服务态度积极/馆员解答问题的及时性	○	○	○	○	○	○	○	○	○	○	○	○	○	○	○	○	○
馆员服务态度积极/任意时间都可联系到馆员	○	○	○	○	○	○	○	○	○	○	○	○	○	○	○	○	○

续表

	9	8	7	6	5	4	3	2	1	1/2	1/3	1/4	1/5	1/6	1/7	1/8	1/9
馆员解答问题的及时性/任意时间都可联系到馆员	○	○	○	○	○	○	○	○	○	○	○	○	○	○	○	○	○

六、在服务移情性维度中，请您对以下三个指标的两两相对重要程度进行判定[矩阵单选题]*

	9	8	7	6	5	4	3	2	1	1/2	1/3	1/4	1/5	1/6	1/7	1/8	1/9
馆员愿意了解创客需求/提供定制化服务	○	○	○	○	○	○	○	○	○	○	○	○	○	○	○	○	○
馆员愿意了解创客需求/为创客提供人文关怀	○	○	○	○	○	○	○	○	○	○	○	○	○	○	○	○	○
提供定制化服务/为创客提供人文关怀	○	○	○	○	○	○	○	○	○	○	○	○	○	○	○	○	○

附录 D
高校图书馆创客空间服务质量用户调查问卷

尊敬的用户，您好！感谢您抽出宝贵的时间参与本次问卷调查。本问卷主要用于调查用户对高校图书馆创客空间服务质量的满意度情况，获取的数据将仅用于学术研究，不会用于任何商业目的。您的反馈对于我们改进图书馆创客空间的服务质量至关重要，感谢您的支持和参与！

一、个人基本信息

1. 您的性别

○男　　○女

2. 您的年龄

○20 岁及以下　　○21～25 岁

○26～30 岁　　○31～35 岁

○36 岁及以上

3. 您的受教育程度是

○本科　　○硕士及以上

二、请您根据您的实际体验填写问卷

题项	非常不同意	不同意	一般	同意	非常同意
创客空间内部空间足够宽敞					
创客空间设有专门的创客活动区域且布局得当					
创客空间的温度、通风、采光等环境条件适宜					
创客空间内部装修干净整洁					
创客空间提供丰富的软硬件资源，比如 3D 打印机、计算机等					

续表

题项	非常不同意	不同意	一般	同意	非常同意
用户能够轻松地找到和获取所需资源，如图书、工具等					
创客空间在信息化和数字化方面提供了先进的设备和技术支持					
创客空间举办活动时能够发布准确的信息资讯					
创客空间提供的设备能够满足用户在专业领域的创作和学习需求					
创客空间提供了与他人交流、分享创意的机会和平台					
馆员能够就创客空间用户的诉求进行有效的沟通和协调					
馆员具备的专业知识和技能，可以有效启发用户进行创造					
创客空间定期组织讲座、比赛等活动					
馆员在宣传创客空间活动和资源方面积极主动					
馆员在为用户提供服务时态度友好、积极					
馆员为用户解答问题时速度快、效率高					
用户在需要帮助时能随时联系到馆员					
馆员愿意倾听用户的需求和想法					
创客空间服务人员能够根据用户的需求提供个性化的服务					
创客空间服务人员能够关心和照顾用户的情感和情绪					

参考文献

一、英文文献

[1] BAO Z K, HASHIM K F, ALMAGRABI A O, et al. Business intelligence impact on management accounting development given the role of mediation decision type and environment[J]. Information Processing and Management, 2023, 60(4): 103380.

[2] BOUWMA-GEARHART J, CHOI Y H, LENHART C A, et al. Undergraduate students becoming engineers: the affordances of university-based makerspaces[J]. Sustainability, 2021, 13(4): 1670.

[3] DRIEDGER E. Re-making the librarymakerspace: critical theories, reflections, and practices[J]. Public Services Quarterly, 2021, 17(3): 186-187.

[4] EINARSSON A M. Sustaining library makerspaces: perspectives on participation, expertise, and embeddedness[J]. The Library Quarterly, 2021, 91(2): 172-189.

[5] KESHINRO D, OYEWOLE O. Predictors of use of school library makerspace by secondary school students in Ibadan, Nigeria[J]. Library Philosophy and Practice (e-journal), 2021: 1-22.

[6] RHIMA T. Awareness of the concept of makerspace: the scenario of university libraries in Nigeria[J]. Library Philosophy and Practice, 2021: 1-17.

[7] CAO F F, WU S H, STVILIA B. Library makerspaces in China: A comparison of public, academic, and school libraries[J]. Journal of Librarianship and Information Science, 2020, 52(4): 1209-1223.

[8] EINARSSON A M, HERTZUM M. How is learning scaffolded in library makerspaces? [J]. International Journal of Child-Computer Interaction, 2020, 26: 100199.

[9] TEASDALE R M. Defining success for a public library makerspace: implications of participant-defined, individualized evaluative criteria [J]. Library and Information Science Research, 2020, 42 (4): 101053.

[10] FRANKE G, SARSTEDT M. Heuristics versus statistics in discriminant validity testing: a comparison of four procedures[J]. Internet Research, 2019, 29(3): 430-447.

[11] HAIR J F, RISHER J J, SARSTEDT M, et al. When to use and how to report the results of PLS-SEM [J]. European Business Review, 2019, 31(1): 2-24.

[12] DAVIS A M L. Current trends and goals in the development of makerspaces at New England college and research libraries [J]. Information Technology and Libraries, 2018, 37(2): 94-117.

[13] BIERAUGEL M, NEILL S. Ascending bloom's pyramid: fostering student creativity and innovation in academic library spaces [J]. College and Research Libraries, 2017, 78(1): 35-52.

[14] COMPTON M E, MARTIN K, HUNT R. Where do we go from here? Innovative technologies and heritage engagement with the MakerBus [J]. Digital Applications in Archaeology & Cultural Heritage, 2017: 49-53.

[15] HERRON J, KANESHIRO K. A university-wide collaborative effort to designing a Makerspace at an academic health sciences library [J]. Medical Reference Services Quarterly, 2017, 36(1): 1-8.

[16] SMITH A. Social innovation, democracy and makerspaces [J]. SPRU Working Paper Series, 2017.

[17] LILLE M. Evaluating the success of markerspace in a public library: the case of Narva city library MakerLab in Estonia[J]. New Library World, 2016, 117(9/10): 587-595.

[18] LOTTS M. On the road, playing with Legos, and learning about the library: the Rutgers University art library Lego playing station, part two [J]. Journal of Library Administration, 2016, 56 (5):

499-525.

[19] LOTTS M. Playing with LEGO ©, learning about the library, and "Making" campus connections: the Rutgers University art library Lego playing station, part one [J]. Journal of Library Administration, 2016, 56(4): 359-380.

[20] OKPALA H N. Making a makerspace case for academic libraries in Nigeria[J]. New Library World, 2016, 117(9/10): 568-586.

[21] POWELL B, INGLE H, EDDINS S, et al. Makers on the move: constructing an outreach program with a mobile maker space[J]. First Year Engineering Experience (FYEE) Conference, 2016.

[22] PURPUR E, RADNIECKI T, COLEGROVE P T, et al. Refocusing mobile makerspace outreach efforts internally as professional development[J]. Library Hi Tech, 2016, 34(1): 130-142.

[23] VOORHEES C M, BRADY M K, CALANTONE R, et al. Discriminant validity testing in marketing: an analysis, causes for concern, and proposed remedies[J]. Journal of the Academy of Marketing Science, 2016, 44(1): 119-134.

[24] CRADDOCK I M L. Makers on the move: a mobile makerspace at a comprehensive public high school[J]. Library Hi Tech, 2015, 33 (4): 497-504.

[25] GIERDOWSKI D, REIS D. The MobileMaker: an experiment with a mobile makerspace[J]. Library Hi Tech, 2015, 33(4): 480-496.

[26] MEYER A, FOURIE I. What to make of makerspaces: tools and DIY only or is there an interconnected information resources space? [J]. Library Hi Tech, 2015, 33(4): 519-525.

[27] MOELLER R, BASTIANSEN C, GATES L, et al. Universally accessible makerspace recommendation to the district of Columbia public library[J]. Accessibility for Persons with Disabilities and the Inclusive Future of Libraries (Advances in Librarianship), 2015 (40): 33-50.

[28] MICHELE M-L H. When makerspaces go mobile: case studies of

transportable maker locations[J]. Library Hi Tech, 2015, 33(4): 462-471.

[29] MICHELE M-L H. User agreements and makerspaces: a content analysis[J]. New Library World, 2015, 116: 358-368.

[30] PASHIA A. Empty bowls in the library: makerspaces meet service [J]. College & Research Libraries News, 2015, 76(2): 79-82.

[31] TIMONY P. Accessibility and the maker movement: a case study of the adaptive technology program at district of Columbia public library[J]. Accessibility for Persons with Disabilities and the Inclusive Future of Libraries (Advances in Librarianship), 2015 (40): 51-58.

[32] BRADY T, SALAS C, NURIDDIN A, et al. Make ability: creating accessible makerspace events in a public library[J]. Public Library Quarterly, 2014, 33(4): 330-347.

[33] HENSELER J, DIJKSTRA T K, SARSTEDT M, et al. Common beliefs and reality about partial least squares: comments on Rönkkö & Evermann[J]. Organizational Research Methods, 2014, 17(2): 182-209.

[34] MICHELE M-L H. Makers in the library: case studies of 3D printers and maker spaces in library settings[J]. Library Hi Tech, 2014, 32 (4): 583-593.

[35] ABRAM S. Makerspaces in libraries, education, and beyond[J]. Internet@ Schools, 2013, 20(2): 18-20.

[36] SLATTER D, HOWARD Z. A place to make, hack, and learn: makerspaces in Australian public libraries[J]. Australian Library Journal, 2013, 62(4): 272-284.

[37] STONE R W, BAKER-EVELETH L. Students' expectation, confirmation, and continuance intention to use electronic textbooks [J]. Computer in Human Behavior, 2013, 34(10): 992-1004.

[38] AAB S, AUDUNSON R. Use of library space and the library as place[J]. Library & Information Science Research, 2012, 34(2):

138-149.

[39] BRITTON L. Afabulous laboratory: the makerspace at Fayetteville free library[J]. Public Libraries, 2012, 51(4): 30-33.

[40] BRITTON L. The makings of maker spaces[J]. Libraries Journal, 2012, 137(16): 27-29.

[41] HAIR J F, RINGLE C M, SARSTEDT M. PLS-SEM: indeed a silver bullet[J]. Journal of Marketing Theory and Practice, 2011, 19(2): 139-152.

[42] SAATY T L. Decision making with the analytic hierarchy process [J]. International Journal of Services Sciences, 2008(1): 83-98.

[43] VENKATESH V, BALA H. Technology acceptance model 3 and a research agenda on interventions[J]. Decision Sciences, 2008, 39 (2): 273-315.

[44] STRAUB D, BOUDREAU M C, GEFEN D. Validation guidelines for IS positivist research[J]. Communications of the Association for Information Systems, 2004, 13(1): 380-427.

[45] REINARTZ W J, ECHAMBADI R, CHIN W W. Generating non-normal data for simulation of structural equation models using Mattson's method [J]. Multivariate Behavioral Research, 2002, 37(2): 227-244.

[46] BHATTACHERJEE A. Understanding information systems continuance: an expectation-confirmation model[J]. MIS Quarterly, 2001, 25(3): 351-370.

[47] CHIN W W. The partial least squares approach to structural equation modeling[J]. Modern Methods for Business Research, 1998, 295 (2): 295-336.

[48] DAVIS D F. Perceived usefulness, perceived ease of use, and user acceptance of information technology[J]. MIS Quarterly, 1989, 13 (3): 319-340.

[49] FORNELL C, LARCKER D F. Evaluating structural equation models with unobservable variables and measurement error[J]. Journal of Marketing Research, 1981, 18(1): 39-50.

二、中文文献

1. 期刊

[1] 曹树金，王灵. 国家公共文化云平台导航系统使用意愿的影响因素[J]. 图书馆论坛，2023，43(5)：34-44.

[2] 柯平，胡娟，袁珍珍. 面向社会化挑战的图书馆专业化学理依据与实践探索[J]. 中国图书馆学报，2023，49(2)：15-28.

[3] 赵睿，杨海波，李雨霏，等. 新工科背景下创客空间实践体系的构建与实践[J]. 陕西教育(高教)，2023(3)：28-30.

[4] 曾粤亮，陆欣仪. 基于 SERVQUAL 模型的高校图书馆创客空间服务质量评价研究[J]. 大学图书馆学报，2023，41(3)：51-62.

[5] 董菡. 我国高校图书馆创客空间研究现状分析[J]. 科技创业月刊，2022，35(3)：13-16.

[6] 付希金，郑燕林，万川. 创客空间促进师范生创造力教育动机发展的实证研究[J]. 现代教育技术，2022，32(10)：111-119.

[7] 李烜. 卓越高职院校创客空间构建策略研究[J]. 中国多媒体与网络教学学报(中旬刊)，2022 (10)：177-180.

[8] 石剑兰，高波. 我国公共图书馆少年儿童创客空间服务研究[J]. 图书馆工作与研究，2022(5)：112-121.

[9] 汪长明. “钱学森之问”：话语指向、机制纠偏及践履路径[J]. 高教探索，2022(4)：5-14.

[10] 萧凯茵. 公共图书馆创客大赛活动的现状、问题与改进策略[J]. 图书馆工作与研究，2022(1)：56-63.

[11] 袁顺波. 基于期望确认的移动商务用户持续使用行为元分析[J]. 情报杂志，2022，41(3)：191-197.

[12] 张小远，王华，崔源. 产教融合视域下高校创客空间的建设与运营[J]. 实验技术与管理，2022，39(10)：239-243.

[13] 周龙军. 公共图书馆创客空间服务能力评估窥探[J]. 四川图书馆学报，2022(5)：36-40.

[14] 陈婧，谭丰隆，刘洋阳. 高校图书馆创客空间建设路径研究[J]. 图书馆，2021(7)：77-81，90.

[15] 陈蓉，陈晓禹，朱君妍，等. 基于 ISM 的移动图书馆用户持续使用意

愿影响因素的结构关系研究[J]. 图书馆学研究，2021(21)：93-101，31.

[16] 蒋金艳. 面向创客的图书馆学习空间建设研究[J]. 图书馆工作与研究，2021(9)：98-103.

[17] 乐懿婷，薄依斐，储灏. 服务设计在图书馆创新服务中的实践与思考——以上海图书馆"创·新空间"项目为例[J]. 四川图书馆学报，2021(2)：7-11.

[18] 谭春辉，易亚，李莉. 学术微信公众号用户持续使用意愿影响因素研究[J]. 现代情报，2021，41(1)：50-59.

[19] 陶继华. 基于扎根理论的创客空间环境下馆员服务的机制构建与机理分析[J]. 图书馆学研究，2021(6)：18-26.

[20] 王建功. 美国图书馆创客空间评估研究与启示[J]. 图书馆工作与研究，2021(8)：47-53.

[21] 王宁. 创客精神培育与空间创新发展耦合路径与保障机制研究[J]. 图书馆工作与研究，2021(3)：5-14.

[22] 王志强，熊顺顺，杨庆梅. 孕育未来的造物者:美国教育创客空间的理念、实践与借鉴[J]. 全球教育展望，2021，50(7)：64-76.

[23] 徐红玉. 图书馆空间转型的信息学原理及其功能价值研究[J]. 图书馆，2021(1)：84-91.

[24] 薛俊义，战炤磊. 双循环新发展格局下众创空间高质量可持续发展的动因与路径[J]. 学术论坛，2021，44(2)：84-92.

[25] 俞德凤. 美国弗吉尼亚理工大学图书馆创客空间实践及启示[J]. 数字图书馆论坛. 2021(5)：57-63.

[26] 张晗，郭晶. 基于 ALA 案例分析的北美地区图书馆新兴技术实践及启示[J]. 图书馆学研究，2021(22)：92-101.

[27] 储结兵. 创客感知视角下图书馆创客空间服务质量评价指标体系研究[J]. 国家图书馆学刊，2020，29(3)：19-30.

[28] 储结兵. 图书馆员参与创客空间转型服务激励机制研究[J]. 新世纪图书馆，2020(3)：57-63.

[29] 关磊. 高校数字图书馆网站用户持续使用意愿研究——基于用户体验、TAM 和 ECM 的整合模型[J]. 图书馆工作与研究，2020(2)：

48-59.
[30] 管霞. 新时期图书馆的社会包容与社会责任——美国图书馆协会《2020年美国图书馆状况报告》解读[J]. 图书与情报, 2020(4): 101-109.
[31] 郭财强, 明均仁. 移动图书馆用户持续使用意愿整合模型及其实证研究[J]. 现代情报, 2020, 40(9): 79-89.
[32] 蒋明. 基于3D打印的公共图书馆创客空间服务实践研究——以上海图书馆为例[J]. 出版广角, 2020(1): 61-63.
[33] 刘静. 基于创客空间的高校图书馆服务创新提升路径实证研究[J]. 图书馆工作与研究, 2020(4): 39-47.
[34] 陶继华, 龙耀华. 图书馆创客空间特色服务的构建与分析——以长沙图书馆"新三角创客空间"为例[J]. 国家图书馆学刊, 2020, 29(3): 31-40.
[35] 王宁, 沈青青. 图书馆创客空间可持续发展驱动因素识别及模型构建——基于扎根理论的实证分析[J]. 图书馆工作与研究, 2020(5): 5-15.
[36] 王宁. 高校图书馆创客空间发展阻力及制约因素识别及分析——基于Nvivo的扎根理论分析[J]. 新世纪图书馆, 2020(10): 34-41.
[37] 吴卫华, 孙会清, 崔继方, 等. "双创"背景下高校图书馆创客空间建设模式及运营策略研究[J]. 图书馆工作与研究, 2020(3): 43-48, 67.
[38] 徐季旻, 陈江平, 仝月荣, 等. 平台化创客教育实践——以上海交通大学学生创新中心为例[J]. 教育教学论坛, 2020(47): 223-225.
[39] 张大伟, 陈彦馨, 王敏. 期望与确认: 短视频平台持续使用影响因素初探——基于SEM与fsQCA的研究[J]. 现代传播(中国传媒大学学报), 2020, 42(8): 133-140.
[40] 张建民, 陈雅惠, 李亚玲. 众创空间用户持续使用意愿形成机理:基于自我决定理论的一个研究框架[J]. 科技管理研究, 2020, 40(4): 232-238.
[41] 周沛, 伏苏云, 赵越春. 购物类APP用户持续使用影响因素的实证研究[J]. 南京师大学报(自然科学版), 2020, 43(2): 140-148.
[42] 周雅琦, 牛宇, 贺彦平. 高校图书馆创客空间服务探索与实践——以

国防科技大学图书馆创客空间为例[J]. 新世纪图书馆，2020(12)：56-61.

[43] 邹海燕，张小远. 高校创客空间：基于 STEAM 理念的整合与建构[J]. 实验技术与管理，2020，37(11)：273-276.

[44] 曹芬芳，杨海娟，黄勇凯，等. 我国高校图书馆创客空间现状调查与分析[J]. 大学图书馆学报，2019，37(3)：50-56.

[45] 曾韦蜻，刘敏榕，陈振标. 基于扎根理论的大学生创客服务需求模型构建及验证[J]. 图书情报工作，2019，63(15)：68-76.

[46] 蒋逸颖. 高校图书馆创客空间建设现状及发展策略研究[J]. 图书馆工作与研究，2019(11)：121-128.

[47] 梁炜，卢章平，刘桂锋 等. 高校图书馆创客空间的虚拟空间构建研究——以美国卡耐基梅隆大学 IDeATe 创客空间的虚拟空间为例[J]. 图书馆杂志，2019，38(11)：66-71.

[48] 梁炜，卢章平，刘桂锋，等. 面向创客的图书馆知识空间构建研究[J]. 图书馆，2019(1)：95-100.

[49] 石剑兰，廖璠. 美国公共图书馆少儿创客空间服务调研与分析[J]. 图书情报工作，2019，63(14)：121-130.

[50] 宋慧玲，帅传敏，李文静. 生态学习观视角下虚拟学习社区用户满意度模型构建与验证[J]. 中国电化教育，2019(12)：68-77.

[51] 王静，冯利娜，明均仁，等. 创客运动背景下英国高校创客空间建设现状及启示[J]. 图书馆学研究，2019(9)：82-88.

[52] 吴崇明，于源，孟宇，等. 利于专业化众创空间可持续发展的商业模式探索[J]. 科技管理研究，2019，39(14)：25-31.

[53] 夏铁群，苏洪锐. 图书馆创客空间用户参与意愿研究——基于创客创业生态系统视角[J]. 图书馆，2019(8)：64-70.

[54] 张亚宏. 美国高校图书馆创客空间调查研究[J]. 图书馆工作与研究，2019(4)：27-33.

[55] 张艳，王晓璐. 我国众创空间运转质量与差异性研究[J]. 价格理论与实践，2019(10)：161-164.

[56] 章洁，伍玉伟. 公共图书馆创客空间服务实践与探索——以广州图书馆创客空间为例[J]. 图书馆学研究，2019(12)：17-25，90.

[57] 周清清. 荷兰弗里斯兰图书馆移动创客空间 FryskLab 研究及启示[J]. 图书馆界，2019(4)：5-9.
[58] 曹芬芳，郭佳，杨雪梅. 基于 TAM 的图书馆创客空间使用意愿实证研究[J]. 图书馆学研究，2018(1)：24-33.
[59] 程晓岚，宁书斐. 创新驱动的图书馆创客空间服务新业态[J]. 情报科学，2018，36(11)：35-41.
[60] 高雁，盛小平. 公共图书馆创客空间用户使用意愿影响因素实证研究[J]. 图书情报工作，2018，62(9)：89-96.
[61] 黄耀东，高波. 我国高校图书馆创客空间建设研究——基于德尔菲法的调查[J]. 图书馆理论与实践，2018(6)：89-93.
[62] 梁荣贤. 图书馆构建移动创客空间探讨[J]. 新世纪图书馆，2018(11)：60-64.
[63] 刘新民，王译晨，范柳. 潜在创客需求与创客空间服务供给侧的改革研究[J]. 科技管理研究，2018，38(20)：55-61.
[64] 刘哲. 高校图书馆创客空间服务质量评价指标的构建——以沈阳工业大学图书馆为例[J]. 农业图书情报学刊，2018，30(7)：155-158.
[65] 明均仁，张俊. 高校图书馆创客空间用户参与意愿影响因素研究[J]. 数字图书馆论坛，2018(4)：21-27.
[66] 明均仁，张俊，张玄玄. 美国移动创客空间建设现状及启示[J]. 国家图书馆学刊，2018，27(3)：48-55.
[67] 石乃月，马迪倩，穆祥望. "双一流"视角下国内高校图书馆创客空间建设发展探析[J]. 图书馆工作与研究，2018(3)：10-15.
[68] 孙鹏，胡万德. 高校图书馆创客空间核心功能及其服务建议[J]. 图书情报工作，2018，62(2)：18-23.
[69] 王岚. 图书馆创客空间用户信息服务需求分析与服务策略[J]. 图书情报工作，2018，62(12)：39-45.
[70] 王宇，车宝晶. 图书馆创客空间构建及其适切性探索[J]. 大学图书馆学报，2018，36(4)：24-28.
[71] 吴瑾. 创客空间环境下高校图书馆员的作用与能力提升[J]. 图书情报工作，2018，62(2)：24-28.
[72] 谢萍，石磊. 英国创新创业教育的现状及其启示[J]. 世界教育信息，

2018，31(14)：42-47.
[73] 闫淑萍. 高校图书馆创客空间服务研究[J]. 河南图书馆学刊，2018，38(3)：53-55.
[74] 袁荃. 面向美国5所图书馆移动创客空间的构建研究[J]. 图书馆学研究，2018(3)：96-101.
[75] 曹芬芳，刘坤锋. 高校图书馆创客空间构建研究[J]. 图书馆建设，2017(6)：18-23,30.
[76] 曹芬芳，王涵，黄倩. 图书馆创客空间用户使用影响因素实证研究[J]. 图书馆建设，2017(10)：21-28.
[77] 曹高辉，虞松涛，张煜轩，等. 消费者持续参与在线评论意愿实证研究[J]. 管理评论，2017，29(11)：148-158.
[78] 陈鹤阳. 移动图书馆用户采纳行为影响因素Meta分析[J]. 现代情报，2017，37(7)：70-78.
[79] 单思远，王焕景. 美国图书馆移动创客空间服务模式分析及启示[J]. 图书馆工作与研究，2017(2)：96-102.
[80] 丁利霞，田顺芝. 公共图书馆创客空间发展实践研究及对策[J]. 图书馆研究与工作，2017(4)：14-18.
[81] 龚秀琦. 图书馆创客空间实践案例和意义分析[J]. 科技资讯，2017，15(36)：255-256.
[82] 龚雪竹. 国内公共图书馆创客空间发展现状调查研究[J]. 图书馆学研究，2017(24)：60-66.
[83] 金秋萍. 美国高校图书馆创客空间建设的实践及启示[J]. 图书与情报，2017(1)：111-115.
[84] 刘芳. 公共图书馆创客空间建设与服务对策研究[J]. 图书馆工作与研究，2017(S1)：22-26.
[85] 陆和建，李昊远. 我国公共图书馆创客空间建设有关问题的思考[J]. 图书馆学研究，2017(12)：10-14.
[86] 明均仁，张俊，张玄玄. 中美图书馆创客空间构建对比研究[J]. 图书馆学研究，2017(10)：62-70.
[87] 史雅莉. 信息生态理论视角下高校图书馆创客空间构建研究[J]. 现代情报，2017，37(7)：30-34.

[88] 谢守美. 基于图书馆创客空间服务的协同信息行为研究[J]. 情报杂志，2017，36(9)：197-201.
[89] 徐渭，张俊，明均仁. 面向美国图书馆创客空间的调查与分析[J]. 图书馆学研究，2017(13)：59-67.
[90] 杨丽兵. 高校图书馆积极打造特色创客空间服务[J]. 图书情报工作，2017，61(S2)：77-80.
[91] 张志萍. 新技术时代图书馆空间重组与创新服务[J]. 农业网络信息，2017(1)：62-69.
[92] 郑秀秀. 高校图书馆创客空间服务研究[J]. 江苏科技信息，2017(15)：13-14.
[93] 柴源，杜文龙，刘晓东. 高校图书馆创客空间服务质量评价指标的建构与应用——以西安航空学院图书馆为例[J]. 图书馆研究，2016，46(2)：46-50.
[94] 单思远，王焕景. 高校图书馆创客空间建设与运营策略初探[J]. 新世纪图书馆，2016(5)：38-41.
[95] 黄晓军. 图书馆创客空间成功构建的关键因素分析[J]. 图书与情报，2016(2)：62-65.
[96] 黎晓. 我国高校图书馆创客空间构建模式研究[J]. 图书情报工作，2016，60(7)：88-91，10.
[97] 李武，赵星. 大学生社会化阅读 APP 持续使用意愿及发生机理研究[J]. 中国图书馆学报，2016，42(1)：52-65.
[98] 林祥，高山，刘晓玲. 创客空间的基本类型、商业模式与理论价值[J]. 科学学研究，2016，34(6)：923-929.
[99] 刘芹良，解学芳. 基于 Citespace 的国内外众创空间可视化研究：进展与演变[J]. 经济与社会发展，2016，14(6)：72-80.
[100] 屈华. 图书馆创客空间：价值、影响因素与发展对策[J]. 图书馆学刊，2016，38(5)：39-41.
[101] 王明朕，张久珍. 国外图书馆创客空间运营服务策略研究[J]. 图书馆建设，2016(7)：39-45.
[102] 张云玲，章忠平. 公共图书馆开展创客教育的多维思考[J]. 图书馆理论与实践，2016(9)：70-75，112.

[103] 张哲，王以宁，陈晓慧，等. MOOC 持续学习意向影响因素的实证研究——基于改进的期望确认模型[J]. 电化教育研究，2016，37(5)：30-36.

[104] 周玲玲. 美国图书馆创客空间建设成功因素分析及启示[J]. 图书馆学研究，2016(7)：97-101.

[105] 曹芬芳. 美国公共图书馆创客空间服务内容研究与启示[J]. 新世纪图书馆，2015(7)：77-81.

[106] 陈艺. 高校图书馆创客空间的构建[J]. 高校图书馆工作，2015，35(2)：56-58.

[107] 陈艺. 高校图书馆引入"创客空间"的思考[J]. 新世纪图书馆，2015(1)：18-21.

[108] 李小聪，王惠. 高校图书馆创客空间构建馆员参与意愿影响因素研究[J]. 图书馆论坛，2015，35(12)：39-44.

[109] 李小聪，赵敏，王惠. 馆员参与图书馆创客空间构建模式影响因素研究——基于扎根方法的探索性研究[J]. 图书馆工作与研究，2015(12)：39-42.

[110] 李燕波. 论图书馆创客空间的经营模式及发展策略[J]. 图书馆建设，2015(2)：69-72,76.

[111] 李志杰，段小虎. 体育院校图书馆引入创客空间的探索——以西安体育学院图书馆为例[J]. 图书馆论坛，2015，35(7)：73-78.

[112] 罗巧燕，朱军. 高校图书馆馆员参与创客空间构建意愿影响因素模型分析[J]. 图书情报工作，2015，59(22)：45-49.

[113] 唐晓阳. 中美图书馆创客空间建设比较研究[J]. 图书情报工作，2015，59(24)：72-77.

[114] 王佑镁. 发现创客：新工业革命视野下的教育新生态[J]. 开放教育研究，2015，21(5)：49-56.

[115] 尤越，贾苹. 图书馆创客空间发展实践研究及建议[J]. 图书馆杂志，2015，34(5)：95-101.

[116] 张红利，曹芬芳. 国内外典型图书馆创客空间实践研究和启示[J]. 图书馆学研究，2015(22)：9-16.

[117] 张亚君，唐鹏，李建强，等. 美国高校图书馆创客空间实践研究[J].

图书馆工作与研究，2015(4)：88-91.

[118] 车宝晶. 高校图书馆构建创客空间的理论与实践研究[J]. 图书馆学刊，2014，36(11)：78-80.

[119] 乐懿婷. 上海图书馆“创·新空间”实践探索[J]. 科技情报开发与经济，2014，24(10)：44-46.

[120] 罗博，吴钢. 创客空间：图书馆新业态发展实践与启示[J]. 情报资料工作，2014(1)：96-100.

[121] 王晴. 图书馆创客空间的运行模式及影响因素研究——基于美国图书馆界实践案例的考察[J]. 国家图书馆学刊，2014，23(5)：66-73.

[122] 余世英，明均仁. 移动图书馆的用户接受模型实证研究[J]. 图书馆建设，2014(1)：21-27,32.

[123] 唐一鹏. 英国高等教育创新的政策与实践及其启示[J]. 国家教育行政学院学报，2013(7)：86-90.

[124] 陶蕾. 图书馆创客空间建设研究[J]. 图书情报工作，2013，57(14)：72-76,113.

[125] 王敏，徐宽. 美国图书馆创客空间实践对我国的借鉴研究[J]. 图书情报工作，2013，57(12)：97-100.

[126] 严安，严亚兰. 高校图书馆电子资源持续使用意愿影响因素实证研究[J]. 图书馆论坛，2013，33(3)：43-50，30.

[127] 刘芳. 关于延伸图书馆学会职能的几点思考[J]. 图书馆工作与研究，2011(5)：101-103.

[128] 钱蔚蔚，高洁，李理. 高校图书馆用户感知服务质量满意度调查研究[J]. 图书馆工作与研究，2011(6)：26-31.

[129] 周洲. 英国高等教育的创新战略——基于《2004—2014 科学与创新投资框架》及年度报告的分析[J]. 教育发展研究，2011，31(Z1)：103-107.

[130] 王志强，赵中建. 英国教育系统变革的背景、现状与趋势——兼论教育在英国国家创新系统中的作用[J]. 全球教育展望，2010，39(6)：45-49.

[131] 詹福瑞. 与时俱进，开拓创新，全面促进图书馆事业和谐发展——中国图书馆学会第六届理事会工作报告[J]. 中国图书馆学报，2005

(5)：5-11.

2. 专著

[1] 马克·哈奇. 创客运动[M]. 杨宁，译. 北京：机械工业出版社，2015.
[2] 克里斯·安德森. 创客：新工业革命[M]. 萧潇，译. 北京：中信出版社，2012.

3. 博硕士论文

[1] 张发. 基于AHP及模糊综合评价法的杭州某安置小区EPC项目风险评价研究[D]. 杭州：浙江大学，2022.
[2] 段斐. 上海市本科高校图书馆创客空间服务研究[D]. 福州：福建师范大学，2021.
[3] 张浩东. 高校图书馆创客空间服务质量评价研究[D]. 武汉：华中师范大学，2020.
[4] 李肖婧. 工程体验教育模式研究[D]. 杭州：浙江大学，2019.
[5] 任嘉浩. 体验视角下武汉大学图书馆创客空间服务优化研究[D]. 武汉：华中师范大学，2019.
[6] 宁培然. 众创空间服务质量评价研究[D]. 郑州：郑州航空工业管理学院，2018.
[7] 何惠静. 我国高校图书馆创客空间的构建研究[D]. 福州：福建师范大学，2017.
[8] 曹芬芳. "互联网+"时代我国高校图书馆创客空间构建研究[D]. 武汉：华中师范大学，2016.
[9] 王敏. 我国图书馆创客空间服务及构建方案研究[D]. 长春：东北师范大学，2014.

后　　记

当前，图书馆正借用创客空间理念、技术和管理方法，实现服务众创的目标。在图书馆创客空间中，用户不同的思想、意识、创意、经验、技术等相互作用与碰撞，构建出了一个综合性的全新知识服务组织体系。本书对国内外创客空间建设现状进行系统调研，归纳图书馆创客空间构建的原则、模式、步骤及服务推进的核心要素；从用户视角出发，对用户参与意愿及持续使用意愿进行探究与实证，同时通过模糊综合评价获得图书馆创客空间满意度评分，并从普及创新知识教育，加强创新文化培育；面向用户体验，精准对接需求；促进资源整合，助力创客空间发展升级三个方面提出具体优化建议，以提升图书馆创客空间服务质量及用户体验。

本书是结合作者硕士与博士阶段相关调研数据及研究所形成的一项研究成果。全书共计 26 万字，明均仁负责第 6 章到第 9 章，完成全书三分之一的内容；我负责其他章节的撰写与修订，完成全书三分之二的内容。在成稿过程中，感谢导师谭春辉教授的指导，感谢郭财强博士以及硕士研究生朱秋雨、周莉媛、马玉婕、王孟允、庞栋文、王茗巍的参与，感谢你们帮助进行格式编排、调查反馈与数据校对。

在本书的撰写过程中，查阅了大量相关统计数据与文献资料，参阅了国内外专家学者的相关研究成果，向所有引用和参考过的文献的作者表示感谢！

由于精力有限，本书在内容选定、结构安排、观点表述、文献引用等方面恐有疏漏甚至错误之处，恳请专家学者、业内同仁和广大读者批评指正。

涂瑞德

2023 年 10 月